Jüdische Küche

Koscher und
traditionell kochen

Marlena Spieler

Jüdische Küche

Koscher und
traditionell kochen

tosa

Erstveröffentlichung unter dem Titel:
„Kosher and traditional jewish cooking"
© Anness Publishing Ltd 2008

Genehmigte Lizenzausgabe
tosa GmbH
Fränkisch-Crumbach 2011
www.tosa-verlag.de

Fotografie: William Lingwood
Übersetzung: Mag. Helmuth Santler

ISBN (13) 978-3-86313-840-0

Der Inhalt dieses Buches wurde von Autor und
Verlag sorgfältig erwogen und geprüft. Es kann
keine Haftung für Personen-, Sach- und/oder
Vermögensschäden übernommen werden.

Kein Teil dieses Werkes darf ohne schriftliche
Einwilligung des Verlages in irgendeiner Form
(inkl. Fotokopien, Mikroverfilmung oder anderer
Verfahren) reproduziert oder unter Verwendung
elektronischer oder mechanischer Systeme
verarbeitet, vervielfältigt oder verbreitet werden.

Bitte beachten Sie:
Die in diesem Buch angegebenen Backtemperaturen be-
ziehen sich auf konventionelle E-Herde. Wenn Sie einen
Umluftofen verwenden, sollten Sie eine um etwa 10–20 °C
niedrigere Temperatur einstellen. Da es sehr viele unterschiedliche Modelle gibt, ziehen Sie bitte im Zweifelsfall
die Betriebsanleitung Ihres Herdes zu Rate.

Die Nährwertanalyse bei jedem Rezept bezieht sich, wenn
nicht anders angegeben, auf eine Portion. Bei Angaben wie
„Für 4–6 Personen" bezieht sich die Nährwertanalyse auf
die jeweils kleinste Portionsgröße, hier also auf ein Sechstel
der Gesamtmenge. Bei den Mengenangaben für Salz handelt
es sich um Mindestmengen, nachsalzen nach Geschmack
ist nicht berücksichtigt.

Mit Eiern sind, sofern nichts anderes angegeben ist, mittelgroße Eier gemeint (Klasse M).

Das Coverfoto zeigt Matzemehl-Hüttenkäse-Latkes –
das zugehörige Rezept finden Sie auf Seite 135.

Inhalt

Einleitung	6
Suppen, Vorspeisen und Brunch	8
Fischgerichte	52
Fleisch und Geflügel	66
Gemüsegerichte und Salate	90
Nudeln, Kugeln und Pfannkuchen	124
Brot, Gebäck und Desserts	138
Eingelegtes und Gewürze	170
Die jüdische Küche	186
Glossar	218
Index	222

Einleitung

Jüdisches Essen: Dabei denkt man an Borschtsch, Hühnersuppe mit Matzeknödeln, gepökeltes Rindfleisch und gehackte Leber. Diese von Generationen osteuropäischer Juden geschätzten Gerichte sind Teil der Tradition, aber die jüdische Küche hat noch viel mehr zu bieten.

Ich bin in Kalifornien aufgewachsen. Wir aßen die Produkte der US-Westküste – Artischocken, Orangen, Avocados –, aber unsere kulinarischen Sinne wurden auch mit Gerichten aus dem Land unserer Großeltern genährt: Kascha, Gedempte Fleisch und Knaidlach, Matzebrei und Kischke von den Aschkenasen Russlands, Polens, der Ukraine und Litauen, alles mit einem köstlichen Touch Alt-New-York serviert.

Jüdisches Essen ist eine vielfältige Mixtur von Küchen des ganzen Globus und widerspiegelt die Multiethnizität der Juden und die vielen Orte, an denen sie sich im Lauf der Zeit niedergelassen haben. Jahrelang glaubte ich, die kleinen, schmackhaften, Empanadas genannten Teigtaschen seien typisch jüdisch, weil sie meine Cousine immer machte, wenn wir sie besuchten. Erst nach Jahwurde mir klar, dass sie aus Uruguay stammen, wo sie aufgewachsen ist.

Früher trennten Aschkenasen und Sepharden oft enorme Distanzen; das würzige sephardische Essen kam selten auf traditionelle Aschkenasen-Tische und umgekehrt. Die Gründung des Staates Israel, Migrationsbewegungen und die modernen Reisemöglichkeiten haben dies grundlegend geändert und die Juden wieder zusammengebracht, beginnend an den Esstischen, an denen sie nun regionale Spezialitäten und Gerichte miteinander teilen können.

Egal, wohin die Geschichte die Juden verschlagen hat – überall sind die jüdischen Speisegesetze (Kaschrut) das oberste Regulativ. Sie legen fest, was gegessen werden darf, wie Speisen zuzubereiten sind und welche Nahrungsmittel miteinander kombiniert werden können. Verschiedene Ethnien befolgen die Speisegesetze im Detail auf unterschiedliche Weise, aber die Prinzipien sind immer dieselben. Gewisse Arten von Fleisch, Fisch und Geflügel sind erlaubt, andere verboten.

Köfte-Kebabs sind bei jüdischen Gemeinschaften im Nahen Osten ungemein beliebt.

Duftende Rote-Bete-Gemüsesuppe mit würzigen Lamm-Kibbe.

Fisch in Blätterteig – dazu passt am besten eine pikante Tomatensoße.

Gebratene Matze mit Hüttenkäse-Latkes (Kartoffelpuffer).

Das Schlachten und die Beschauung der Tiere sind geregelt, wie auch, welche Teile verwendet werden dürfen. Eine Vorschrift untersagt das Kombinieren von Fleisch- und Milchspeisen. Die Speisegesetze haben zur kulturellen Eigenständigkeit der Juden beigetragen und ihrem Essen eine subtile Geschmacksnote verliehen.

Die Zubereitung, das Speisen und sonstige Kaschrut-bezogene Bräuche haben im Leben der Juden stets eine wichtige Rolle gespielt. In der Tora wird Stammvater Abrahams gastfreundliche Tafel erwähnt. Von Isaak ist überliefert, dass er seinen Sohn um ein herzhaftes Fleischgericht bat und Esau verkaufte sein Erstgeburtsrecht für eine große Schüssel Linseneintopf. Das Kapitel 11 des 2. Buchs Mose erzählt vom Wehklagen der aus Ägypten fliehenden Israeliten, die den Lauch und Knoblauch, den sie in ihrer Gefangenschaft gegessen hatten, vermissten – sogar die Freiheit schmeckte fade ohne rechte Würze.

Der renommierte andalusisch-ägyptische Philosoph und Arzt Moses Maimonides betonte die Bedeutung heiterer Gelassenheit sowohl beim Kochen als auch beim Essen. Auch sei es wichtig, gesunde, appetitlich angerichtete Speisen zu sich zu nehmen. Vorzugsweise in Gesellschaft, denn das verhelfe nicht nur dem Einzelnen zu mehr Glück und weniger Ängstlichkeit, sondern überbrücke auch die Differenzen zwischen den Ethnien.

Wenn Juden zusammenkommen, essen wir, und was wir essen, ist häufig traditionell, weil jedes Gericht seine eigene Geschichte hat. Der Geschmack der Erinnerung würzt alle unsere Speisen: Wir erinnern uns, wo es uns hinzog und wem wir auf dem Weg begegneten, an die Mahlzeiten, die wir miteinander teilten, und an die Zutaten, die unsere Töpfe füllten.

Ich möchte in diesem Buch meine Lieblingsrezepte mit Ihnen teilen, die von Juden der ganzen Welt wie auch von mir persönlich stammen. Ich wünsche Ihnen allen „B'tay avon" – der hebräische Ausdruck für „guten Appetit".

Marlena Spieler

Suppen, Vorspeisen und Brunch

Suppen, Vorspeisen *und* Brunch

Von gehackter Leber bis Auberginensalat – jüdische

Häppchen sind allseits beliebt. Zur festlichen Tafel

beim wöchentlichen Sabbat oder an Feiertagen

gehört fast immer eine Auswahl an Vorspeisen. Der

Unterschied zu einem Alltagsessen besteht meist

darin, wie diese Delikatessen serviert werden.

Tomatensuppe mit israelischem Couscous

Israelischer Couscous ist eine geröstete, runde Teigware und deutlich größer als gewöhnlicher Couscous. Er bildet eine wunderbare Einlage für diese wärmende und tröstende Suppe. Wenn Sie sie besonders intensiv möchten, geben Sie vor dem Servieren eine Extrazehe gehackten Knoblauch dazu.

FÜR 4–6 PERSONEN

- 2 EL Olivenöl
- 1 Zwiebel, gehackt
- 1–2 Karotten, gewürfelt
- 400 g gehackte Tomaten aus der Dose
- 6 Knoblauchzehen, grob gehackt
- 1,5 l Gemüse- oder Hühnerbrühe
- 200–250 g israelischer Couscous
- 2–3 Zweige frische Minze, gehackt, oder einige Prisen getrocknete Minze
- ¼ TL Kreuzkümmel, gemahlen
- ¼ Bund frischer Koriander (etwa 5 Zweige), gehackt
- Cayennepfeffer nach Geschmack
- Salz und schwarzer Pfeffer, gemahlen

1 Erhitzen Sie das Öl in einer großen Pfanne, fügen Sie die Zwiebel und die Karotten hinzu und garen Sie das Gemüse für etwa 10 Minuten bei schwacher Hitze weich.

2 Fügen Sie nun die Tomaten, die Hälfte des Knoblauchs, die Brühe, den Couscous, die Minze, den gemahlenen Kreuzkümmel und den Koriander hinzu und salzen und würzen Sie nach Geschmack.

3 Bringen Sie die Suppe zum Kochen und fügen Sie den restlichen gehackten Knoblauch hinzu. Reduzieren Sie nun die Hitze und lassen Sie die Suppe unter gelegentlichem Umrühren für 7–10 Minuten leicht köcheln bzw. bis das Couscous anfängt, weich zu werden.

4 Auf Portionen verteilen und möglichst heiß servieren.

Nährwertanalyse pro Portion: Brennwert 130 kcal/541 kJ; Eiweiß 2,6 g; Kohlenhydrate 21,3 g, davon Zucker 3,9 g; Fett 4,3 g, davon gesättigte Fettsäuren 0,6 g; Cholesterin 0 mg; Kalzium 19 mg; Ballaststoffe 1,3 g; Natrium 11 mg.

Lubiya

Diese köstliche sephardisch-israelische Suppe aus Augenbohnen (arab. Lubiya) und gelbwurzgefärbter Tomatenbrühe wird mit spritziger Zitrone gewürzt und mit gehacktem frischem Koriander bestreut. Sie ist ideal für Partys – vervielfachen Sie einfach die angegebenen Mengen.

FÜR 4 PERSONEN

175 g Schwarzaugenbohnen
1 EL Olivenöl
2 Zwiebeln, gehackt
4 Knoblauchzehen, gehackt
1 mittelscharfe, frische Chilischote, gehackt
1 TL Kreuzkümmel, gemahlen
1 TL Kurkuma, gemahlen
250 g frische oder Dosentomaten, gewürfelt
600 ml Hühner-, Rinds- oder Gemüsebrühe
25 g frischer Koriander, grob gehackt
Saft einer halben Zitrone
Pita-Brot als Beilage

1 Geben Sie die Bohnen in einen Topf und bedecken Sie sie mit kaltem Wasser. Erhitzen und fünf Minuten kochen lassen. Dann vom Herd nehmen und zwei Stunden zugedeckt stehen lassen.

2 Seihen Sie die Bohnen ab, geben Sie sie in den Topf zurück und bedecken Sie sie mit frischem kaltem Wasser. 35–40 Minuten sieden lassen bzw. bis die Bohnen weich sind. Abgießen und beiseitestellen.

3 Erhitzen Sie das Öl im Suppentopf und braten Sie die Zwiebeln, den Knoblauch und den Chili etwa fünf Minuten an (bis die Zwiebeln weich sind).

4 Kreuzkümmel, Kurkuma, Tomaten, Brühe, die Hälfte des Korianders und die Bohnen hinzufügen und 20 Minuten köcheln lassen. Mit Zitronensaft abschmecken, mit dem restlichen Koriander bestreuen und servieren. Reichen Sie dazu Pita-Brot.

Nährwertanalyse pro Portion: Brennwert 172 kcal/727 kJ; Eiweiß 10,9 g; Kohlehydrate 25,4 g, davon Zucker 6 g; Fett 3,7 g, davon gesättigte Fettsäuren 0,6 g; Cholesterin 0 mg; Kalzium 73 mg; Ballaststoffe 8,5 g; Natrium 17 mg.

Hühnersuppe mit Knaidlach

Ein Teller Hühnersuppe kann Körper und Seele heilen, wie jeder weiß, der einmal an einer Erkältung litt und Linderung erfuhr oder trauerte und getröstet wurde. Deshalb wird diese wärmende Suppe gerne als „jüdisches Antibiotikum" bezeichnet.

FÜR 6–8 PERSONEN

1–1,5 kg Hähnchen in Stücken
2–3 Zwiebeln im Ganzen
3–4 l Wasser
3–5 Karotten, in große Stücke geschnitten
3–5 Stangen Bleichsellerie, in große Stücke geschnitten
1 kleine Pastinake, halbiert
2–3 EL frische Petersilie, gehackt
2–3 EL frischer Dill, gehackt
1–2 Prisen Kurkuma, gemahlen
2 Würfel Hühnerbrühe, zerkrümelt
2 Knoblauchzehen, fein gehackt (optional)
Salz und schwarzer Pfeffer, gemahlen

FÜR DIE KNAIDLACH

175 g Matzemehl
2 Eier, leicht geschlagen
3 EL Pflanzenöl oder ausgelassenes Hühnerfett
1 Knoblauchzehe, fein gehackt (optional)
2 EL gehackte frische Petersilie (sowie zusätzliche Petersilie zum Garnieren)
½ Zwiebel, fein geraspelt
1–2 Prisen Hühnerbrühepulver (optional)
etwa 6 EL Wasser

1 Geben Sie die Hähnchenstücke in einen großen Topf. Fügen Sie die ganzen Zwiebel, in die Sie wurzelseitig ein großes Kreuz eingeschnitten haben, sowie Wasser, Karotten, Sellerie, Pastinake, Petersilie, die Hälfte des Dills, Kurkuma, Salz und Pfeffer hinzu.

2 Bedecken Sie den Topf und bringen Sie den Inhalt zum Kochen. Sofort die Hitze reduzieren und nur noch sieden lassen. Schöpfen Sie den sich an der Oberfläche bildenden Schaum ab. (Im weiteren Verlauf wird mehr Schaum gebildet, aber nur der erste Schaum beeinträchtigt die Klarheit und den Geschmack der Suppe.)

3 Fügen Sie die zerkrümelten Brühwürfel hinzu und lassen Sie alles für 2–3 Stunden köcheln. Wenn die Suppe aromatisch schmeckt, schöpfen Sie das Fett ab (oder Sie lassen sie abkühlen und entfernen die feste Fettschichte, die sich an der Oberfläche bildet).

4 Für die Knaidl (Matzeklöße) mischen Sie in einer Schüssel das Matzemehl, die Eier, das Öl bzw. das Fett, den gehackten Knoblauch (wenn gewünscht), die Petersilie, die Zwiebel, Salz und Pfeffer. Fügen Sie bei Bedarf Hühnerbrühepulver hinzu (nur wenig, da dies sehr salzig ist). Wasser dazugeben und zu einer dicken Paste mischen.

5 Stellen Sie den Matze-Backteig für 30 Minuten kühl, damit er fest werden kann.

6 Bringen Sie Wasser in einem Topf zum Kochen, reduzieren Sie die Hitze bis zum Sieden und stellen Sie eine Schüssel mit Wasser neben dem Herd bereit. Tauchen Sie einen Esslöffel ins kalte Wasser und nehmen Sie damit einen Löffel des Matzeteigs. Rollen Sie den Teig mit nassen Händen zu einer Kugel, die Sie ins leicht siedende Wasser legen. Rasch den ganzen Teig verarbeiten und die Knaidlach zugedeckt 15 Minuten sieden lassen.

7 Die Klöße mit einem Schaumlöffel herausheben und etwa 20 Minuten ruhen lassen.

8 Erhitzen Sie die Suppe noch einmal und geben Sie den übrigen Dill und bei Bedarf den Knoblauch hinzu. Geben Sie zwei bis drei Knaidlach in jeden Teller und übergießen Sie sie mit heißer Suppe. Garnieren und servieren.

Nährwertanalyse pro Portion: Brennwert 266 kcal/1115 kJ; Eiweiß 25,7 g; Kohlehydrate 24 g, davon Zucker 6,6 g; Fett 7,5 g, davon gesättigte Fettsäuren 1,2 g; Cholesterin 109 mg; Kalzium 48 mg; Ballaststoffe 2,7 g; Natrium 86 mg.

Ungarische Sauerkirschsuppe

Suppen aus Früchten der Saison sind in Mitteleuropa sehr beliebt und die Sauerkirschsuppe gehört zum Besten der ungarischen Küche. Häufig wird sie als Auftakt eines milchigen Essens serviert, z. B. beim Shawuot-Fest, bei dem traditionell milchige Speisen gereicht werden.

FÜR 6 PERSONEN

- 1 kg Sauerkirschen frisch, gefroren oder im Glas, entsteint
- 250 ml Wasser
- 175–250 g Zucker, je nach Geschmack
- 1–2 Zimtstangen, je etwa 5 cm lang
- 750 ml trockener Rotwein
- 1 TL Bittermandelöl
- 250 ml Sahne
- 250 ml saure Sahne, Schmand oder Crème fraîche

1 Geben Sie die entsteinten Sauerkirschen, Wasser, Zimt, Zucker und Wein in einen Topf. Zum Kochen bringen, dann die Hitze reduzieren und 20–30 Minuten köcheln lassen, bis die Kirschen weich sind. Vom Feuer nehmen und das Bittermandelöl hinzufügen.

2 Rühren Sie in einer Schüssel etwas Sahne in die saure Sahne bzw. Crème fraîche, um sie zu verdünnen, danach rühren Sie die restliche Sahne glatt ein. Diese Mixtur rühren Sie nun in die Sauerkirschsuppe, die Sie anschließend auskühlen lassen, bis sie Serviertemperatur hat.

Nährwertanalyse pro Portion: Brennwert 484 kcal/2037 kJ; Eiweiß 3,7 g; Kohlehydrate 64,1 g, davon Zucker 64,1 g; Fett 16,3 g, davon gesätt. Fettsäuren 10,3 g; Cholesterin 48 mg; Kalzium 125 mg; Ballaststoffe 1 g; Natrium 53 mg.

Süß-saurer Kartoffel-Kohl-Tomaten-Borschtsch

Es gibt eine Vielzahl an köstlichen Varianten dieser klassischen Aschkenasen-Suppe, die heiß oder kalt mit gebuttertem Roggenbrot serviert wird. Diese Version enthält eine ganze Menge Kohl, Tomaten und Kartoffeln, was sie zu einem kräftigen Essen macht.

FÜR 6 PERSONEN

- 1 Zwiebel, gehackt
- 1 Karotte, gehackt
- 4–6 rohe oder gekochte, nicht eingelegte Rote Beten, 3–4 gewürfelt und 1–2 geraspelt
- 400 g Dosentomaten
- 4–6 Frühkartoffeln, in mundgerechte Stücke geschnitten
- 1 kleiner Weißkohl, dünn geschnitten
- 1 l Gemüsebrühe
- 3 EL Zucker
- 2–3 EL Weißweinessig
- 3 EL frischer Dill, gehackt (sowie zusätzlicher Dill zum Garnieren)
- Salz und schwarzer Pfeffer, gemahlen
- saure Sahne zum Garnieren
- Gebuttertes Roggenbrot als Beilage

1 Geben Sie Zwiebel, Karotte, gewürfelte Rote Bete, Tomaten, Kartoffeln, Kohl und Gemüsebrühe in einen großen Topf. Zum Kochen bringen, die Hitze reduzieren und 30 Minuten köcheln lassen.

2 Fügen Sie die geraspelte Rote Bete, Zucker und Essig hinzu. Weitere 10 Minuten köcheln lassen. Mit mehr Zucker und Essig abschmecken, falls nötig. Salzen und pfeffern.

3 Rühren Sie den gehackten Dill in die Suppe und füllen Sie sie sofort in vorgewärmte Suppenteller.

4 Geben Sie einen reichlichen Löffel saure Sahne in jeden Teller und streuen Sie etwas gehackten Dill darüber. Sofort servieren. Als Beilage reichen Sie gebutterte Roggenbrot-Schnitten.

Nährwertanalyse pro Portion: Brennwert 70 kcal/294 kJ; Eiweiß 2,4 g; Kohlenhydrate 14,7 g, davon Zucker 9,6 g; Fett 0,6 g, davon gesättigte Fettsäuren 0,2 g; Cholesterin 0 mg; Kalzium 32 mg; Ballaststoffe 2,8 g; Natrium 43 mg.

Rote-Bete-Gemüsesuppe mit pikanten Lammkibbeh

Diese kräftige Suppe aus der jüdischen Gemeinde im indischen Cochin wird mit leuchtend gelben Teigbällchen, gefüllt mit würzigem Hackfleisch vom Lamm, serviert. Dazu passt die grüne Kräuterpaste.

FÜR 6–8 PERSONEN

1 EL Pflanzenöl
½ Zwiebel, fein gehackt
6 Knoblauchzehen
1 Karotte, gewürfelt
1 Zucchini, gewürfelt
½ Stange Bleichsellerie, gewürfelt (optional)
4–5 Kardamomkapseln
½ TL Currypulver
4 gekochte (nicht eingelegte) Rote Beten, klein gewürfelt; den Saft getrennt bereithalten
1 l Gemüsebrühe
400 g gehackte Dosentomaten
3–4 EL frische Korianderblätter, gehackt
2 Lorbeerblätter
1 EL Zucker
Salz und schwarzer Pfeffer, gemahlen
1–2 EL Weißweinessig, nach Bedarf

FÜR DIE KIBBEH

2 große Prisen Safranfäden
1 EL heißes Wasser
1 EL Pfanzenöl
1 große Zwiebel, gehackt
250 g mageres Lammfleisch, gehackt
1 TL Essig
½ Bund frische Minze, gehackt
115 g Mehl (Type 550)
2–3 Prisen Salz
½–1 TL Kurkumapulver
3–4 EL kaltes Wasser

FÜR DIE GRÜNE KRÄUTERPASTE

4 Knoblauchzehen, gehackt
1–1½ EL frischer Ingwer, gehackt
½–4 frische, milde Chilischoten
½ Bund frischer Koriander
2 EL Weißweinessig
Natives Olivenöl Extra

1 Für die Paste verarbeiten Sie Knoblauch, Ingwer und Chilis in einer Küchenmaschine. Koriander, Essig , Öl und Salz hinzufügen und pürieren. Beiseitestellen.

2 Für die Kibbehfüllung lassen Sie zuerst den Safran im heißen Wasser ziehen. Öl in einer Pfanne erhitzen und die Zwiebel anbraten. Die Zwiebel mit dem Safranwasser vermengen und mit Lamm, Essig und Minze verrühren. Kalt stellen.

3 Für den Kibbehteig verrühren Sie Mehl, Salz und Kurkuma mit dem Rührgerät und fügen dann nach und nach das Wasser hinzu, bis der Teig zu kleben beginnt. Kneten Sie ihn auf einer bemehlten Oberfläche für fünf Minuten. Dann in Frischhaltefolie wickeln und 30 Minuten ruhen lassen.

4 Teilen Sie den Teig in 10–15 Teile. Formen Sie aus jedem eine Kugel und danach sehr dünne Teigscheiben (Nudelmaschine oder Nudelholz). Auf eine bemehlte Oberfläche legen. Platzieren Sie je einen Löffel Füllung in die Mitte der Scheiben. Zum Verkleben der Teigenden diese anfeuchten. Die fertigen, rohen Kibbeh auf einer bemehlten Oberfläche beiseitestellen.

5 Für die Suppe erhitzen Sie das Öl in einem Topf und rösten darin die Zwiebel 10 Minuten an. Fügen Sie die Hälfte des Knoblauchs, die Karotte, die Zucchini, falls gewünscht den Sellerie, den Kardamom und das Currypulver hinzu und köcheln Sie alles 2–3 Minuten. Nun kommen drei der gewürfelten Rote Beten, die Brühe, Tomaten, Koriander, Lorbeer und Zucker dazu. Aufkochen und bei schwacher Hitze 20 Minuten köcheln lassen. Die restlichen Rote Beten, den Rote-Beten-Saft und den Knoblauch hinzugeben. Abschmecken und bis zum Servieren beiseitestellen.

6 Pochieren Sie die Klöße für etwa 4 Minuten in Salzwasser. Mit einem Schaumlöffel herausheben und die garen Klöße auf einer Platte ablegen. Die Suppe wieder erhitzen.

7 Die Suppe portionsweise mit einem Spritzer Essig in Teller füllen. Je zwei oder drei der Klöße einlegen, mit einem kleinen Löffel der Kräuterpaste würzen. Sofort servieren.

Nährwertanalyse pro Portion: Brennwert 175 kcal/732 kJ; Eiweiß 9,2 g; Kohlehydrate 18,6 g, davon Zucker 6,6 g; Fett 7,6 g, davon gesättigte Fettsäuren 2,4 g; Cholesterin 24 mg; Kalzium 69 mg; Ballaststoffe 2,8 g; Natrium 50 mg.

Chamin

Dieses würzige sephardische Sabbat-Gericht aus Fleisch und Kichererbsen schmort man mehrere Stunden lang bei niedriger Hitze im Ofen. Häufig wird nach einiger Zeit Reis im Seihtuch hinzugefügt, wodurch dieser etwas gepresst wird und eine festere Konsistenz erhält.

FÜR 8 PERSONEN

- 3 EL Olivenöl
- 1 Zwiebel, gehackt
- 10 Knoblauchzehen, gehackt
- 1 Pastinake, geschnitten
- 3 Karotten, geschnitten
- 1–2 TL Kreuzkümmel, gemahlen
- ½ TL Kurkumapulver
- 1 EL frischer Ingwer, gehackt
- 250 g über Nacht eingeweichte Kichererbsen, abgeseiht
- 2 l Rinderbrühe
- 1 Kartoffel, geschält und in Stücke geschnitten
- ½ Zucchini, geschnitten
- 400 g frische oder Dosentomaten, gewürfelt
- 3–4 EL braune oder grüne Linsen
- 2 Lorbeerblätter
- 250 g Pökelfleisch (vom Rind oder die Menge Lammfleisch verdoppeln)
- 250 g Lammfleisch
- ½ Bund frischer Koriander, gehackt
- 200 g Langkornreis
- 1 Zitrone, in Schnitze geschnitten, und eine pikante Soße als Beigabe (z. B. S-chug oder fein gehackte, frische Chilis)

1 Den Ofen auf 120 °C vorheizen. Erhitzen Sie das Öl in einer feuerfesten Auflaufform, geben Sie Zwiebel, Knoblauch, Pastinake, Karotten und Gewürze hinein und braten Sie alles 2–3 Minuten an. Fügen Sie Kichererbsen, Brühe, Kartoffel, Zucchini, Tomaten, Linsen, Lorbeerblätter, Fleisch und Koriander hinzu. Zudecken und 3 Stunden im Backofen schmoren lassen.

2 Füllen Sie den Reis in ein doppellagiges Seihtuch und binden Sie die Ecken lose zusammen.

3 Legen Sie den Reisbeutel nach einer Stunde in die Auflaufform, wobei Sie die Beutelenden unter dem Deckel der Form fixieren, damit ein Ausdampfen möglich wird. Weitere 2 Stunden schmoren.

4 Entnehmen Sie den Reis. Schöpfen Sie das Fett von der Oberfläche der Suppe ab und portionieren Sie das Gericht danach in Suppenschalen. Fügen Sie zu jeder Portion etwas Reis und ein Stück Fleisch hinzu. Mit einem Zitronenschnitz und einer pikanten Soße oder Chilis servieren.

Nährwertanalyse pro Portion: Brennwert 463 kcal/1941 kJ; Eiweiß 28,5 g; Kohlehydrate 60,5 g, davon Zucker 17 g; Fett 12,7 g, davon gesättigte Fettsäuren 3,5 g; Cholesterin 47 mg; Kalzium 130 mg; Ballaststoffe 9,4 g; Natrium 409 mg.

Rustikale Pilz-Bohnen-Graupensuppe

Diese herzhafte aschkenasische Suppe ist ideal an einem bitterkalten Tag. Servieren Sie die Suppe in vorgewärmten Tellern und reichen Sie dazu reichlich Roggenbrot oder Pumpernickel.

FÜR 6–8 PERSONEN

- 2–3 EL über Nacht eingeweichte, kleine Bohnen, abgeseiht
- 3–4 EL grüne, gespaltene Trockenerbsen
- 3–4 EL gelbe, gespaltene Trockenerbsen
- 6–7 EL Graupen (Rollgerste)
- 1 Zwiebel, gehackt
- 2 Karotten, geschnitten
- 3 Stangen Bleichsellerie, gewürfelt oder geschnitten
- ½ rohe Backkartoffel (groß, eher mehligkochend), geschält und in Stücke geschnitten
- 3 EL gemischte Pilze, getrocknet
- 5 Knoblauchzehen, geschnitten
- 2 Gemüsebrühwürfel
- Salz und schwarzer Pfeffer, gemahlen
- 2–3 EL frische Petersilie, gehackt zum Garnieren

1 Legen Sie folgende Zutaten in einen wassergefüllten, großen Topf: Bohnen, Erbsen, Graupen, Zwiebel, Karotten, Sellerie, Kartoffel, Pilze und Knoblauch.

2 Alles aufkochen lassen und dann bei reduzierter Hitze etwa 1½ Stunden kochen, bis die Bohnen weich sind.

3 Geben Sie die zerkrümelten Brühwürfel in die Suppe und schmecken Sie ab. In gewärmte Teller schöpfen, mit der gehackten Petersilie garnieren und mit Roggenbrot oder Pumpernickel servieren.

Nährwertanalyse pro Portion: Brennwert 162 kcal/689 kJ; Eiweiß 6,8 g; Kohlehydrate 34,1 g, davon Zucker 4,3 g; Fett 0,8 g, davon gesättigte Fettsäuren 0,1 g; Cholesterin 0 mg; Kalzium 34 mg; Ballaststoffe 2,9 g; Natrium 30 mg.

Russische Spinat-Wurzelgemüsesuppe mit Dill

Eine typisch russische Suppe, die traditionellerweise mit dem ersten Frühjahrsgemüse zubereitet wird. Das Wurzelgemüse kommt dank eines säuerlichen Toppings aus Dill, Zitrone und saurer Sahne bestens zur Geltung.

FÜR 4–6 PERSONEN

1 kleine Steckrübe, in Stücke geschnitten
2 Karotten, geschnitten oder gewürfelt
1 kleine Pastinake, grob in Stücke geschnitten
1 Kartoffel, geschält und gewürfelt
1 Zwiebel, gehackt
1 Knoblauchzehe, fein gehackt
¼ Knollensellerie, gewürfelt
1 l Gemüsebrühe
200 g Blattspinat, grob gehackt
1 kleiner Bund frischer Dill, gehackt
Salz und schwarzer Pfeffer, gemahlen

FÜR DAS TOPPING

2 hart gekochte Eier, geviertelt
1 Zitrone, geschnitten
250 ml saure Sahne
2 EL frische Petersilie und Dill, gehackt

1 Rübe, Karotten, Pastinake, Kartoffel, Zwiebel, Knoblauch, Sellerie und Brühe in einen großen Topf geben. Aufkochen lassen, dann 25–30 Minuten köcheln lassen, bis das Gemüse sehr weich ist.

2 Den Spinat hinzufügen und weitere 5 Minuten köcheln lassen, bis der Spinat weich, jedoch noch grün und blättrig ist. Mit Salz und Pfeffer abschmecken.

3 Den Dill einrühren, dann auf Suppenschalen verteilen und garniert mit Ei, Zitrone, saurer Sahne sowie bestreut mit Petersilie und Dill servieren.

Nährwertanalyse pro Portion: Brennwert 49 kcal/207 kJ; Eiweiß 2,1 g; Kohlehydrate 9,4 g, davon Zucker 5,1 g; Fett 0,7 g, davon gesättigte Fettsäuren 0,1 g; Cholesterin 0 mg; Kalzium 83 mg; Ballaststoffe 2,8 g; Natrium 58 mg.

Suppen, Vorspeisen und Brunch

Linsencremesuppe

Dieses Gericht ist manchen als Esaus Suppe bekannt und kann als Teil des Sabbatmahls oder tags darauf als Mezze serviert werden. Rote Linsen und Gemüse werden gekocht, püriert und mit viel Zitronensaft gewürzt.

FÜR 4 PERSONEN

3 EL Olivenöl
1 Zwiebel, gehackt
2 Stangen Bleichsellerie, gehackt
1–2 Karotten, geschnitten
8 Knoblauchzehen, gehackt
1 Kartoffel, geschält und gewürfelt
250 g rote Linsen
1 l Gemüsebrühe

2 Lorbeerblätter
1–2 Zitronen, halbiert
½ TL Kreuzkümmel, gemahlen
Cayennepfeffer oder Tabasco nach Geschmack
Salz und schwarzer Pfeffer, gemahlen
Zitronenschnitze und frische
  Petersilie, gehackt, zum Servieren

1 Das Öl in einem großen Topf erhitzen und die Zwiebel darin etwa 5 Minuten anbraten. Sellerie, Karotten, die Hälfte des Knoblauchs und die Kartoffel hinzufügen. Ein paar Minuten kochen, bis das Gemüse weich zu werden beginnt.

2 Fügen Sie die Linsen und die Brühe hinzu und bringen Sie alles zum Kochen. Die Hitze zurücknehmen und zugedeckt etwa 30 Minuten köcheln lassen, bis die Kartoffel und die Linsen weich sind.

3 Die Lorbeerblätter, den restlichen Knoblauch und die Hälfte der Zitronen hinzufügen und weitere 10 Minuten sieden lassen. Entfernen Sie die Lorbeerblätter. Pressen Sie die restlichen Zitronen aus und rühren Sie den Saft nach Geschmack in die Suppe ein.

4 Pürieren Sie die Suppe (mit einem Pürierstab oder in einem Standmixer). Schmecken Sie die Suppe mit Kreuzkümmel, Cayennepfeffer oder Tabasco sowie Salz und Pfeffer ab.

5 In Suppenschalen portionieren und mit Zitronenschnitzen garniert und mit frischer, gehackter Petersilie bestreut servieren.

Nährwertanalyse pro Portion: Brennwert 308 kcal/1297 kJ; Eiweiß 14,8 g; Kohlehydrate 44 g, davon Zucker 4,9 g; Fett 9,3 g, davon gesättigte Fettsäuren 1,4 g; Cholesterin 0 mg; Kalzium 48 mg; Ballaststoffe 4,3 g; Natrium 42 mg.

Hummus

Diese klassische nahöstliche Spezialität besteht aus gekochten, pürierten Kichererbsen, gewürzt mit Knoblauch, Zitronensaft, Tahina (Sesampaste), Olivenöl und Kreuzkümmel. Dazu passen getoastetes Pita-Brot oder Gemüsesticks.

FÜR 4–6 PERSONEN

400 g abgegossene Kichererbsen aus der Dose
4 EL Tahina (Sesampaste)
2–3 Knoblauchzehen, gehackt
Saft von 1/2–1 Zitrone
Cayennepfeffer
kleine Prise Kreuzkümmel, gemahlen (je nach Geschmack)
Salz und schwarzer Pfeffer, gemahlen

1 Pürieren Sie die Kichererbsen grob mit einem Kartoffelstampfer oder, wenn Sie es feiner wollen, in einer Küchenmaschine.

2 Das Tahina einrühren, dann Knoblauch, Zitronensaft, Cayennepfeffer, Kreuzkümmel, Salz und Pfeffer nach Geschmack und falls nötig ein wenig Wasser hinzufügen. Mit Raumtemperatur servieren.

Nährwertanalyse pro Portion: Brennwert 140 kcal/586 kJ; Eiweiß 6,9 g; Kohlehydrate 11,2 g, davon Zucker 0,4 g; Fett 7,8 g, davon gesättigte Fettsäuren 1,1 g; Cholesterin 0 mg; Kalzium 97 mg; Ballaststoffe 3,6 g; Natrium 149 mg.

Baba Ghanoush

Es bleibt ganz Ihren Vorlieben überlassen, wie viel Aubergine, Knoblauch oder Zitrone Sie für diesen stark gewürzten, nahöstlichen Auberginen-Dip verwenden. Je nachdem, wie cremig, nach Knoblauch schmeckend oder sauer Sie es haben wollen.

FÜR 2–4 PERSONEN

1 große oder 2 mittlere Auberginen
2–4 Knoblauchzehen, gehackt, je nach Geschmack
6–10 EL Tahina
Saft einer Zitrone bzw. je nach Geschmack
¼ TL Kreuzkümmel, gemahlen
Salz
Natives Olivenöl Extra zum Beträufeln
Korianderblätter, scharfe Pfeffersoße und einige Oliven und Essiggurken und Paprika als Garnierung
Pita-Brot oder französisches Baguette als Beilage

1 Halten Sie die Aubergine(n) mit einer Grillzange über eine Flamme am Gasherd oder am Holzkohle-Grill. Häufig wenden, bis die Aubergine in sich zusammengefallen und die Haut überall angekohlt ist. (Alternative zur offene Flamme ist der Backofengrill.)

2 Die Aubergine(n) in eine Plastiktüte oder eine Schüssel legen und dicht verschließen. 30–60 Minuten auskühlen lassen.

3 Die geschwärzte Haut abschälen und dabei den Saft auffangen. Das Fleisch von Hand oder in einer Küchenmaschine zerkleinern, wenn Sie es lieber fein püriert mögen. In eine Schüssel legen, den Saft einrühren.

4 Knoblauch und Tahina hinzufügen und so lange verrühren, bis die Masse homogen ist.

5 Den Zitronensaft einrühren, wodurch die Masse verdickt. Wird sie zu fest, 1–2 EL Wasser oder mehr Zitronensaft hinzufügen. Würzen Sie mit Kreuzkümmel und Salz nach Geschmack.

6 Füllen Sie die Mischung in eine Servierschüssel. Mit Olivenöl beträufeln und mit Korianderblättern, scharfer Pfeffersoße und Oliven oder Essiggurken und Paprika garnieren. Mit Pita-Brot oder Baguette servieren.

Nährwertanalyse pro Portion: Brennwert 91 kcal/375 kJ; Eiweiß 1 g; Kohlehydrate 2,2 g, davon Zucker 1,5 g; Fett 8,8 g, davon gesättigte Fettsäuren 1,4 g; Cholesterin 8 mg; Kalzium 8 mg; Ballaststoffe 1,4 g; Natrium 52 mg.

Muhammara

Diese dicke Creme aus geröstetem rotem Paprika und Walnüssen wird an sephardischen Tafeln hoch geschätzt, besonders in Syrien. Servieren Sie sie als Dip mit Römersalat-Blattrippen, Pita-Brot, Tomatenstücken und Mozzarella.

FÜR 4 PERSONEN

1½ Scheiben Vollkornbrot, einen Tag alt oder getoastet
3 rote Paprika, geröstet, geschält und gehackt
2 sehr milde Chilischoten, geröstet, geschält und gehackt
115 g Walnüsse, gehackt
3–4 Knoblauchzehen, gehackt
1–2 EL Balsamico-Essig oder Granatapfel-Melasse
Saft einer ½ Zitrone
½–1 TL Kreuzkümmel, gemahlen
½ TL Zucker
7 EL Natives Olivenöl Extra
Salz

1 Brechen Sie das Brot in kleine Stücke und geben Sie es mit allen anderen Zutaten mit Ausnahme des Olivenöls in eine Küchenmaschine. Alles fein hacken.

2 Bei laufendem Motor tropfenweise das Olivenöl hinzufügen, bis die Masse eine geschmeidige Konsistenz angenommen hat. In eine Schüssel umfüllen servieren.

Nährwertanalyse pro Portion: Brennwert 444 kcal/1833 kJ; Eiweiß 6,8 g; Kohlehydrate 15,5 g, davon Zucker 9,9 g; Fett 39,8 g, davon gesätt. Fettsäuren 4,6 g; Cholesterin 0 mg; Kalzium 62 mg; Ballaststoffe 3,7 g; Natrium 69 mg.

Salat aus getrockneten Tomaten und Paprika

Diese Vorspeise entstammt der trendigen Küche Tel Avivs – ein modernes, mediterranes Gericht, das eine kulinarische Brücke zwischen dem Geschmack des Nahen Ostens und dem des heutigen Europa schlägt. Dazu passt ganz frisches Fladenbrot.

FÜR 4–6 PERSONEN

10–15 getrocknete Tomaten
4–5 EL Olivenöl
3 gelbe Paprika, in mundgerechte Stücke geschnitten
6 Knoblauchzehen, gehackt
400 g Dosentomaten, gehackt
1 TL frischer Thymian
1 große Prise Zucker
1 EL Balsamico-Essig
2–3 Kapern, gut abgetropft
1 EL frische Petersilie, gehackt
Salz und schwarzer Pfeffer, gemahlen
frischer Thymian zum Garnieren (optional)

1 Die getrockneten Tomaten in eine Schüssel geben und mit kochendem Wasser übergießen. Mindestens 30 Minuten stehen lassen, bis die Tomaten reichlich Wasser aufgenommen haben, dann durch ein Sieb abgießen und die Tomaten halbieren oder vierteln.

2 Das Olivenöl in einer Pfanne erhitzen, die Paprika hineingeben und 5–7 Minuten braten – bis sie leicht gebräunt, aber nicht zu weich sind.

3 Die Hälfte des Knoblauchs, die Dosentomaten, Thymian und Zucker hinzufügen und bei starker Hitze und unter häufigem Umrühren zu einer dicken Paste einkochen. Vom Herd nehmen, nach Geschmack salzen und pfeffern. Rühren Sie die getrockneten Tomaten, den Balsamico-Essig, die Kapern und den restlichen Knoblauch ein und lassen Sie die Mixtur auf Raumtemperatur abkühlen.

4 In eine Servierschüssel umfüllen, mit gehackter frischer Petersilie bestreuen und, wenn gewünscht, mit Thymian garnieren.

Nährwertanalyse pro Portion: Brennwert 125 kcal/520 kJ; Eiweiß 2,7 g; Kohlehydrate 11 g, davon Zucker 9,6 g; Fett 8,1 g, davon gesättigte Fettsäuren 1,2 g; Cholesterin 0 mg; Kalzium 34 mg; Ballaststoffe 3,2 g; Natrium 33 mg.

Suppen, Vorspeisen und Brunch 29

Pikanter libyscher Kürbis-Dip

Dieser pikante sephardische Dip aus einem libysch-jüdischen Restaurant in Jaffa eignet sich hervorragend für einen Anlass wie Thanksgiving. Im Kühlschrank hält er sich mindestens eine Woche. Servieren Sie ihn mit rohen Gemüsesticks zum Dippen.

FÜR 6–8 PERSONEN

3–4 EL Olivenöl
1 Zwiebel, fein gehackt
5–8 Knoblauchzehen, grob gehackt
675 g Kürbis, geschält und gewürfelt
1–2 TL Kreuzkümmel, gemahlen
1 TL Paprikapulver
¼–½ TL Ingwer, gemahlen
¼–½ TL Currypulver
75 g gehackte Dosentomaten
½–1 roter Jalapeño-Chili, gehackt
evtl. eine Prise Zucker
Saft einer ½ Zitrone
Salz
2 EL frischer Koriander, gehackt, zum Garnieren

1 Das Öl in einer Bratpfanne erhitzen, die Zwiebel und die Hälfte des Knoblauchs hinzufügen und anbraten. Den Kürbis dazugeben und zugedeckt 10 Minuten dünsten lassen, bis der Kürbis halb gar ist.

2 Die Gewürze in die Pfanne geben und 1–2 Minuten weiterdünsten. Fügen Sie nun Tomaten, Chili, Zucker und Salz hinzu und kochen Sie bei mittlerer Hitze weiter, bis die gesamte Flüssigkeit verdampft ist.

3 Sobald der Kürbis weich ist, alles grob zerstampfen. Den restlichen Knoblauch einrühren, abschmecken und Zitronensaft nach Geschmack hinzufügen. Mit gehacktem frischem Koriander bestreut servieren.

Nährwertanalyse pro Portion: Brennwert 54 kcal/224 kJ; Eiweiß 0,9 g; Kohlehydrate 2,9 g, davon Zucker 2,3 g; Fett 4,4 g, davon gesättigte Fettsäuren 0,7 g; Cholesterin 0 mg; Kalzium 37 mg; Ballaststoffe 1,3 g; Natrium 3 mg.

Rauchiger Auberginen-Paprika-Salat

Dieser einfache, frische Salat wird am besten mit getoasteten Brotscheiben serviert. Sie können die Auberginen und die Paprika auch im Backofen oder im Grill vorbereiten, wenn es nicht anders möglich ist.

FÜR 4–6 PERSONEN

2 Auberginen
2 rote Paprika
3–5 Knoblauchzehen, gehackt
½ TL Kreuzkümmel, gemahlen
Saft von ½–1 Zitrone
½ TL Sherry- oder Weinessig
3–4 EL Natives Olivenöl Extra
1–2 Prisen bzw. Spritzer Cayennepfeffer, Tabasco oder eine andere scharfe Pfeffersoße
grobes Meersalz
gehackter frischer Koriander zum Garnieren
Pita-Brot oder dünn geschnittenes, getoastetes Baguette oder Ciabatta, Sesamcracker und Gurkenscheiben

1 Halten Sie die Auberginen und die Paprika mit einer Grillzange über eine offene Flamme (Gasherd) oder glühende Grillkohle. Häufig wenden, bis die Auberginen in sich zusammengefallen sind und die Haut des Gemüses überall angekohlt ist.

2 Die Auberginen und die Paprika in eine Plastiktüte oder eine Schüssel legen und dicht verschließen. 30–60 Minuten auskühlen lassen.

3 Das Gemüse schälen, dabei den Saft aufbewahren, das Fleisch grob zerkleinern und in einer Schüssel mit Gemüsesaft, Knoblauch, Kreuzkümmel, Zitronensaft, Essig, Olivenöl, Pfefferwürze und Salz gut vermischen. In eine Servierschüssel umfüllen und mit Koriander garnieren. Servieren Sie den Salat mit Brot, Sesamcrackern und Gurkenscheiben.

Nährwertanalyse pro Portion: Brennwert 74 kcal/308 kJ; Eiweiß 1 g; Kohlehydrate 4,7 g, davon Zucker 4,4 g; Fett 5,9 g, davon gesättigte Fettsäuren 0,9 g; Cholesterin 0 mg; Kalzium 9 mg; Ballaststoffe 1,8 g; Natrium 3 mg.

Suppen, Vorspeisen und Brunch

Bulgarische Gurken-Walnuss-Creme

Viele bulgarische Juden kamen nach Israel und brachten ihre Begeisterung für exzellenten Joghurt mit, der gerne in Salaten verwendet wird. Bereitet man dieses Gericht mit dickem griechischem Joghurt zu, kann man Bällchen formen und diese auf Salatblättern anrichten.

FÜR 4–6 PERSONEN

1 große Gurke

3–5 Knoblauchzehen, fein gehackt

250 ml Schmand

250 ml Joghurt, vorzugsweise dicker griechischer oder bulgarischer Schafmilchjoghurt

2–3 EL frischer Dill, gehackt

3–4 EL Walnüsse, gehackt

Salz

ein Zweig Dill zum Garnieren (optional)

1 Schneiden Sie die ungeschälte Gurke mit einem scharfen Messer klein und geben Sie die Stückchen in eine Rührschüssel.

2 Fügen Sie Knoblauch, Schmand, Schafmilchjoghurt, Dill und Salz hinzu. Vermischen und zugedeckt im Kühlschrank kalt stellen.

3 Die gekühlte Masse in eine Servierschüssel füllen, mit gehackten Walnüssen bestreuen und falls gewünscht mit einem Zweig Dill garnieren.

Nährwertanalyse pro Portion: Brennwert 164 kcal/677 kJ; Eiweiß 4,7 g; Kohlehydrate 5,5 g, davon Zucker 5,4 g; Fett 13,9 g, davon gesättigte Fettsäuren 5,8 g; Cholesterin 26 mg; Kalzium 131 mg; Ballaststoffe 0,5 g; Natrium 53 mg.

Minze-Petersilie-Tahina-Salat

Tahina ist eine cremige Sesampaste, die in der israelitischen und arabischen Küche häufig verwendet wird. Ihr herber Geschmack harmoniert wunderbar mit den frischen Kräutern und der dezenten Würze in diesem Salat und ergibt eine leichte, erfrischende Vorspeise.

FÜR 4–6 PERSONEN

115 g Tahina

3 Knoblauchzehen, gehackt

½ Bund (ca. 20 g) frische Minze, gehackt

½ Bund (ca. 20 g) frischer Koriander, gehackt

½ Bund (ca. 20 g) frische Petersilie, gehackt

Saft einer ½ Zitrone

eine Prise Kreuzkümmel, gemahlen

eine Prise Kurkumapulver

eine Prise Kardamomsamen, gemahlen

Cayennepfeffer nach Geschmack

Salz

Natives Olivenöl Extra, warmes Pita-Brot, Oliven und rohes Gemüse zum Servieren

1 Vermengen Sie in einer Schüssel mit einem Rührgerät die Tahina mit Knoblauch, Kräutern und Zitronensaft. Nach Belieben mit mehr Zitrone abschmecken. Falls die Mischung zu dick wird, etwas Wasser hinzufügen.

2 Mit Kreuzkümmel, Kurkuma, Kardamom, Salz und Cayennepfeffer würzen.

3 Zum Servieren in flache Schüsseln oder auf Teller geben und mit Olivenöl beträufeln. Dazu gibt's warmes Pita-Brot, Oliven und rohes Gemüse.

Nährwertanalyse pro Portion: Brennwert 125 kcal/516 kJ; Eiweiß 4,3 g; Kohlehydrate 0,9 g, davon Zucker 0,7 g; Fett 11,6 g, davon gesättigte Fettsäuren 1,6 g; Cholesterin 0 mg; Kalzium 180 mg; Ballaststoffe 2,8 g; Natrium 12 mg.

Suppen, Vorspeisen und Brunch

Vegetarische gehackte Leber

Diese Mischung aus gerösteten Zwiebeln, gehacktem Gemüse, hart gekochtem Ei und Walnüssen ähnelt optisch und geschmacklich verblüffend der klassischen gehackten Leber, ist aber bekömmlicher und frischer.

FÜR 6 PERSONEN

- 6 EL oder falls erforderlich mehr Pflanzenöl
- 3 Zwiebeln, gehackt
- 175–200 g grüne Erbsen
- 115–150 g grüne Bohnen, grob gehackt
- 15 Walnusskerne
- 3 hart gekochte Eier, geschält
- Salz und schwarzer Pfeffer, gemahlen
- Roggenbrot oder knusprige Matze als Beilage

1 Das Öl in einer großen Pfanne erhitzen und die Zwiebeln darin goldbraun anrösten.

2 Grüne Erbsen und grüne Bohnen hinzufügen und nach Geschmack würzen. Das Gemüse weichgaren (bis die grünen Bohnen ihre leuchtend grüne Farbe verloren haben).

3 Das Gemüse, die Walnüsse und die Eier in einer Küchenmaschine zu einer dicken Paste verarbeiten.

4 Abschmecken und, falls die Masse etwas trocken ist, ein wenig Öl hinzufügen und gut einrühren. Mit Roggenbrotscheiben oder Matze als Beilage servieren.

Nährwertanalyse pro Portion: Brennwert 309 kcal/1277 kJ; Eiweiß 9 g; Kohlehydrate 11,1 g, davon Zucker 6,2 g; Fett 25,9 g, davon gesätt. Fettsäuren 3,4 g; Cholesterin 95 mg; Kalzium 64 mg; Ballaststoffe 3,6 g; Natrium 39 mg.

Gehackte Hühnerleber

Die französische Vorliebe für leberhaltige Pasteten ist ein Vermächtnis der Juden aus dem Elsass und dem Osten, die bei ihrer Flucht ihre Spezialitäten mitbrachten und so die französischen Tafeln bereicherten.

FÜR 4–6 PERSONEN

250 g Hühnerleber
2–3 Zwiebeln, gehackt, plus ½ Zwiebel, fein gehackt oder geraspelt
4 EL ausgelassenes Hühnerfett oder Pflanzenöl
3–4 Frühlingszwiebeln, dünn geschnitten
2–3 hart gekochte Eier, grob gehackt oder gewürfelt
2 TL Mayonnaise
1–2 TL frischer Dill, gehackt
Salz und schwarzer Pfeffer, gemahlen
frischer Dill oder Petersilie, gehackt, zum Garnieren
Blattsalat, Matze oder dünne Roggenbrotscheiben und Salzgurken als Beilage

1 Grillen Sie die Leber, sodass das Blut austritt und sie koscher wird. Abspülen, in einen Topf geben, mit kaltem Wasser bedecken und zum Kochen bringen. Reduzieren Sie die Hitze und köcheln Sie die Leber 5–10 Minuten, dann im Wasser auskühlen lassen.

2 Rösten Sie die Zwiebeln im Fett bzw. Öl bei mittlerer Hitze, bis sie knusprig werden. Während des Röstens salzen und pfeffern.

3 Hacken Sie die Leber klein. In einer Schüssel mit den Röstzwiebeln und dem Öl vermischen.

4 Rühren Sie die fein gehackte Zwiebel, die Frühlingszwiebeln, Eier, Mayonnaise und Dill ein. Eine Stunde kalt stellen.

5 Auf Teller geben und mit Dill oder Petersilie garnieren. Servieren Sie dazu Blattsalat, Matze oder Roggenbrot und Salzgurken.

Nährwertanalyse pro Portion: Brennwert 180 kcal/749 kJ; Eiweiß 12 g; Kohlehydrate 8,2 g, davon Zucker 5,9 g; Fett 11,4 g, davon gesättigte Fettsäuren 1,9 g; Cholesterin 253 mg; Kalzium 55 mg; Ballaststoffe 1,8 g; Natrium 72 mg.

Brik mit Ei

Diese Teigtaschen werden auf Israels Märkten verkauft. Männer balancieren mit Briks beladene Tabletts durch die Menge und bieten lautstark ihre knusprigen Pasteten feil. Traditionell werden Briks aus Warka, einem sehr dünnen Weizenteig, hergestellt, aber Fyllo, ein an Blätter- und Strudelteig erinnernder, papierdünner Teig, ist eine ausgezeichnete Alternative.

FÜR 4 PERSONEN

- 1 Zwiebel, fein gehackt
- 2–3 EL frische Petersilie oder Koriander, gehackt oder eine Mischung aus beidem
- eine Prise frische Chilis, gehackt (optional)
- 4 Fyllo-Teigblätter
- 90–115 g Thunfisch aus der Dose, gut abgetropft
- Pflanzenöl zum Frittieren
- 4 Eier
- scharfe Soße, z. B. S-chug, Harissa oder Tabasco, als Beigabe

1 Vermischen Sie Zwiebel, Kräuter und, wenn gewünscht, Chili in einer Schüssel. Legen Sie ein Teigblatt auf ein Stück Backpapier. Geben Sie ein Viertel der Zwiebelmischung und ein Viertel des Thunfischs auf eine Ecke des Teigblatts.

2 Den Ofen auf 200 °C vorheizen. Erhitzen Sie das Öl in einer Pfanne so stark, dass ein Brotwürfel in 30 Sekunden gebräunt wird.

3 Schlagen Sie ein Ei in einer Schüssel auf und geben Sie es zur Füllung auf dem Teigblatt. Nun schließen Sie das Teigblatt zu einem Dreieck. Goldbraun frittieren, mit einem Schaumlöffel aus dem Öl heben, auf Küchenpapier abtropfen lassen und wieder auf das Backpapier legen. Bereiten Sie drei weitere Briks zu.

4 Backen Sie die Teigtaschen 5 Minuten, bis sie goldbraun und knusprig sind. Nicht zu lange im Ofen lassen, das Eigelb sollte flüssig bleiben. Mit einer scharfen Soße zum Dippen servieren.

Nährwertanalyse pro Portion: Brennwert 267 kcal/1111 kJ; Eiweiß 14,1 g; Kohlehydrate 11,2 g, davon Zucker 1,3 g; Fett 18,9 g, davon gesättigte Fettsäuren 3,2 g; Cholesterin 202 mg; Kalzium 75 mg; Ballaststoffe 1,2 g; Natrium 140 mg.

Rebecchine de Jerusalemme

Diese gefüllten, frittierten Polenta-Krapfen stammen von der jüdischen Gemeinde Italiens. Polenta, zu dicker Konsistenz gekocht und zum Kühlen und Verfestigen ausgestrichen, wird zum „Brot" dieser winzigen frittierten Sandwiches. Traditionell werden sie mit Anchovis gefüllt, aber für unser Rezept kommen Tomaten, Rosmarin und Käse zum Einsatz. Auch Steinpilze ergeben eine köstliche Füllung.

FÜR 6 PERSONEN

250 g Polenta
2–3 EL Tomatenpüree
2–3 EL frische oder Dosentomaten, gehackt
2 EL frischer Rosmarin, gehackt
2–3 EL Parmesan oder Pecorino, frisch gerieben
130 g Mozzarella, Gorgonzola oder Fontina, fein gehackt
halb Pflanzen- und halb Olivenöl, zum Frittieren
1–2 Eier, verquirlt
Mehl
Salz
gewürfelte rote Paprika, zerkleinerter Blattsalat und Rosmarinzweige zum Garnieren

1 Verrühren Sie die Polenta mit 250 ml kaltem Wasser in einem großen Topf. Gießen Sie 750 ml kochendes Wasser auf. Zum Kochen bringen und unter ständigem Rühren 30 Minuten köcheln lassen, bis eine dicke und nicht mehr körnige Masse entstanden ist. Würzen und etwa 1 cm dick auf ein gefettetes Backblech auftragen. Auskühlen lassen.

2 Stechen Sie mit einer einfachen, runden Ausstechform etwa 6–7 cm große Scheiben aus der Polenta. Vermengen Sie Tomaten und Tomatenpüree und streichen Sie ein wenig davon auf die weiche, feuchte Seite der Polentascheiben. Mit Rosmarin und etwas Käse bestreuen, eine zweite Scheibe drauflegen und die Ränder zusammenpressen. Die ganze Polenta so verarbeiten.

3 Gießen Sie Öl 5 cm hoch in eine Pfanne und erhitzen Sie es, bis ein Brotwürfel in 30 Sekunden gebräunt ist. Die Krapfen in die verquirlten Eier tunken und danach im Mehl wälzen. 4–5 Minuten frittieren, dabei einmal wenden. Mit einem Schaumlöffel herausheben, auf Küchenpapier abtropfen lassen. Garniert mit Blattsalat, Paprika und Rosmarin servieren.

Nährwertanalyse pro Portion: Brennwert 333 kcal/1386 kJ; Eiweiß 11,4 g; Kohlehydrate 31,8 g, davon Zucker 1,3 g; Fett 17,5 g, davon gesätt. Fettsäuren 5,3 g; Cholesterin 49 mg; Kalzium 148 mg; Ballaststoffe 1,2 g; Natrium 171 mg.

Heringssalat mit Roter Bete und saurer Sahne

Dieser Salat, dargereicht mit Pumpernickel, ist das Sabbat-Morgengericht nach dem Gottesdienst schlechthin. Servieren Sie dazu kalte gekochte Kartoffeln und erlauben Sie Ihren Gästen, nach Herzenslust zuzugreifen.

FÜR 8 PERSONEN

- 1 großer säuerlicher Apfel
- 500 g Matjesfilets, abgetropft und in Stücke geschnitten
- 2 kleine Essiggurken, gewürfelt
- 2 TL Feinzucker
- 2 TL Apfel- oder Weißweinessig
- 300 ml saure Sahne
- 2 gekochte Rote Beten, gewürfelt
- Blattsalat zum Servieren
- frische Dillzweige und gehackte Zwiebel oder Zwiebelringe zum Garnieren

1 Schälen und entkernen Sie den Apfel und schneiden Sie ihn in Würfel. In einer Schüssel mit dem Matjes, den Gurken, dem Zucker und dem Essig vermengen. Die saure Sahne hinzufügen und gut verrühren.

2 Geben Sie nun die Rote Bete zu der Mischung und stellen Sie alles im Kühlschrank kalt. Servieren Sie den Salat auf Salatblättern, garniert mit frischem Dill und gehackter Zwiebel oder Zwiebelringen.

Nährwertanalyse pro Portion: Brennwert 212 kcal/878 kJ; Eiweiß 9,6 g; Kohlehydrate 6,5 g, davon Zucker 6,2 g; Fett 16,5 g, davon gesättigte Fettsäuren 4,7 g; Cholesterin 51 mg; Kalzium 72 mg; Ballaststoffe 0,6 g; Natrium 266 mg.

Pilzkaviar auf geröstetem Knoblauchbrot

Mischungen aus fein gehacktem Gemüse sind in der jüdischen Küche sehr beliebt. Die Bezeichnung „Kaviar" bezieht sich lediglich auf die dunkle Farbe und die spezielle Konsistenz, nicht auf die tatsächlichen Zutaten des Gerichts.

FÜR 4 PERSONEN

10–15 g Steinpilze oder andere geeignete Pilze, getrocknet
120 ml Wasser
3 EL Oliven- oder Pflanzenöl
450 g frische Pilze, grob gehackt
5–10 Schalotten, gehackt
5 Knoblauchzehen, vier gehackt und eine im Ganzen
2 EL Portwein
Saft einer ¼ Zitrone
12–16 kleine Scheiben Roggenbrot
Salz
2–3 Frühlingszwiebeln, dünn geschnitten, und/oder 1 EL gehackte frische Petersilie sowie 1 gehacktes, hart gekochtes Ei oder saure Sahne zum Garnieren

1 Weichen Sie die getrockneten Pilze etwa 30 Minuten in Wasser ein.

2 Das Öl in einer Pfanne erhitzen und darin die frischen Pilze mit den Schalotten und dem gehackten Knoblauch bräunen. Salzen.

3 Mit den eingeweichten Pilzen und dem Wasser aufgießen und vollständig reduzieren. Mit Portwein und Zitronensaft aufgießen und wieder reduzieren, bis die Mischung braun und trocken ist.

4 Verarbeiten Sie die Mischung in der Küchenmaschine oder mit dem Pürierstab zu einer groben Paste.

5 Rösten Sie das Brot beidseitig goldbraun an und reiben Sie es dann mit der ganzen Knoblauchzehe ein.

6 Portionieren Sie den Kaviar auf kleinen Tellern und servieren Sie ihn mit dem Knoblauchbrot und garniert mit Frühlingszwiebeln, hackter Petersilie, Eierhack oder saurer Sahne.

Nährwertanalyse pro Portion: Brennwert 143 kcal/596 kJ; Eiweiß 3,7 g; Kohlehydrate 10,3 g, davon Zucker 3,7 g; Fett 9,1 g, davon gesättigte Fettsäuren 1,1 g; Cholesterin 0 mg; Kalzium 29 mg; Ballaststoffe 2,4 g; Natrium 80 mg.

Suppen, Vorspeisen und Brunch

Gehacktes Ei
mit **Zwiebeln**

*Diese aschkenasische Spezialität gehört zu den
ältesten Gerichten der jüdischen Geschichte.
Manchen Quellen zufolge lässt sie sich bis in
die Zeit der ägyptischen Gefangenschaft zu-
rückverfolgen. Sie schmeckt köstlich auf Toast
oder als Füllung für ein Sandwich oder ein Bagel.*

FÜR 4–6 PERSONEN

8–10 Eier

6–8 Frühlingszwiebeln und/oder 1 gelbe oder weiße Zwiebel,
  sehr fein gehackt, plus extra zum Garnieren

4–6 EL Mayonnaise oder ausgelassenes Hühnerfett

milder, grober französischer Senf nach Geschmack (optional
  falls Mayonnaise verwendet wird)

1 EL frische Petersilie, gehackt

Salz und schwarzer Pfeffer, gemahlen

Roggentoast oder -cracker als Beilage

1 Die Eier in kaltes Wasser legen und hart kochen (ca.
8 Minuten).

2 Die gekochten Eier mit kaltem Wasser abspülen, dann
schälen, trocknen und grob hacken.

3 Geben Sie das Eierhack in eine Schüssel, fügen Sie
die Zwiebeln hinzu und salzen und pfeffern Sie reichlich. Umrühren und genug Mayonnaise oder Hühnerfett hinzufügen, um die Mischung zu binden. Rühren
Sie den Senf, falls Sie ihn verwenden, und die gehackte
Petersilie ein oder bestreuen Sie das Ganze mit Petersilie
als Garnierung. Gekühlt servieren mit Roggentoasts
oder -crackern.

Nährwertanalyse pro Portion: Brennwert 197 kcal/816 kJ; Eiweiß 11 g; Kohlehydrate 0,7 g, davon Zucker 0,6 g; Fett 17 g, davon gesättigte Fettsäuren 3,7 g;
Cholesterin 325 mg; Kalzium 69 mg; Ballaststoffe 0,6 g; Natrium 165 mg.

Israelischer Weißkäse
mit **grünen Oliven**

*In Israel biegen sich die Regale für Milchprodukte
unter einem beständig wachsenden Sortiment an
Käse, von Kaschkawal über Ziegenkäse bis zu mil-
dem Weißkäse, gespickt mit allerlei – hier mit pikanten Oliven. Servieren Sie ihn zu Drinks und Crackern
oder mit Brot oder Bagels als Aufstrich beim Brunch.*

FÜR 4 PERSONEN

175–200 g weicher Weißkäse

65 g Feta, am besten aus Schafsmilch, leicht krümelig

20–30 entsteinte grüne Oliven, ein paar gehackt, die übrigen
  halbiert oder geviertelt

2–3 große Prisen frischer Thymian, plus Thymian
  zum Garnieren

2–3 Knoblauchzehen, fein gehackt (optional)

Cracker, Toast oder Bagels, zum Servieren

1 Geben Sie den weichen Käse in eine Schüssel und
rühren Sie ihn mit einem Löffelrücken glatt.

2 Rühren Sie den Feta gründlich ein.

3 Fügen Sie die Oliven, den gehackten Knoblauch und
den Thymian hinzu und rühren Sie gut um.

4 Die Masse in eine Servierschüssel umfüllen, mit Thymian bestreuen und mit Crackern, Toasts, Bagels oder
Brotstücken servieren.

Nährwertanalyse pro Portion: Brennwert 242 kcal/1002 kJ; Eiweiß 13,8 g; Kohlehydrate 0,3 g, davon Zucker 0,3 g; Fett 19,7 g, davon gesättigte Fettsäuren 12 g;
Cholesterin 54 mg; Kalzium 393 mg; Ballaststoffe 0,6 g; Natrium 972 mg.

Süßsaurer Rotkohl

Kohl war in der aschkenasischen Küche das wichtigste – und nicht selten das einzige – Gemüse. Glücklicherweise ist Kohl ausgesprochen vielseitig und sehr gesund. Dieses Gericht lässt sich gut vorbereiten und, kurz vorm Servieren aufgewärmt, zu Fleischigem oder Milchigem reichen.

FÜR 4–6 PERSONEN

2 EL Pflanzenöl
½ großer oder 1 kleiner Rotkohl, dünn geschnitten
1 große Zwiebel, gehackt
2–3 Handvoll Rosinen
1 kleiner Apfel, fein gewürfelt
1 EL Zucker
120 ml trockener Rotwein
Saft einer Zitrone oder 50 ml Zitronensaft und Apfelessig gemischt
Salz und schwarzer Pfeffer, gemahlen

1 Das Öl in einem großen Topf erhitzen und Kohl und Zwiebel unter ständigem Rühren etwa 3–5 Minuten anschwitzen, bis das Gemüse gleichmäßig mit Öl überzogen und der Kohl etwas weich geworden ist.

2 Rosinen, Apfel, Zucker und Rotwein hinzufügen und 30 Minuten kochen, bis der Kohl sehr weich ist.

3 Ab und zu prüfen, ob noch Flüssigkeit vorhanden ist und gegebenenfalls mit mehr Wasser oder Rotwein aufgießen, damit der Kohl nicht anbrennt.

4 Gegen Ende der Kochzeit den Zitronensaft bzw. die Zitrone-Essig-Mischung einrühren und nach Geschmack salzen und pfeffern. Heiß oder kalt servieren.

Nährwertanalyse pro Portion: Brennwert 148 kcal/620 kJ; Eiweiß 2,2 g; Kohlenhydrate 23,8 g, davon Zucker 22,2 g; Fett 4 g, davon gesättigte Fettsäuren 0,4 g; Cholesterin 0 mg; Kalzium 60 mg; Ballaststoffe 2,9 g; Natrium 19 mg.

Süßsaure Gurke mit frischem Dill

Diese Mischung aus saurer Gurke und frischem Salat ist einfach köstlich als leichte Zwischenmahlzeit oder als Vorspeise vor einem schönen Braten. Reichen Sie dazu dünne Scheiben Pumpernickel oder ein anderes dunkles, grobes Brot.

FÜR 4 PERSONEN

1 große oder 2 kleine Gurken, dünn geschnitten
3 Zwiebeln, dünn geschnitten
3 EL Zucker
5–6 EL Weißweinessig oder Apfelessig
2–3 EL Wasser
2–3 EL frischer Dill, gehackt
Salz

1 Vermischen Sie in einer großen Schüssel Gurken und Zwiebeln. Salzen und gut verrühren. Lassen Sie das Ganze 5–10 Minuten an einem kühlen Platz stehen.

2 Fügen Sie Zucker, Wasser, Dill und Essig hinzu. Gut verrühren, dann für einige Stunden im Kühlschrank kalt stellen, bis es Zeit zum Servieren ist.

Nährwertanalyse pro Portion: Brennwert 89 kcal/375 kJ; Eiweiß 2 g; Kohlenhydrate 20,7 g, davon Zucker 18,3 g; Fett 0,4 g, davon gesättigte Fettsäuren 0 g; Cholesterin 0 mg; Kalzium 63 mg; Ballaststoffe 2,3 g; Natrium 9 mg.

New Yorker Krautsalat

Krautsalat ist so gut wie überall zu haben, aber er kann sowohl langweilig als auch delikat sein. Der Schlüssel zu einem guten Krautsalat ist neben einer würzigen Salatsoße eine interessante Gemüseauswahl.

FÜR 6–8 PERSONEN

1 großer Weiß- oder Grünkohl, sehr dünn geschnitten
3–4 Karotten, grob geraspelt
½ grüne Paprika, gehackt
½ rote Paprika, gehackt
1–2 Stangen Bleichsellerie, fein gehackt, oder 1–2 TL Selleriesamen
1 Zwiebel, gehackt
2–3 Handvoll Rosinen
3 EL Weißwein- oder Apfelessig
4–6 EL Zucker, nach Geschmack
175–250 ml Mayonnaise zum Binden
Salz und schwarzer Pfeffer, gemahlen

1 Kohl, Karotten, Paprika, Sellerie oder Selleriesamen, Zwiebel und Rosinen in eine große Salatschüssel geben und gut vermischen. Essig, Zucker, Salz und gemahlenen schwarzer Pfeffer hinzufügen und erneut vermischen. Zugedeckt eine Stunde ziehen lassen.

2 Genügend Mayonnaise in den Salat rühren, um die Masse im Ansatz zu binden. Probieren und gegebenenfalls mit mehr Zucker, Salz und Pfeffer abschmecken.

3 Bis zum Servieren in den Kühlschrank stellen; überstehende Flüssigkeit abgießen.

Nährwertanalyse pro Portion: Brennwert 215 kcal/891 kJ; Eiweiß 1,6 g; Kohlehydrate 15,1 g, davon Zucker 14,6 g; Fett 16,8 g, davon gesättigte Fettsäuren 2,6 g; Cholesterin 16 mg; Kalzium 46 mg; Ballaststoffe 2,3 g; Natrium 115 mg.

Feiner Kartoffelsalat

Kartoffelsalat ist immer beliebt, ob mit saurer Sahne oder mit Vinaigrette. Zu dieser Version gehören Senfmayonnaise und Oliven.

FÜR 6–8 PERSONEN

1 kg Salatkartoffeln, gebürstet
1 rote, braune oder weiße Zwiebel, fein gehackt
2–3 Stangen Bleichsellerie, fein gehackt
4–6 EL frische Petersilie, gehackt
15–20 mit Paprika gefüllte Oliven, halbiert
3 hart gekochte Eier, gehackt
4 EL Natives Olivenöl Extra
4 EL Weißweinessig
1–2 EL milder oder grober französischer Senf
Selleriesamen, nach Geschmack (optional)
175–250 ml Mayonnaise
Salz und schwarzer Pfeffer, gemahlen
Paprika zum Garnieren

1 Kochen Sie die Kartoffeln in Salzwasser weich. Abgießen und für 2–3 Minuten zum Kühlen und Trocknen in den Topf zurückgeben.

2 Sobald die Kartoffeln nicht mehr zu heiß zum Angreifen sind, in Stücke schneiden und in eine Schüssel geben. Salzen und pfeffern, dann Zwiebel, Sellerie, Petersilie, Oliven und gehackte Eier unterrühren.

3 Vermischen Sie Olivenöl, Essig, Senf und, nach Geschmack, Selleriesamen. Genügend Mayonnaise zum Binden einrühren. Gekühlt und mit etwas Paprika bestreut servieren.

Nährwertanalyse pro Portion: Brennwert 323 kcal/1343 kJ; Eiweiß 5,2 g; Kohlehydrate 21,5 g, davon Zucker 2,7 g; Fett 24,7 g, davon gesätt. Fettsäuren 4 g; Cholesterin 88 mg; Kalzium 49 mg; Ballaststoffe 2 g; Natrium 149 mg.

Suppen, Vorspeisen und Brunch 45

Räucherfisch-Salat

Geräucherter Fisch gehört zu den Herrlichkeiten der Feinkostläden und mit Mayonnaise und saurer Sahne zu einem Salat verarbeitet, wird er zum unentbehrlichen Brunch-Bestandteil. Servieren Sie dazu einen Stapel Bagels, Pumpernickel oder Roggenbrot.

FÜR 4–6 PERSONEN

1 geräucherter Fisch, gehäutet und entgrätet
2 Stangen Bleichsellerie, gehackt
½ Zwiebel oder 3–5 Frühlingszwiebeln, gehackt
3 EL Mayonnaise
3 EL saure Sahne oder griechischer Joghurt
Saft von ½–1 Zitrone
1 Kopfsalat
schwarzer Pfeffer, gemahlen
1–2 TL frische Petersilie zum Garnieren, gehackt

1 Zerteilen Sie den Räucherfisch in mundgerechte Stücke. Vermischen Sie in einer Schüssel den gehackten Sellerie, die Zwiebeln oder Frühlingszwiebeln, Mayonnaise und saure Sahne oder Joghurt und verwenden Sie Zitronensaft nach Geschmack.

2 Den Fisch unter die Mischung heben und pfeffern. Arrangieren Sie die Salatblätter auf Tellern und häufen Sie den Räucherfisch-Salat darauf. Gekühlt und mit Petersilie bestreut servieren.

Nährwertanalyse pro Portion: Brennwert 112 kcal/469 kJ; Eiweiß 10,1 g; Kohlehydrate 1 g, davon Zucker 1 g; Fett 7,6 g, davon gesättigte Fettsäuren 1,9 g; Cholesterin 28 mg; Kalzium 29 mg; Ballaststoffe 0,3 g; Natrium 421 mg.

Marinierte Heringe

Dieses klassische aschkenasische Gericht ist süßsauer und leicht pikant. Es passt wunderbar zum Sonntagsbrunch und wird zu einem mittäglichen Sabbat-Segen (Kiddusch) stets willkommen geheißen. Am besten bereitet man es zwei Tage vor dem Servieren zu, sodass sich alle Geschmacksnoten voll entfalten können. Reichen Sie dazu Roggenbrot oder Pumpernickel.

FÜR 4–6 PERSONEN

2–3 Heringsfilets
1 Zwiebel, geschnitten
Saft von 1½ Zitronen
2 EL Weißweinessig
1½ EL Zucker
10–15 schwarze Pfefferkörner
10–15 Pimentkörner
¼ TL Senfsamen
3 Lorbeerblätter, zerrissen
Salz

1 Die Heringe 5 Minuten in kaltes Wasser legen, dann abgießen. Mit Wasser bedecken und 2–3 Stunden stehen lassen, dann abgießen. Erneut mit Wasser übergießen und über Nacht stehen lassen.

2 Die gewässerten Heringe unter fließendem Wasser gut abspülen, sowohl innen als auch außen. Die Fische in mundgerechte Stücke schneiden, diese dann in eine flache Schüssel legen.

3 Verteilen Sie die Zwiebel über dem Fisch, danach Zitronensaft, Essig, Zucker, Pfeffer- und Pimentkörner, Senfsamen, Lorbeerblätter und Salz. Mit Wasser knapp bedecken. Zwei Tage kühl aufbewahren, damit sich alle Geschmacksnoten entfalten und verbinden können.

Nährwertanalyse pro Portion: Brennwert 94 kcal/393 kJ; Eiweiß 7,7 g; Kohlehydrate 3,4 g, davon Zucker 3,2 g; Fett 5,6 g, davon gesättigte Fettsäuren 1,4 g; Cholesterin 21 mg; Kalzium 29 mg; Ballaststoffe 0,1 g; Natrium 52 mg.

Rührei mit Räucherlachs und Zwiebeln

Servieren Sie diese „Quintessenz" eines New Yorker Sonntagsbrunches mit einem Berg frisch getoasteter Bagels, literweise Kaffee und einer feinen Selektion an Sonntagszeitungen.

FÜR 4 PERSONEN

3 EL ungesalzene Butter
2 Zwiebeln, gehackt
150–200 g Lox (Räucherlachs)
6–8 Eier, leicht verquirlt
schwarzer Pfeffer, gemahlen
3 EL frischer Schnittlauch, gehackt, sowie ganzer Schnittlauch zum Garnieren
Bagels als Beilage

1 Erhitzen Sie die Hälfte der Butter in einer großen Bratpfanne und schwitzen Sie darin die Zwiebeln an, bis sie ganz leicht gebräunt sind. Den Räucherlachs hinzugeben und alles miteinander vermischen.

2 Die Eimasse darübergießen und verrühren, bis sie stockt. Vom Herd nehmen, die restliche Butter hinzufügen und alles zu einer cremigen Konsistenz verrühren. Mit Pfeffer würzen, auf Teller verteilen und mit Schnittlauch bestreuen bzw. garnieren. Reichen Sie dazu Bagels.

Nährwertanalyse pro Portion: Brennwert 288 kcal/1199 kJ; Eiweiß 22,5 g; Kohlehydrate 3 g, davon Zucker 2,2 g; Fett 21,1 g, davon gesättigte Fettsäuren 8,6 g; Cholesterin 415 mg; Kalzium 75 mg; Ballaststoffe 0,5 g; Natrium 907 mg.

Matzebrei

Jede aschkenasische Familie hat ihre eigene Version dieses Gerichts aus eingeweichter Matze, mit Ei knusprig gebraten. Diese Variante ist extra kross und salzig.

FÜR 1 PERSON

3 Matzebrote, in Stücke gebrochen
2 Eier, leicht verquirlt
2–3 EL Olivenöl oder 2–3 EL Butter
Salz
saure Sahne und frischer Dill als Beigabe (optional)

1 Geben Sie die Matzen in eine Schüssel und gießen Sie kaltes Wasser darüber. 2–3 Minuten einweichen, dann abgießen. Eier dazugeben.

2 Das Öl oder die Butter in einer Pfanne erhitzen und die Matze-Ei-Masse hinzugeben. Bei reduzierter Hitze 2–3 Minuten braten, bis die Unterseite goldbraun ist.

3 Den Matzebrei in Stücke zerbrechen, diese wenden und auf der anderen Seite bräunen. Noch ein- oder zweimal wenden, bis sie sehr knusprig sind. (Je öfter man sie wendet, desto kleiner werden sie.)

4 Leicht salzen und sofort servieren. Reichen Sie dazu, wenn Sie möchten, saure Sahne und Dill.

Nährwertanalyse pro Portion: Brennwert 554 kcal/2296 kJ; Eiweiß 15,2 g; Kohlehydrate 19 g, davon Zucker 0,6 g; Fett 47,2 g, davon gesättigte Fettsäuren 7,8 g; Cholesterin 381 mg; Kalzium 87 mg; Ballaststoffe 0,8 g; Natrium 258 mg.

Suppen, Vorspeisen und Brunch

Kascha-Pilz-Knishe

Die kleinen Teigtaschen, als mundgerechte Bissen, sind köstlich für Cocktailpartys und sozusagen als appetit-anregende Häppchen konzipiert. Natürlich lassen sie sich auch größer machen und werden dann zu perfekten Begleitern eines schönen Tellers Borschtsch.

FÜR CA. 15 STÜCK

3 EL Butter (für ein milchiges Essen) oder
  3 EL ausgelassenes Hühner- oder Entenfett (für
  ein fleischiges Essen) oder Pflanzenöl (wenn die
  Füllung gerade, also neutral sein soll)
2 Zwiebeln, fein gehackt
200 g Pilze, gewürfelt (optional)
200–250 g gekochter Buchweizen
eine Handvoll gemischte Pilze, getrocknet und in
  kleine Stücke gebrochen
200 ml heiße Brühe, vorzugsweise Pilzbrühe
1 Ei, leicht verquirlt
Salz und schwarzer Pfeffer, gemahlen

FÜR DEN SAURE-SAHNE-TEIG

250 g Mehl (Type 550)
1 TL Backpulver
½ TL Salz
½ TL Zucker
130 g plus 1 EL ungesalzene Butter,
  in Flocken zerteilt
75 g saure Sahne oder Schmand oder
  griechischer Joghurt

1 Mischen Sie für den Teig Mehl, Backpulver, Salz und Zucker zusammen und arbeiten Sie dann die Butter ein, bis die Masse an sehr feine Krümel erinnert.

2 Fügen Sie die saure Sahne/den Schmand/den Joghurt hinzu und verkneten Sie alles zu einem Teig. Fügen Sie 1 TL Wasser hinzu, falls nötig. Den Teig in Plastikfolie packen und 2 Stunden kühl stellen.

3 Für die Füllung erhitzen Sie Butter/Fett/Öl in einer Pfanne, fügen die Zwiebeln und eventuell die frischen Pilze hinzu und braten alles, bis es gebräunt ist. Geben Sie den Buchweizen dazu und braten Sie, bis auch dieser Farbe annimmt. Mit der Brühe aufgie-ßen, die getrockneten Pilze hinzugeben und bei mittlerer Hitze vollständig reduzieren. Kühlen lassen, dann ein Ei einrühren und kräftig würzen.

4 Heizen Sie den Ofen auf 200 °C vor. Rollen Sie den Teig auf einer bemehlten Ober-fläche ca. 3 mm dick aus und schneiden Sie ihn in Rechtecke (ca. 7,5 x 16 cm). Geben Sie 2–3 Löffel der Füllung in die Mitte jedes Stücks und bestreichen Sie die Ränder mit Wasser. Zusammenfalten und zusammendrücken. 15 Minuten backen.

Nährwertanalyse pro Portion: Brennwert 210 kcal/876 kJ; Eiweiß 3,6 g; Kohlenhydrate 22,7 g, davon Zucker 2,4 g; Fett 12,3 g, davon gesättigte Fettsäuren 7,4 g; Cholesterin 43 mg; Kalzium 44 mg; Ballaststoffe 1,1 g; Natrium 86 mg.

Suppen, Vorspeisen und Brunch 51

Fischgerichte

Fisch ist parewe *(neutral) und kann deshalb sowohl mit milchigen als auch mit fleischigen Speisen gegessen werden. Dies ermöglicht eine Vielfalt und Flexibilität, die im Rahmen der strengen Kaschrut-Gesetze sonst nicht möglich ist. Die Aschkenasen wie auch die Sepharden kennen eine ganze Reihe traditioneller Fischgerichte, von den peruanischen gebratenen Jungfischen bis zum im Ganzen gebratenen, duftend gewürzten Fisch aus Israel.*

Gebackener Lachs mit Brunnenkresse-Soße

Im Ganzen gebackener Lachs ist eine typische Festtagsspeise und wird zu Bar- und Bat-Mizwas, Hochzeiten oder anderen Festen aufgetragen. Durch das Garen in Folie wird das Fleisch mehr pochiert als gebraten. Die Garnierung aus dünnen Gurkenscheiben sieht hübsch aus und verdeckt jeden Makel am Fleisch, der womöglich beim Häuten entstanden sein könnte.

FÜR 6–8 PERSONEN

2–3 kg Lachs im Ganzen, ausgenommen und gereinigt
3–5 Frühlingszwiebeln, dünn geschnitten
1 Zitrone, dünn geschnitten
1 Gurke, dünn geschnitten
frische Dillzweige zum Garnieren
Zitronenschnitze als Beigabe

FÜR DIE BRUNNENKRESSE-SOSSE

3 Knoblauchzehen, gehackt
200 g Brunnenkresse, gehackt
40 g frischer Estragon, gehackt
300 ml Mayonnaise
1–2 EL frisch gepresster Zitronensaft
200 g Butter
Salz und schwarzer Pfeffer, gemahlen

1 Heizen Sie den Ofen auf 180 °C vor. Den Lachs abspülen und auf ein großes Stück Alufolie legen. Füllen Sie den Fisch mit den geschnittenen Frühlingszwiebeln, würzen Sie und legen Sie die Zitronenscheiben in und um den Fisch.

2 Die Folie locker um den Fisch hüllen und die Ränder dicht verschließen. Eine Stunde backen. Lassen Sie den Fisch 15 Minuten in der Folie nachziehen, dann auswickeln und abkühlen lassen.

3 Den abgekühlten Fisch samt den Zitronenscheiben auf ein geeignetes Geschirr legen, fest in Frischhaltefolie einwickeln und mehrere Stunden kalt stellen.

4 Entfernen Sie vor dem Servieren die Zitronenscheiben. Heben Sie die Haut mit einem stumpfen Messer ab und entfernen Sie alle Gräten. Arrangieren Sie die Gurkenscheiben in überlappenden Reihen auf den Fisch, sodass sie an große Schuppen erinnern.

5 Für die Soße vermischen Sie Knoblauch, Kresse, Mayonnaise und Zitronensaft (in der Küchenmaschine oder mit dem Rührgerät). Die Butter schmelzen, dann nach und nach der Kressemasse hinzufügen, bis die Butter aufgenommen wurde und die Soße homogen ist. Zugedeckt kalt stellen und mit Zitronenschnitzen und Dillgarnierung zum Fisch servieren.

Nährwertanalyse pro Portion: Brennwert 515 kcal/2133 kJ; Eiweiß 25,5 g; Kohlenhydrate 0,7 g, davon Zucker 0,6 g; Fett 45,6 g, davon gesätt. Fettsäuren 14 g; Cholesterin 114 mg; Kalzium 67 mg; Ballaststoffe 0,4 g; Natrium 275 mg.

Fischgerichte 55

Klassischer aschkenasischer Gefilte Fisch

„Gefilte" ist jiddisch für „gefüllt" und ursprünglich hat man die Masse aus Fischgehacktem vor dem Kochen sorgsam in die Fischhauthülle zurückgestopft. Diese Fischbällchen eröffnen den kulinarischen Teil der meisten jüdischen Feste.

FÜR 8 PERSONEN

1 kg Fischfilets, z. B. Karpfen, Schellfisch, Dorsch oder Hecht
2 Eier
120 ml kaltes Wasser
2–3 EL Matzemehl
1–3 EL Zucker
Fischbrühe
2–3 Zwiebeln
3 Karotten
1–2 Prisen gemahlener Zimt
Salz und schwarzer Pfeffer, gemahlen
Chrain oder eingelegten Meerrettich und eingelegte Rote Bete zum Servieren

1 Den Fisch salzen und eine Stunde kalt stellen, bis das Fleisch fest geworden ist. Abspülen und (in einer Küchenmaschine) zerhacken.

2 Das Fischgehackte in eine Schüssel geben, die Eier daruntermengen, dann nach und nach das Wasser einrühren sowie im Anschluss das Matzemehl, Zucker und Gewürze. Kräftig vermischen und 1 Std. kalt stellen.

3 Formen Sie mit nassen Händen aus je 1–2 EL der Masse kleine Bällchen.

4 Bringen Sie einen Topf Fischbrühe zum Kochen. Die Hitze reduzieren und die Fischbällchen einlegen. Wieder zum Kochen bringen und eine Stunde köcheln lassen. Fügen Sie falls nötig Wasser hinzu, damit die Bällchen immer bedeckt sind.

5 Zwiebeln, Karotten, Zimt und evt. etwas Zucker hinzufügen und ohne Deckel 45–60 Minuten köcheln.

6 Etwas abkühlen lassen, aus der Flüssigkeit nehmen und heiß oder kalt mit Meerrettich und Roter Bete servieren.

Nährwertanalyse pro Portion: Brennwert 159 kcal/667 kJ; Eiweiß 25,5 g; Kohlehydrate 8,7 g, davon Zucker 4,7 g; Fett 2,6 g, davon gesätt. Fettsäuren 0,5 g; Cholesterin 105 mg; Kalzium 37 mg; Ballaststoffe 1,4 g; Natrium 100 mg.

Ingwer-Fischbällchen in Tomaten-Zitrone-Soße

Wenn Ihnen keine eingelegte Zitrone zur Verfügung steht, können Sie ersatzweise immer frische verwenden. Einfach klein würfeln und zu den Tomaten geben. Für dieses Gericht können Sie weißen Fisch nehmen, wie z. B. Dorsch oder Schellfisch.

FÜR 6 PERSONEN

- 65 g Brot (etwa 2 Scheiben)
- 1 kg weißer Fisch, gehackt
- 2 Zwiebeln, gehackt
- 8 Knoblauchzehen, gehackt
- ½–1 TL Kurkumapulver
- ½ TL gemahlener Ingwer
- ½ TL Garam Masala
- 1 Bund frischer Koriander, gehackt, plus etwas mehr zum Garnieren
- 1 Ei
- Cayennepfeffer nach Geschmack
- 150 ml Pflanzenöl
- 4 reife Tomaten, gewürfelt
- 1 TL Paprikapulver
- 1 eingelegte Zitrone, abgespült und in dünne Streifen geschnitten
- Salz und schwarzer Pfeffer, gemahlen
- ½ Zitrone, in Schnitze geschnitten, zum Servieren

1 Entfernen Sie die Brotkruste und weichen Sie den Rest 10 Minuten ein, dann ausdrücken.

2 Vermengen Sie den Fisch und je die Hälfte der Zwiebeln, des Knoblauchs, des Kurkumas, des Garam Masala und des Korianders sowie Ingwer, Ei und Cayenne. Kühl stellen.

3 Für die Soße erhitzen Sie das Öl und schwitzen den Rest von Zwiebel und Knoblauch darin an (5 Minuten). Mit dem übrigen Kurkuma und Garam Masala würzen.

4 Fügen Sie die gewürfelten Tomaten, das Paprikapulver und den restlichen Koriander hinzu und lassen Sie alles bei mittlerer Hitze kochen, bis es Soßenkonsistenz hat. Rühren Sie die in dünne Streifen geschnittene, eingelegte Zitrone ein.

5 Formen Sie mit nassen Händen aus je einem Teelöffel der Fischmasse Bällchen und drücken Sie sie etwas flach. In die Soße legen und sachte 20 Minuten köcheln lassen; zweimal wenden. Mit Korianderblättern garnieren und sofort samt den Zitronenschnitzen servieren.

Nährwertanalyse pro Portion: Brennwert 359 kcal/1496 kJ; Eiweiß 33,8 g; Kohlehydrate 13 g, davon Zucker 5,7 g; Fett 19,3 g, davon gesätt. Fettsäuren 2,9 g; Cholesterin 108 mg; Kalzium 55 mg; Ballaststoffe 1,7 g; Natrium 181 mg.

Thunfisch mit Erbsen

Dieses italienisch-jüdische Gericht aus frischem Thunfisch und Erbsen isst man besonders gerne an Pessach, das in den Frühling fällt. Dies war, vor der Erfindung der Tiefkühltruhe, die Saison für frische grüne Erbsen.

FÜR 4 PERSONEN

4 EL Olivenöl
1 Zwiebel, gehackt
4–5 Knoblauchzehen, gehackt
3 EL frische Petersilie, gehackt
1–2 Prisen Fenchelsamen
350 g Thunfisch-Steaks
400 g gehackte Tomaten aus der Dose
120 ml trockener Weißwein oder Fischbrühe
2–3 EL Tomatenmark
eine Prise Zucker, wenn gewünscht
350 g junge Erbsen
Salz und schwarzer Pfeffer, gemahlen

1 Heizen Sie den Ofen auf 190 °C vor. Das Olivenöl in einer großen Bratpfanne erhitzen, Zwiebel, Knoblauch, Petersilie und Fenchelsamen dazugeben und bei schwacher Hitze 5 Minuten anschwitzen lassen (die Zwiebel nicht bräunen).

2 Den Thunfisch beidseitig würzen und für 2–3 Minuten auf jeder Seite leicht anbraten. Die Steaks nebeneinander in eine flache Auflaufform legen.

3 Die Tomaten samt Saft und den Wein bzw. die Fischbrühe zu den Zwiebeln geben und 5–10 Minuten bei mittlerer Hitze unter häufigem Rühren köcheln lassen, bis sich alles verbunden hat und die Mischung etwas eindickt.

4 Rühren Sie das Tomatenmark, den optionalen Zucker, Salz und Pfeffer in die Tomatensoße, zuletzt die Erbsen. Die Steaks damit übergießen und 10 Minuten ohne Deckel im Backofen garen lassen. Heiß servieren.

Nährwertanalyse pro Portion: Brennwert 339 kcal/1411 kJ; Eiweiß 28,1 g; Kohlehydrate 15,4 g, davon Zucker 7,2 g; Fett 16,7 g, davon gesätt. Fettsäuren 3 g; Cholesterin 25 mg; Kalzium 49 mg; Ballaststoffe 5,5 g; Natrium 71 mg.

Pochierter Fisch in pikanter Tomatensoße auf jemenitische Art

Ein schnelles, einfaches Gericht, das man als Hauptgang oder als Teil eines Festessens servieren kann. Statt frischen roten Chilis kann man auch ein bis zwei Teelöffel Chilipaste verwenden.

FÜR 8 PERSONEN

- 300 ml passierte Tomaten
- 150 ml Fischbrühe
- 1 große Zwiebel, gehackt
- je 4 EL frischer Koriander und frische Petersilie, gehackt
- 5–8 Knoblauchzehen, zerdrückt
- frische rote Chili, gehackt
- eine große Prise Ingwer, gemahlen
- eine große Prise Currypulver
- ¼ TL Kreuzkümmel, gemahlen
- ¼ TL Kurkumapulver
- Samen von 2–3 Kardamomschoten
- Saft von 2 Zitronen
- 2 EL Pflanzen- oder Olivenöl
- 1,5 kg gemischte Filets von weißem Fisch

1 Passierte Tomaten, Brühe, Zwiebel, Kräuter, Knoblauch, Chili, Ingwer, Currypulver, Kreuzkümmel, Kurkuma, Kardamom, Zitronensaft und Öl in einem großen Topf zum Kochen bringen.

2 Vom Feuer nehmen und die Fischfilets in die heiße Soße legen. Wieder erhitzen und kurz kochen lassen, dann bei sehr schwacher Hitze 5 Minuten sanft köcheln lassen, bis der Fisch gar ist; Sie können das mit einer Gabel überprüfen – zerfällt er sehr leicht, ist er durch.

3 Probieren Sie die Soße und schmecken Sie sie gegebenenfalls mit mehr Zitronensaft ab. Heiß oder kalt servieren und dazu Brot reichen.

Nährwertanalyse pro Portion: Brennwert 191 kcal/803 kJ; Eiweiß 35,1 g; Kohlenhydrate 3,3 g, davon Zucker 2,7 g; Fett 4,2 g, davon gesätt. Fettsäuren 0,5 g; Cholesterin 86 mg; Kalzium 39 mg; Ballaststoffe 0,9 g; Natrium 202 mg.

Peruanische Fisch-Escabeche

Beliebige kleine Fische, gebraten und dann mit Gemüse mariniert, gehören zu den beliebtesten Speisen Perus, speziell unter den Juden. Servieren Sie diese extra pikanten Happen als Vorspeise oder zu Drinks oder auch als Hauptgang mit einem Salat aus kaltem Kartoffelbrei, angemacht mit Zwiebeln, Chilis und Zitronensaft.

FÜR 4 PERSONEN

800 g sehr kleine Fische (z. B. Sardellen oder Sardinen)
Saft von 2 Zitronen
1 TL Salz
Mehl zum Bestäuben
Pflanzenöl zum Braten
2 Zwiebeln, gehackt
½–1 TL Kreuzkümmelsamen
2 Karotten, dünn geschnitten
2 Jalapeño-Chilis, gehackt
8 Knoblauchzehen, grob gehackt
120 ml Weißweinessig
2–3 große Prisen Oregano, getrocknet
1–2 EL frischer Koriander, gehackt
Maiskolben, Oliven und Koriander zum Garnieren

1 Geben Sie die Fische in eine Schüssel. Mit Zitronensaft beträufeln, salzen und 30–60 Minuten marinieren. Herausnehmen und mit Mehl bestäuben.

2 Erhitzen Sie das Öl in einer Bratpfanne so stark, dass ein Brotwürfel in 30 Sekunden braun werden würde. Braten Sie die kleinen Fische nach und nach, bis sie goldbraun sind, und stellen Sie sie auf einem flachen Servierteller beiseite.

3 Erhitzen Sie in einer anderen Pfanne 2 EL Öl. Zwiebeln, Kreuzkümmelsamen, Karotten, Chilis und Knoblauch 5 Minuten anbraten. Essig, Oregano und Koriander hinzufügen, gut umrühren und 1–2 Minuten kochen. Übergießen Sie den Fisch mit der Mischung und lassen Sie alles auskühlen. Garnieren Sie das Gericht vor dem Servieren mit Maiskolben-Stücken, Oliven und frischem Koriander.

Nährwertanalyse pro Portion: Brennwert 1087 kcal/4504 kJ; Eiweiß 40,3 g; Kohlehydrate 18,5 g, davon Zucker 5,9 g; Fett 95,3 g, davon gesätt. Fettsäuren 8,9 g; Cholesterin 0 mg; Kalzium 1743 mg; Ballaststoffe 2,3 g; Natrium 471 mg.

Fisch in Fyllo

Diese Köstlichkeit stammt aus Jerusalem, wo ganze Fische in Fyllo gehüllt und mit einer würzig-pikanten Tomatensoße serviert werden. Den Fisch sollte man nach Saison bzw. tagesaktueller Frische der Ware aussuchen.

FÜR 3–4 PERSONEN

450 g Fischfilet (z. B. Lachs oder Dorsch)
1 Zitrone
2 EL Olivenöl, extra Öl zum Bestreichen
1 Zwiebel, gehackt
2 Bleichselleriestangen, gehackt
1 grüner Paprika, gewürfelt
5 Knoblauchzehen, gehackt
400 g gehackte Tomaten aus der Dose
120 ml passierte Tomaten
2 EL frische Petersilie, gehackt
2–3 Prisen Piment, gemahlen
Cayennepfeffer nach Geschmack
eine Prise Zucker
130 g Fyllo (6–8 große Blätter)
Salz und schwarzer Pfeffer, gemahlen

1 Salzen und pfeffern Sie den Fisch und beträufeln Sie ihn mit etwas Zitronensaft. Beiseitestellen, während Sie die Soße zubereiten.

2 Erhitzen Sie Öl in einer Pfanne und schwitzen Sie darin Zwiebel, Sellerie und Paprika 5 Minuten an. Knoblauch hinzufügen und eine weitere Minute kochen, mit Dosentomaten und passierten Tomaten aufgießen und zu Soßenkonsistenz einkochen lassen. Die Petersilie einrühren und mit Piment, Cayennepfeffer, Zucker, Salz und Pfeffer würzen.

3 Heizen Sie den Ofen auf 200 °C vor. Bestreichen Sie ein Teigblatt mit Öl und legen Sie ein zweites Blatt darauf. Geben Sie einen Teil des Fisches auf das untere Ende des Teigblatts und verteilen Sie darauf gleichmäßig 1–2 Löffel der Soße. Einrollen und auf Backpapier legen. Wiederholen Sie den mit den übrigen Teigblättern und dem restlichen Fisch.

4 10–15 Minuten goldbraun backen. Erhitzen Sie, falls nötig, die restliche Soße. Sofort servieren.

Nährwertanalyse pro Portion: Brennwert 233 kcal/972 kJ; Eiweiß 18,4 g; Kohlenhydrate 9,1 g, davon Zucker 2,2 g; Fett 14 g, davon gesätt. Fettsäuren 8,2 g; Cholesterin 84 mg; Kalzium 170 mg; Ballaststoffe 1,7 g; Natrium 213 mg.

62 Fischgerichte

Gegrillte marokkanische Fisch-Spieße

Servieren Sie zu diesen köstlichen Spießen Kartoffeln, Auberginenscheiben und in Streifen geschnittenen roten Paprika, die Sie zugleich mit den Spießen grillen können. Eine Schüssel S-chug und ein Stapel Pita-Brote oder Tortillas sind die idealen Begleiter.

FÜR 4–6 PERSONEN

- 5 Knoblauchzehen, gehackt
- ½ TL Paprikapulver
- ½ TL Kreuzkümmel, gemahlen
- ½–1 TL Salz
- 2–3 Prisen Cayennepfeffer
- 4 EL Olivenöl
- 2 EL Zitronensaft
- 2 EL Koriander, gehackt
- 675 g fester, weißer Fisch, z. B. Dorsch, Heilbutt, Wolfsbarsch, Schnapper oder Steinbutt, in etwa 2,5–5 cm große Würfel geschnitten
- 3–4 grüne oder rote Paprika, vom Kerngehäuse befreit und in 2,5–5 cm große Stücke geschnitten
- Zitronenschnitze zum Servieren

1 Vermischen Sie Knoblauch, Paprika, Kreuzkümmel, Salz, Cayennepfeffer, Öl, Zitronensaft und Koriander in einer großen Schüssel. Die Fischwürfel unterheben und mindestens 30 Minuten oder besser 2 Stunden bei Raumtemperatur marinieren (oder über Nacht kalt stellen).

2 Bringen Sie etwa 40 Minuten vor dem Auflegen der Spieße das Grillfeuer in Gang. Sobald die Kohle weißlich-grau ist, ist der Grill bereit.

3 In der Zwischenzeit stecken Sie Fisch- und Paprikastücke abwechselnd auf die (zuvor eingeweichten) hölzernen oder metallenen Spieße.

4 Grillen Sie die Spieße auf jeder Seite 2–3 Minuten, bis der Fisch gar und leicht gebräunt ist. Servieren Sie dazu Zitronenschnitze.

Nährwertanalyse pro Portion: Brennwert 276 kcal/1157 kJ; Eiweiß 33,3 g; Kohlehydrate 8 g, davon Zucker 7,6 g; Fett 12,5 g, davon gesätt. Fettsäuren 1,9 g; Cholesterin 61 mg; Kalzium 34 mg; Ballaststoffe 2 g; Natrium 118 mg.

Sinija

Der Name dieses klassischen sephardischen Gerichts bedeutet einfach Fisch und Tahina. Bei dieser Version wickelt man den Fisch zuerst in Weinblätter, bestreicht ihn dann mit Tahina und backt ihn. Ganz zum Schluss darübergestreute Granatapfelsamen verleihen der Speise eine frische, belebende Note.

FÜR 4 PERSONEN

4 kleinere Fische, z. B. Forelle, Seebrasse oder Meerbarbe, die ausgenommen jeweils etwa 300 g wiegen sollten
mindestens 5 Knoblauchzehen, gehackt
Saft von 2 Zitronen
5 EL Olivenöl
etwa 20 eingelegte Weinblätter
Tahina zum Beträufeln
1–2 Granatäpfel
frische Minze- und Korianderzweige zum Garnieren

1 Heizen Sie den Ofen auf 180 °C vor. Legen Sie die Fische in eine flache Auflaufform, groß genug, dass kein Fisch einen anderen berührt. Vermengen Sie in einer Schüssel Knoblauch, Zitronensaft und Öl und löffeln Sie die Mischung beidseitig über die Fische.

2 Spülen Sie die Weinblätter gut mit kaltem Wasser ab und wickeln Sie dann die Fische darin ein. Schichten Sie sie in die Auflaufform und übergießen Sie sie mit der übrig gebliebenen Marinade. 30 Minuten backen.

3 Beträufeln Sie die Fische mit Tahina, sodass Kopf, Schwanz und etwas von der Weinblätterhülle weiterhin zu sehen sind. Wieder in den Ofen geben und weitere 5–10 Minuten backen, bis sich eine leichte goldbraune Kruste bildet.

4 Halbieren Sie in der Zwischenzeit die Granatäpfel und holen Sie die Kerne vorsichtig mit einem Teelöffel heraus. Bestreuen Sie damit den fertigen Fisch, garnieren Sie ihn mit frischen Minze- und Korianderzweigen und servieren Sie ihn sofort.

Nährwertanalyse pro Portion: Brennwert 402 kcal/1681 kJ; Eiweiß 46,8 g; Kohlehydrate 2,6 g, davon Zucker 2,6 g; Fett 22,8 g, davon gesätt. Fettsäuren 4,1 g; Cholesterin 192 mg; Kalzium 86 mg; Ballaststoffe 0,5 g; Natrium 176 mg.

Dag ha sfarim

Ein ganzer, in Würzsoße geschmorter Fisch ist ein Festschmaus. Besonders populär ist dieses Gericht am sephardischen Rosch ha-Schana. Die Ganzheit steht für das bevorstehende neue Jahr, der Kopf symbolisiert die Weisheit, die uns bereichern soll.

FÜR 6–8 PERSONEN

- 1–1,5 kg Schnapper im Ganzen, ausgenommen und gesäubert
- ½ TL Salz
- Saft von 2 Zitronen
- 3–4 EL Natives Olivenöl Extra
- 2 Zwiebeln, geschnitten
- 5 Knoblauchzehen, gehackt
- 1 grüner Paprika, gehackt
- 1–2 frische grüne Chilis, fein gehackt
- ½ TL Kurkumapulver
- ½ TL Currypulver
- ½ TL Kreuzkümmel, gemahlen
- 120 ml passierte Tomaten
- 5–6 Tomaten aus der Dose, gehackt
- 3–4 EL frische Petersilie, gehackt, plus Petersilie zum Garnieren
- 65 g Pinienkerne, geröstet

1 Stechen Sie mit einer Gabel überall in den Fisch und reiben Sie ihn mit Salz ein. Geben Sie ihn in ein nichtmetallisches Gefäß und beträufeln Sie ihn mit dem Zitronensaft. 2 Stunden stehen lassen.

2 Den Ofen auf 180 °C vorheizen. In einer Pfanne Öl erhitzen und die Zwiebeln und die Hälfte des Knoblauchs darin 5 Minuten anschwitzen.

3 Paprika, Chilis, Kurkuma, Currypulver und Kreuzkümmel hinzufügen und 2–3 Minuten leicht braten.

4 Rühren Sie die passierten und die gehackten Tomaten und die Petersilie ein.

5 Streuen Sie die Hälfte der Pinienkerne auf den Boden eines Bräters. Mit der Hälfte der Soße übergießen. Den Fisch samt Marinade darauflegen.

6 Den restlichen Knoblauch auf den Fisch geben, dann die übrige Soße und die Pinienkerne. Dicht verschließen oder mit Alufolie bedecken und etwa 30 Minuten im Ofen garen. Mit Petersilie garnieren und servieren.

Nährwertanalyse pro Portion: Brennwert 195 kcal/815 kJ; Eiweiß 14,3 g; Kohlenhydrate 6,7 g, davon Zucker 5,8 g; Fett 12,6 g, davon gesätt. Fettsäuren 1 g; Cholesterin 0 mg; Kalzium 62 mg; Ballaststoffe 1,6 g; Natrium 104 mg.

Fischgerichte 65

66　Fleisch und Geflügel

Fleisch *und* Geflügel

Für die Aschkenasen war Fleisch das wichtigste

Nahrungsmittel, aber im Alltag der Schtetl-Juden

bedeutete Fleisch zu essen meist nicht mehr, als sich

ein wenig Hühnerfett aufs Roggenbrot zu schmieren.

Die klassischen aschkenasischen Fleischspeisen haben

einen deftig-herzhaften Geschmack: Zu geschmortem

Fleisch mit Zwiebeln isst man Kascha und Rindfleisch

wird als Tscholent zubereitet.

Köfte-Kebab

Diese pikanten Lammhackfleisch-Bällchen werden mit sehr vielen aromatischen Kräutern und Gewürzen zubereitet. Sie sind im gesamten Nahen Osten ungemein beliebt, sowohl bei der jüdischen als auch bei der nicht jüdischen Bevölkerung.

FÜR 4 PERSONEN

450 g Lammhackfleisch
1–2 große Scheiben Baguette, zerkrümelt
½ Bund Koriander, gehackt
5 Knoblauchzehen, gehackt
1 Zwiebel, fein gehackt
Saft einer ½ Zitrone
1 TL Kreuzkümmel, gemahlen
1 TL Paprikapulver
1 EL Currypulver
je eine Prise Kardamom, Kurkuma und Zimt, gemahlen
Cayennepfeffer oder frische Chilis, gehackt (optional)
1 EL Tomatenmark
1 Ei, verquirlt (falls nötig)
Salz und schwarzer Pfeffer, gemahlen
Fladenbrot und Salate als Beilage

1 Vermischen Sie Lammhackfleisch, Brotkrümel, Koriander, Knoblauch, Zwiebel, Zitronensaft, Gewürze und Kräuter, Tomatenmark und wenn gewünscht Cayennepfeffer oder Chilis in einer großen Schüssel. Falls die Mischung nicht bindet, fügen Sie das verquirlte Ei und mehr Brot hinzu.

2 Formen Sie mit nassen Händen aus der Mischung vier große oder acht kleine, ein wenig flach gedrückte Bällchen.

3 Erhitzen Sie eine antihaftbeschichtete Pfanne und braten Sie die Köfte knusprig braun. Ein- oder zweimal vorsichtig wenden, damit sie nicht auseinanderfallen. Mit Fladenbrot und Salat heiß servieren.

Nährwertanalyse pro Portion: Brennwert 280 kcal/1173 kJ; Eiweiß 23,9 g; Kohlenhydrate 12,1 g, davon Zucker 1,4 g; Fett 15,5 g, davon gesätt. Fettsäuren 7,1 g; Cholesterin 87 mg; Kalzium 70 mg; Ballaststoffe 1,2 g; Natrium 214 mg.

Lammkebab Jerusalem

In der Anfangszeit des neu gegründeten Staates Israel machte man „Lamm"kebab aus Putenfleisch mit etwas Lammfett. Dieses Rezept funktioniert mit Puten-, Hühner-, Rind- oder Kalbfleisch gleichermaßen.

FÜR 4–6 PERSONEN

800 g zartes Lammfleisch, gewürfelt
¼ TL Piment, gemahlen
¼ TL Zimt, gemahlen
¼ TL schwarzer Pfeffer, gemahlen
¼ TL Kardamom, gemahlen
3–4 EL frische Petersilie, gehackt
2 Zwiebeln, gehackt
5–8 Knoblauchzehen, gehackt
Saft einer ½ Zitrone
3 EL Natives Olivenöl Extra
Sumak zum Darüberstreuen (optional)
2 EL Pinienkerne
Salz
Fladenbrote, Tahina und gemischter Salat als Beilage

1 Vermengen Sie Lammfleisch, Piment, Zimt, schwarzen Pfeffer, Kardamom, die Hälfte der Petersilie und der Zwiebeln, Knoblauch, Zitronensaft und Olivenöl. Jetzt oder nach dem Braten salzen. Ziehen lassen.

2 Entfachen Sie das Grillfeuer. Sobald die Kohle weißgrau ist, können Sie das Grillgut auflegen (nach etwa 40 Minuten). Wenn Sie Holzspieße verwenden, weichen Sie sie vorher 30 Minuten in Wasser ein, damit sie nicht verbrennen.

3 Spießen Sie die Lammfleischwürfel auf und grillen Sie sie 2–3 Minuten auf jeder Seite, bis sie gar und gut gebräunt sind.

4 Die Kebabspieße anrichten und mit Zwiebeln, Petersilie, Pinienkernen und, je nach Geschmack, Sumak und Salz bestreuen. Servieren Sie dazu Fladenbrote, Tahina und einen gemischten Salat.

Nährwertanalyse pro Portion: Brennwert 514 kcal/2138 kJ; Eiweiß 41,4 g; Kohlehydrate 6,4 g, davon Zucker 4,7 g; Fett 36,1 g, davon gesätt. Fettsäuren 11,9 g; Cholesterin 152 mg; Kalzium 51 mg; Ballaststoffe 1,6 g; Natrium 177 mg.

Lamm mit Artischockenherzen

Bei diesem italienisch-jüdischen Gericht wird eine mit Knoblauch gespickte Lammkeule mit Rotwein und Artischockenherzen geschmort. Das Ergebnis ist raffiniert und eine Zierde für jeden Festtagstisch.

FÜR 6–8 PERSONEN

1 koschere Lammkeule, etwa 2 kg

1–2 Knoblauchknollen; schälen Sie alle Zehen und
  schneiden Sie sie – bis auf 5–6 Zehen – in dünne
  Scheiben

1 Handvoll frischer Rosmarin ohne Stängel
  (etwa 25 g)

500 ml trockener Rotwein

2 EL Olivenöl

4 Artischockenherzen

1 TL Zitronensaft

5 Schalotten, gehackt

250 ml Rinderbrühe

Salz und schwarzer Pfeffer, gemahlen

grüner Salat mit Knoblauchcroûtons als Beilage

1 Schneiden Sie das Lamm auf allen Seiten mit einem scharfen Messer ein. Stopfen Sie in jeden Schnitt eine Knoblauchscheibe und so viel Rosmarinnadeln wie möglich. Salzen und pfeffern. In ein nichtmetallenes Gefäß geben, mit dem Olivenöl und der Hälfte des Weins übergießen und ziehen lassen.

2 Den Ofen auf 230 °C vorheizen. Geben Sie das Fleisch samt Marinade in einen Bräter und verteilen Sie die ganzen Knoblauchzehen außen herum. 15 Minuten anbraten lassen, dann die Hitze auf 160 °C reduzieren und eine weitere Stunde schmoren, bis das Fleisch Ihrem Geschmack entspricht.

3 Bereiten Sie in der Zwischenzeit die Artischocken vor. Entfernen Sie die obersten Blattspitzen, die feinen Härchen und alle hartschaligen Teile. Vierteln und das Herz herausschneiden. Legen Sie die geputzten Artischockenstücke in Wasser mit Zitronensaft, damit sie sich nicht verfärben. Etwa 20 Minuten, bevor das Lamm gar ist, die Artischocken abgießen und um das Fleisch verteilen. Das fertige Lamm und die Artischocken auf einem Servierteller anrichten. Fleischsaft und gerösteten Knoblauch in eine Pfanne geben.

4 Schöpfen Sie das Fett vom Fleischsaft ab und fügen sie die Schalotten und den Rest des Weins hinzu. Bei starker Hitze fast vollständig reduzieren, dann mit der Rinderbrühe aufgießen und unter ständigem Rühren aufkochen und zur gewünschten Soßenkonsistenz bringen. Übergießen Sie das Lamm und die Artischocken mit der Knoblauch-Rotwein-Bratensoße und garnieren Sie mit Rosmarin. Servieren Sie dazu grünen Salat und Knoblauchcroûtons.

DER BESONDERE TIPP

Wenn Sie keine koschere Lammkeule (mit entferntem Ischiasnerv) bekommen können,
verwenden Sie stattdessen ein Nacken- oder Schulterstück.

Nährwertanalyse pro Portion: Brennwert 595 kcal/2487 kJ; Eiweiß 72,4 g; Kohlehydrate 2,2 g, davon Zucker 1,6 g; Fett 28,3 g,
davon gesättigte Fettsäuren 11,4 g; Cholesterin 275 mg; Kalzium 53 mg; Ballaststoffe 0,5 g; Natrium 217 mg.

Marokkanisches Lamm mit Honig und Pflaumen

Dieses Gericht hat bei marokkanischen Juden an Rosch ha-Schana Tradition. Man isst Süßes in Erwartung eines „süßen" neuen Jahres.

FÜR 6 PERSONEN

130 g entkernte Dörrpflaumen
350 ml heißer Tee
1 kg Lammfleisch (geeignet zum Schmoren bzw. für Eintöpfe)
115 g blanchierte Mandeln
1 Zwiebel, gehackt
5–6 EL frische Petersilie, gehackt
½ TL Ingwer, gemahlen
½ TL Currypulver
eine Prise frisch geriebene Muskatnuss
2 TL Zimt, gemahlen
¼ TL Safran
2 EL heißes Wasser
5–9 EL Honig, nach Wunsch
250 ml Rinder- oder Lammbrühe
2 EL Koriander, gehackt
3 hart gekochte Eier, geviertelt
Salz und schwarzer Pfeffer, gemahlen

1 Den Ofen auf 180 °C vorheizen. Weichen Sie die Pflaumen im Tee ein, bis sie sich vollgesogen haben. Das Lammfleisch in Stücke schneiden und die Mandeln rösten.

2 Geben Sie Lamm, Zwiebel, Petersilie, Ingwer, Currypulver, Muskatnuss, Zimt, Salz und eine große Prise schwarzen Pfeffer in einen Bräter und stellen Sie ihn zwei Stunden (bzw. bis das Fleisch gar ist) zugedeckt in den Ofen.

3 Gießen Sie die Pflaumen ab und geben Sie den Saft zu dem Lamm. Weichen Sie den Safran im heißen Wasser ein; Safranwasser, Honig und Brühe ebenfalls hinzufügen. Ohne Deckel 30 Minuten schmoren lassen, das Lamm gelegentlich wenden.

4 Fügen Sie die Pflaumen hinzu; sachte umrühren. Mit gerösteten Mandeln und gehacktem Koriander bestreuen, mit den geviertelten hart gekochten Eiern belegen und sofort servieren.

Nährwertanalyse pro Portion: Brennwert 618 kcal/2564 kJ; Eiweiß 42,7 g; Kohlenhydrate 0,8 g, davon Zucker 0,1 g; Fett 49,3 g, davon gesätt. Fettsäuren 21,2 g; Cholesterin 183 mg; Kalzium 16 mg; Ballaststoffe 0,2 g; Natrium 150 mg.

Lammschmorbraten mit Tomatensoße, grünen Bohnen und Zwiebeln

Dieses langsam in würziger Tomatensoße geschmorte Lammgericht mit grünen Bohnen zeigt griechische Einflüsse. Statt der Bohnen schmecken darin auch Zucchini ausgezeichnet.

FÜR 8 PERSONEN

8 Knoblauchzehen, gehackt
1/2–1 TL Kreuzkümmel, gemahlen
3 EL Olivenöl
Saft einer Zitrone
1 kg Lammfleisch mit Knochen
2 Zwiebeln, dünn geschnitten
500 ml Lammbrühe
5–6 EL Tomatenmark
1 Stange Zimt
2–3 große Prisen Piment, gemahlen
1–2 EL Zucker, nach Geschmack
400 g grüne Bohnen, geschnitten
Salz und schwarzer Pfeffer, gemahlen
1–2 EL frische Petersilie, gehackt, zum Garnieren

1 Den Ofen auf 160 °C vorheizen. Vermischen Sie Knoblauch, Kreuzkümmel, Olivenöl, Zitronensaft, Salz und Pfeffer. Das Lamm gleichmäßig mit der Marinade bedecken.

2 Braten Sie das Fleisch in einer feuerfesten Kasserolle auf allen Seiten an. Zwiebeln hinzufügen und mit Brühe übergießen. Tomatenmark, Gewürze und Zucker einrühren, zudecken und 2–3 Stunden schmoren, je nach Geschmack.

3 Holen Sie die Kasserolle aus dem Ofen und gießen Sie den Saft in eine Pfanne um. Die Zwiebeln an die Seiten des Bräters schieben und weitere 20 Minuten ohne Deckel in den Ofen geben.

4 Kochen Sie die grünen Bohnen im Bratenfond weich und dicken Sie dabei zugleich die Soße ein.

5 Das Fleisch in Scheiben schneiden und mit den Bohnen, garniert mit Petersilie, servieren.

Nährwertanalyse pro Portion: Brennwert 371 kcal/1544 kJ; Eiweiß 26,3 g; Kohlehydrate 7,9 g, davon Zucker 6,5 g; Fett 26,4 g, davon gesätt. Fettsäuren 10,9 g; Cholesterin 104 mg; Kalzium 40 mg; Ballaststoffe 1,9 g; Natrium 103 mg.

Geschmorte Rinderbrust (Brisket)

Zu diesem reichhaltigen Schmorfleischgericht gehören die traditionellen Kischke, schwere, wurstförmige Klöße, die mit dem Fleisch gegart werden. Servieren Sie dazu Kascha-Warnischkes – Fleischsoße und Kascha ist eine Kombination, die zu Ihrer Leibspeise werden könnte.

FÜR 6–8 PERSONEN

5 Zwiebeln, geschnitten
3 Lorbeerblätter
1–1,6 kg Rinderbrust
Zehen einer ganzen Knoblauchknolle
4 Karotten, in großen Stücken
2 TL Paprikapulver
500 ml Rinderbrühe
3–4 Ofenkartoffeln (groß und mehlig-kochend), geschält und geviertelt
Salz und schwarzer Pfeffer, gemahlen

FÜR DIE KISCHKE

250 g Mehl (Type 550)
120 ml Grieß
1 EL Paprikapulver
1 Karotte, gerieben, und 2 Karotten, gewürfelt (optional)
250 ml ausgelassenes Hühnerfett
2 EL Zwiebeln, knusprig geröstet
1/2 Zwiebel, gerieben, und 3 Zwiebeln, dünn geschnitten
3 Knoblauchzehen, gehackt
Salz und schwarzer Pfeffer, gemahlen
90 cm Wursthülle (Naturdarm)

1 Den Ofen auf 180 °C vorheizen. Geben Sie ein Drittel der Zwiebeln und ein Lorbeerblatt in einen Bräter und legen Sie die Rinderbrust darauf. Verteilen Sie den Knoblauch, die Karotten und die restlichen Lorbeerblätter darauf und würzen Sie sie. Die übrigen Zwiebeln obenauf schichten. Gießen Sie Brühe bis zu einer Höhe von 5–7,5 cm auf, bedecken Sie alles mit Alufolie und lassen Sie es 2 Stunden schmoren.

2 In der Zwischenzeit bereiten Sie die Kischke vor. Vermengen Sie alle Ingredienzen und stopfen Sie die Mischung in die Wursthülle; lassen Sie dabei Spielraum für die Ausdehnung der Füllung. In der gewünschten Länge abbinden.

3 Nach den 2 Stunden fügen Sie die Kischke und die Kartoffeln zum Fleisch hinzu und lassen alles zugedeckt eine weitere Stunde schmoren.

4 Entfernen Sie die Folie und erhöhen Sie die Temperatur auf 190 °C. Schieben Sie die Zwiebeln vom Fleisch und geben Sie das Schmorgericht zum Überkrusten 30 Minuten in den Ofen. Heiß oder kalt servieren.

Nährwertanalyse pro Portion: Brennwert 781 kcal/3271 kJ; Eiweiß 44,2 g; Kohlenhydrate 74 g, davon Zucker 12,7 g; Fett 36,4 g, davon gesättigte Fettsäuren 14,4 g; Cholesterin 113 mg; Kalzium 124 mg; Ballaststoffe 5 g; Natrium 124 m g,

Fleisch und Geflügel 75

Holischkes

Diese Kohlrouladen sind ein traditionelles Gericht an Sukkot, dem Erntedankfest im Herbst. In Varianten wird es auch in den jüdischen Gemeinden Europas und des Nahen Ostens genossen.

FÜR 6–8 PERSONEN

1 kg mageres Rinderhack
75 g Langkornreis
4 Zwiebeln, 2 gehackt und 2 geschnitten
5–8 Knoblauchzehen, gehackt
2 Eier
3 EL Wasser
1 großer Kopf Weiß- oder Grünkohl
400 g gehackte Tomaten aus der Dose
3 EL Rohrohrzucker
3 EL Weißweinessig, Apfelessig oder Zitronensaft
eine Prise Zimt, gemahlen
Salz und schwarzer Pfeffer, gemahlen
Zitronenschnitze zum Servieren

1 Vermengen Sie das Rinderhack, den Reis, 1 TL Salz, Pfeffer, die gehackten Zwiebeln und den Knoblauch in einer Schüssel. Verquirlen Sie die Eier mit dem Wasser und rühren Sie sie in die Mischung ein. Kalt stellen.

2 Entfernen Sie den Strunk des Kohls mit einem kegelförmigen Schnitt. Den Kohlkopf eine Minute in kochendem Wasser blanchieren. Herausnehmen, ein oder zwei Blattschichten abziehen und wieder für eine Minute ins Wasser geben. So oft wiederholen, bis alle Blätter blanchiert sind.

3 Den Ofen auf 150 °C vorheizen. Die Fleischmischung portionieren und in je 1–2 Kohlblätter wickeln.

4 Schichten Sie abwechselnd die Rouladen und die geschnittenen Zwiebeln in eine feuerfeste Form. Mit den Tomatenstücken bedecken und Zucker, Essig, Gewürze und Zimt hinzufügen. Zugedeckt 2 Stunden im Ofen schmoren, gelegentlich mit Tomatensaft aufgießen, dann den Deckel abnehmen und 30–60 Minuten weiterschmoren. Mit Zitronenschnitzen servieren.

Nährwertanalyse pro Portion: Brennwert 425 kcal/1773 kJ; Eiweiß 29,7 g; Kohlehydrate 27,5 g, davon Zucker 17,6 g; Fett 22,3 g, davon gesätt. Fettsäuren 9,2 g; Cholesterin 123 mg; Kalzium 86 mg; Ballaststoffe 3,7 g; Natrium 134 mg.

Bachis geschmorte Rindsfrikadellen mit Zwiebeln

Dies ist eine der Spezialitäten meiner New Yorker Großmutter. Oft hat sie zu den Zwiebeln noch extra Gemüse gegeben, z. B. geschnittene grüne Paprika, Brokkoli oder Pilze.

FÜR 4 PERSONEN

500 g mageres Rinderhack
4–6 Knoblauchzehen, grob gehackt
4 Zwiebeln, 1 fein gehackt und 3 geschnitten
1–2 EL Sojasoße
1–2 EL Pflanzenöl (optional)
2–3 grüne Paprika, in Streifen geschnitten
schwarzer Pfeffer, gemahlen
Salat als Beilage

1 Vermischen Sie Rinderhack, Knoblauch und gehackte Zwiebeln in einer Schüssel. Würzen Sie mit Sojasoße und Pfeffer und formen Sie vier große oder acht kleine Frikadellen.

2 Erhitzen Sie eine antihaftbeschichtete Pfanne (optional mit etwas Öl) und braten Sie die Frikadellen darin, bis sie braun sind. Geben Sie ein paar Spritzer Sojasoße darauf.

3 Bedecken Sie die Frikadellen mit den geschnittenen Zwiebeln und den Paprikastreifen und würzen Sie mit etwas Sojasoße. Zugedeckt bei sehr schwacher Hitze 20–30 Minuten schmoren lassen.

4 Sobald die Zwiebeln goldbraun werden, vom Feuer nehmen und servieren. Dazu passt Salat.

Nährwertanalyse pro Portion: Brennwert 347 kcal/1442 kJ; Eiweiß 26,8 g; Kohlehydrate 13,8 g, davon Zucker 11,2 g; Fett 20,8 g, davon gesätt. Fettsäuren 8,8 g; Cholesterin 75 mg; Kalzium 44 mg; Ballaststoffe 2,8 g; Natrium 374 mg.

Fleisch und Geflügel

Brathähnchen mit Trauben und frischem Ingwer

Die Besonderheit des Gerichts, die Kombination von Gewürzen und süßen Früchten, entstammt den kulinarischen Vorlieben Marokkos. Servieren Sie dazu Couscous, vermischt mit einer Handvoll gekochter Kichererbsen.

FÜR 4 PERSONEN

1–1,6 kg Hähnchen
115–130 g frischer Ingwer, gerieben
6–8 Knoblauchzehen, grob gehackt
Saft einer Zitrone
ca. 2 EL Olivenöl
2–3 große Prisen Zimt, gemahlen
500 g weiße und rote Trauben, entkernt
500 g kernlose weiße Trauben
5–7 Schalotten, gehackt
ca. 250 ml Hühner- oder Gemüsebrühe
Salz und schwarzer Pfeffer, gemahlen

1 Mischen Sie die Hälfte des Ingwers, den Knoblauch, die Hälfte Zitronensafts, Olivenöl, Zimt, Salz und sehr viel Pfeffer und reiben Sie das Hähnchen damit ein. Ziehen lassen. Halbieren Sie in der Zwischenzeit die roten und weißen Trauben, entfernen Sie die Kerne und stellen Sie sie vermischt mit den kernlosen weißen Trauben beiseite.

2 Den Ofen auf 180 °C vorheizen. Erhitzen Sie einen gusseisernen Bräter sehr stark, heben Sie das Hähnchen aus der Marinade und braten Sie es an, bis es auf allen Seiten gebräunt ist. (Das Öl auf dem Fleisch sollte ausreichen, falls nicht, ergänzen Sie einfach ein wenig.)

3 Füllen Sie das Hähnchen mit dem Knoblauch und Ingwer aus der Marinade, einem Teil der Schalotten und so vielen Trauben, wie hineinpassen. Für 40 Minuten, bzw. bis das Hähnchen gut durchgebraten ist, in den Ofen geben.

4 Nehmen Sie das Hähnchen aus dem Bräter und stellen Sie es warm. Das Öl vollständig abgießen, die übrigen Schalotten hinzufügen und 5 Minuten anschwitzen.

5 Geben Sie die Hälfte der übrigen Trauben und den restlichen Ingwer hinein, gießen Sie mit der Brühe und dem Bratensaft auf und kochen Sie das Ganze bei mittlerer Hitze zu einer dicken Soße ein. Salzen, pfeffern und mit dem restlichen Zitronensaft abschmecken.

6 Tragen Sie das Hähnchen auf einem vorgewärmten Servierteller auf, zusammen mit der Soße und den übrig gebliebenen Trauben.

Nährwertanalyse pro Portion: Brennwert 454 kcal/1891 kJ; Eiweiß 31,6 g; Kohlenhydrate 19,5 g, davon Zucker 19,5 g; Fett 28,1 g, davon gesättigte Fettsäuren 7,1 g; Cholesterin 165 mg; Kalzium 28 mg; Ballaststoffe 1 g; Natrium 116 mg,

Fleisch und Geflügel 79

Pikanter sephardischer Hühnchenreis mit Zitrone-Minz-Relish

Dies ist eine leichte, schnelle, moderne Version des über viele Stunden gekochten Sabbat-Eintopfs Chamin. Sie ist deutlich bekömmlicher als das sehr schwere Original.

FÜR 4 PERSONEN

250 g Hühnchen, gehäutet und gewürfelt
3 Knoblauchzehen, gehackt
1 TL Kurkumapulver
2 EL Olivenöl
2 kleine bis mittlere Karotten, gewürfelt oder gehackt
Samen von 6–8 Kardamomkapseln
500 g Langkornreis
250 g Tomaten, gehackt
750 ml Hühnerbrühe

FÜR DAS RELISH

3 Tomaten, gewürfelt
1 Bund oder eine große Handvoll frische Minze, gehackt
5–8 Frühlingszwiebeln, dünn geschnitten
Saft von 2 Zitronen
Salz

1 Für das Relish alle Zutaten miteinander vermengen und kalt stellen.

2 Vermischen Sie die Hühnchenstücke mit der Hälfte des Knoblauchs und dem Kurkuma. Öl in einer Pfanne erhitzen und das Fleisch darin kurz anbraten, bis das Hühnchen fast durch ist. Aus der Pfanne nehmen und beiseitestellen.

3 Geben Sie nun die Karotten in die Pfanne, rühren Sie den Rest des Knoblauchs, die Kardamomsamen und den Reis ein und erhitzen Sie alles für eine Minute.

4 Fügen Sie die Tomaten hinzu, gießen Sie mit der Hühnerbrühe auf und bringen Sie alles zum Kochen. Zudecken und 10 Minuten köcheln lassen, bis der Reis weich ist. Wenige Minuten, bevor der Reis gar ist, heben Sie die Hühnchenstücke unter. Servieren Sie dazu das Relish.

Nährwertanalyse pro Portion: Brennwert 633 kcal/2648 kJ; Eiweiß 26,1 g; Kohlehydrate 107,7 g, davon Zucker 7,7 g; Fett 10,3 g, davon gesättigte Fettsäuren 1,6 g; Cholesterin 44 mg; Kalzium 76 mg; Ballaststoffe 3,1 g; Natrium 64 mg.

Puten- oder Hühnerschnitzel

Ein Schnitzel ist ein flach geklopftes, gebackenes Kalb-, Puten- oder Hühnersteak in einer knusprigen Panade. Das österreichische Original, das Wiener Schnitzel, besteht aus Kalbfleisch. In Israel ist das Schnitzel heute ungemein beliebt – hier wird meist Putenfleisch verwendet. Servieren Sie es mit gemischtem Gemüse.

FÜR 4 PERSONEN

4 Puten- oder Hühnerfilets ohne Knochen, je etwa 175 g schwer
Saft einer Zitrone
2 Knoblauchzehen, gehackt
Mehl zum Bestäuben
1–2 Eier
1 EL Wasser
etwa 50 g Matzemehl (oder Paniermehl)
Paprika
Mischung aus Pflanzen- und Olivenöl zum Ausbacken
Salz und schwarzer Pfeffer, gemahlen
Zitronenschnitze und gemischtes Gemüse als Beilage (optional)

1 Legen Sie jedes Stück Fleisch zwischen zwei Lagen Butterbrotpapier und bearbeiten Sie es mit einem Fleischklopfer, bis es nur noch halb so dick ist. Vermischen Sie Zitronensaft, Knoblauch, Salz und Pfeffer. Legen Sie das Fleisch in die Marinade, sodass es überall bedeckt ist. Ziehen lassen.

2 Arrangieren Sie drei flache, große Teller nebeneinander und füllen Sie sie der Reihe nach mit Mehl, einem verquirlten Ei-Wasser-Gemisch und einer Mixtur aus Matzemehl, Salz, Pfeffer und Paprika.

3 Tunken Sie jedes Filet beidseitig und mit etwas Nachdruck in das Mehl, dann ins Ei und zuletzt ins Matzemehl. Die vollständig mit der rohen Panade überzogenen Filets mindestens 30 Minuten und höchstens zwei Stunden kalt stellen.

4 Erhitzen Sie reichlich Öl in einer Bratpfanne so lange, bis ein Brotwürfel in 30–60 Sekunden goldbraun wird. Backen Sie die Schnitzel darin nacheinander goldbraun aus; einmal wenden. Abtropfen lassen und mit Zitronenschnitzen und dem Mischgemüse servieren.

Nährwertanalyse pro Portion: Brennwert 368 kcal/1546 kJ; Eiweiß 45,4 g; Kohlehydrate 14,7 g, davon Zucker 0,6 g; Fett 14,6 g, davon gesättigte Fettsäuren 2,3 g; Cholesterin 170 mg; Kalzium 27 mg; Ballaststoffe 0,5 g; Natrium 125 mg.

Doro Wot

Die als Wot bekannten, stundenlang köchelnden äthiopischen Eintöpfe werden gerne am Sabbat serviert. Traditionell reicht man dazu ein pfannkuchenartiges Fladenbrot (Injera), das vor dem Sabbat gebacken, in saubere Tücher gewickelt und aufbewahrt wird, bis der Wot fertig ist.

FÜR 4 PERSONEN

6 EL Pflanzenöl
6–8 Zwiebeln, gehackt
6 Knoblauchzehen, gehackt
2 TL frischer Ingwer, gehackt
400 g gehackte Tomaten aus der Dose
1,3 kg Hühnchen, in 8–12 Teile zerlegt
Samen von 5–8 Kardamomkapseln
1/2 TL Kurkumapulver
eine große Prise Zimt, gemahlen
eine große Prise Nelken, gemahlen
eine große Prise Muskatnuss, gerieben
Cayennepfeffer nach Geschmack
4 hart gekochte Eier
frischer Koriander und Zwiebelringe zum Garnieren
Injera, Fladenbrot oder Reis als Beilage

1 Erhitzen Sie Öl in einer Pfanne und schwitzen Sie die Zwiebeln darin 10 Minuten an. Knoblauch und Ingwer hinzufügen und 1–2 Minuten weiterbraten.

2 Gießen Sie mit 250 ml Wasser und den Tomaten auf. Aufkochen lassen und unter ständigem Rühren 10 Minuten stark reduzieren. Salzen und pfeffern.

3 Geben Sie die Hühnerteile (in der Soße wenden) und die Gewürze hinzu, verringern Sie die Hitze und lassen Sie alles eine Stunde köcheln, bis das Hühnchen durchgegart ist. Sollte die Soße zu dick werden, mit etwas Wasser verdünnen.

4 Die Eier schälen und ein-, zweimal mit einer Gabel einstechen. In die Soße legen und sachte erwärmen. Mit Koriander und Zwiebelringen garnieren und mit Injera, Fladenbrot oder Reis als Beilage servieren.

Nährwertanalyse pro Portion: Brennwert 764 kcal/3169 kJ; Eiweiß 48,8 g; Kohlehydrate 17,7 g, davon Zucker 13,1 g; Fett 55,9 g, davon gesättigte Fettsäuren 13,2 g; Cholesterin 398 mg; Kalzium 101 mg; Ballaststoffe 3,2 g; Natrium 382 mg.

Petti di pollo all'ebraica

Die „hebräische Hähnchenbrust" spiegelt deutlich sowohl die italienisch-mediterrane als auch die jüdische Kochtradition wider. Juden lieben es, ihre Fleischsoßen mit Ei sämig zu machen, da die Gesetze der Kaschrut die Verwendung von (saurer) Sahne zu fleischigen Speisen untersagen.

FÜR 4 PERSONEN

- 4 Hähnchenbrustfilets
- Mehl zum Bestäuben
- 2–3 EL Olivenöl
- 1–2 Zwiebeln, gehackt
- 1/4 Fenchelknolle, gehackt (optional)
- 1 EL frische Petersilie, gehackt, sowie Extra-Petersilie zum Garnieren
- 1 1/2 TL Fenchelsamen
- 75 ml trockener Marsala
- 120 ml Hühnerbrühe
- 300 g junge Erbsen
- Saft von 1 1/2 Zitronen
- 2 Eigelb
- Salz und schwarzer Pfeffer, gemahlen

1 Salzen und pfeffern Sie die Hähnchenfilets und bestäuben Sie sie dann mit reichlich Mehl. Überschüssiges Mehl abschütteln und beiseitestellen.

2 Erhitzen Sie die Hälfte des Öls in einer Pfanne und rösten Sie Zwiebeln, Fenchel (falls Sie möchten), Petersilie und Fenchelsamen 5 Minuten darin an. Das restliche Öl hinzufügen und die Filets hellbraun anbraten (2–3 Minuten auf jeder Seite). Dann die Filets und die Zwiebelmischung herausnehmen und beiseitestellen.

3 Löschen Sie mit dem Marsala ab und reduzieren Sie die Soße bei starker Hitze auf etwa 2 EL, dann mit der Brühe aufgießen. Die Erbsen hineingeben sowie die Filets und die Zwiebelmischung. Ganz leicht köcheln lassen, während Sie die Eimischung vorbereiten.

4 Dazu verquirlen Sie Zitronensaft und Eigelb und fügen dann nach und nach unter ständigem Rühren etwa 120 ml des heißen Fonds aus der Pfanne hinzu.

5 Die Mixtur zurück in die Pfanne geben und bei schwacher Hitze, häufig rührend, leicht eindicken. (Der Fond darf nicht kochen, da sonst die Eigelbe gerinnen und die Soße verderben würden.) Servieren Sie die Hähnchenbrüste sofort, bestreut mit etwas gehackter frischer Petersilie.

Nährwertanalyse pro Portion: Brennwert 375 kcal/1567 kJ; Eiweiß 43,4 g; Kohlehydrate 14,9 g, davon Zucker 7 g; Fett 13,9 g, davon gesättigte Fettsäuren 2,6 g; Cholesterin 206 mg; Kalzium 51 mg; Ballaststoffe 4,5 g; Natrium 99 mg.

Fleisch und Geflügel 85

Mildes grünes Kolkata-Curry mit Hähnchen und Gemüse

Die Kokosmilch ist bei diesem Gericht für die reichhaltige Soße verantwortlich, die sowohl süß (durch die frischen und getrockneten Früchte) als auch würzig-aromatisch ist. Kokosmilch ist ideal für die Einhaltung der Kaschrut, da sie wunderbar cremig ist, aber kein Milchprodukt. Servieren Sie dazu heißes Naan-Brot oder gedämpften Reis.

FÜR 4 PERSONEN

4 Knoblauchzehen, gehackt

1 EL frischer Ingwer, gehackt

2–3 Chilis, gehackt

1/2 Bund frischer Koriander, grob gehackt

1 Zwiebel, gehackt

Saft einer Zitrone

eine Prise Cayennepfeffer

1/2 TL Currypulver

1/2 TL Kreuzkümmel, gemahlen

2–3 Prisen Nelken, gemahlen

eine große Prise Koriander, gemahlen

3 Hähnchenbrüste ohne Knochen oder Hähnchen-schenkel, gehäutet und in mundgerechte Stücke geschnitten

2 EL Pflanzenöl

2 Stangen Zimt

250 ml Hühnerbrühe

250 ml Kokosmilch

1–2 EL Zucker, nach Geschmack

1–2 Bananen

1/4 Ananas, geschält und gehackt

eine Handvoll Rosinen

eine Handvoll Korinthen

2–3 Zweige frische Minze, dünn geschnitten

Saft einer 1/4–1/2 Zitrone, nach Geschmack

Salz

1 Pürieren Sie Knoblauch, Ingwer, Chilis, frischen Koriander, Zwiebel, Zitronensaft, Cayennepfeffer, Currypulver, Kreuzkümmel, Nelken, gemahlenen Koriander und Salz in einer Küchenmaschine. Ver-teilen Sie 2 EL der Würzmischung auf den Hähnchenstücken und stellen Sie sie beiseite.

2 Erhitzen Sie Öl in einem Wok oder einer großen Pfanne und rösten Sie die restliche Würzmischung darin bei mittlerer Hitze und unter ständigem Rühren etwa 10 Minuten an, bis die Paste leicht ge-bräunt ist. Rühren Sie Zimtstangen, Brühe, Kokosmilch und Zucker ein, bringen Sie alles zum Kochen und lassen Sie es dann bei schwacher Hitze 10 Minuten köcheln. Nun die Hähnchenstücke in die Soße legen und 2 Minuten köcheln, bis das Fleisch weiß geworden ist.

3 Zerteilen Sie in der Zwischenzeit die Bananen in große Stücke. Alle Früchte in das Curry einrühren und 1–2 Minuten köcheln lassen. Rühren Sie die Minze und den Zitronensaft ein. Probieren Sie und schmecken Sie gegebenenfalls mit Salz, Gewürzen und/oder Zitronensaft ab.

Nährwertanalyse pro Portion: Brennwert 383 kcal/1622 kJ; Eiweiß 29,5 g; Kohlehydrate 52,8 g, davon Zucker 51,5 g; Fett 7,5 g, davon gesättigte Fettsäuren 1,2 g; Cholesterin 79 mg; Kalzium 92 mg; Ballaststoffe 2,6 g; Natrium 150 mg.

Fleisch und Geflügel 87

Israelisches Grillhähnchen

Grillhähnchen sind in Israel allgegenwärtig – an jeder Straßenecke und in jeder Imbissbude scheint man eine Version dieser aromatischen Versuchung anzubieten. Bei diesem Rezept wird die ägyptisch inspirierte Marinade von Kreuzkümmel und Zimt bestimmt.

FÜR 4 PERSONEN

5 Knoblauchzehen, gehackt
2 EL Kreuzkümmel, gemahlen
1 1/2 TL Zimt, gemahlen
1 TL Paprikapulver
Saft einer Zitrone
2 EL Olivenöl
1,3 kg Brathähnchen, in 8 Teile zerlegt
Salz und schwarzer Pfeffer, gemahlen
frischer Koriander zum Garnieren
warmes Pita-Brot, Salat und Zitronenschnitze als Beilage

1 Vermischen Sie Knoblauch, Kreuzkümmel, Zimt, Paprikapulver, Zitronensaft, Öl, Salz und Pfeffer in einer Schüssel. Die Hähnchenteile darin einlegen, sodass sie rundum mit der Marinade überzogen sind. Mindestens eine Stunde oder zugedeckt über Nacht im Kühlschrank ziehen lassen.

2 Entfachen Sie das Grillfeuer. Nach etwa 40 Minuten ist es grillbereit.

3 Legen Sie die dunklen Fleischstücke 10 Minuten auf den Grill. Einmal wenden.

4 Grillen Sie die restlichen Fleischteile 7–10 Minuten unter gelegentlichem Wenden, bis sie goldbraun sind und beim Anstechen klarer Saft austritt. Sofort servieren. Als Beilage reichen Sie Pita-Brot, Zitronenschnitze und Salat.

Nährwertanalyse pro Portion: Brennwert 481 kcal/1997 kJ; Eiweiß 40,8 g; Kohlehydrate 1 g, davon Zucker 0,1 g; Fett 34,8 g, davon gesättigte Fettsäuren 8,9 g; Cholesterin 215 mg; Kalzium 14 mg; Ballaststoffe 0,3 g; Natrium 147 mg.

Fleisch und Geflügel **89**

90 Gemüsegerichte und Salate

Gemüsegerichte *und* Salate

Die jüdische Küche hat eine große Vielfalt an Gemüse-gerichten zu bieten, was ohne Zweifel zum Teil daran liegt, dass in Ermangelung von koscherem Fleisch oder Kochutensilien ein vegetarisches Essen oft die einzige Option ist. Gemüse-Frikadellen oder -Schnitzel und herzhafte vegetarische Eintöpfe sind beliebte israelische Speisen, während die sephardische Küche auf eine lange Tradition von Gemüsesalaten stolz sein kann.

Gebackene Spalterbsen- oder Linsen-Bällchen

Diese simplen, frittierten Bällchen sind schnell gemacht. Wenn Sie möchten, können Sie gehackte, frische grüne Chilis statt Cayennepfeffer verwenden. Servieren Sie sie heiß oder mit Zimmertemperatur.

FÜR 4–6 PERSONEN

250 g gelbe Spalterbsen oder rote Linsen, über Nacht eingeweicht
3–5 Knoblauchzehen, gehackt
2 EL frischer Ingwer, gehackt
120 ml frischer Koriander, gehackt
1/2–1 TL Kreuzkümmel, gemahlen
1/4–1/2 TL Kurkumapulver
eine große Prise Cayennepfeffer
50 g Kichererbsenmehl
1 TL Backpulver
2 EL Couscous
2 große oder 3 kleine Zwiebeln, gehackt
Pflanzenöl zum Frittieren
Salz und schwarzer Pfeffer, gemahlen
Salat und Zitronenschnitze als Beilage

1 Gießen Sie die Spalterbsen bzw. Linsen ab, behalten Sie etwas Einweichwasser zurück. Verarbeiten Sie Knoblauch und Ingwer in einer Küchenmaschine. Fügen Sie die Erbsen, 1–2 EL Einweichwasser und Koriander hinzu und pürieren Sie alles.

2 Fügen Sie Kreuzkümmel, Kurkuma, Cayenne, 1/2 TL Salz, 1/2 TL Pfeffer, Mehl, Backpulver und Couscous hinzu und vermischen Sie alles zu einem dickflüssigen Teig. Verdünnen können Sie mit etwas Einweichwasser, verdicken mit Mehl. Rühren Sie die Zwiebeln ein.

3 Füllen Sie das Frittieröl 5 cm hoch in eine große Pfanne und erhitzen Sie es, bis ein Brotwürfel in 30 Sekunden bräunen würde. Formen Sie mit zwei Löffeln Bällchen aus der Teigmischung, die Sie ins heiße Fett gleiten lassen. Goldbraun ausbacken, dann wenden, um auch die Oberseite zu frittieren.

4 Die fertigen Bällchen mit einem Schaumlöffel aus dem Fett heben und zum Abtropfen auf Küchenpapier legen. Warm halten, bis der ganze Teig verarbeitet ist. Mit Zitronenschnitzen und Salat servieren.

Nährwertanalyse pro Portion: Brennwert 360 kcal/1511 kJ; Eiweiß 14,1 g; Kohlehydrate 51,3 g, davon Zucker 8,3 g; Fett 12,3 g, davon gesättigte Fettsäuren 1,4 g; Cholesterin 0 mg; Kalzium 119 mg; Ballaststoffe 5,3 g; Natrium 26 mg.

Falafel

Das Geheimnis guter Falafel ist die Verwendung von lange eingeweichten, aber nicht gekochten Kichererbsen. Nehmen Sie keine Kichererbsen aus der Dose – die Konsistenz würde matschig sein und die Falafel beim Frittieren zerfallen.

FÜR 6 PERSONEN

250 g getrocknete Kichererbsen
1 l Wasser
3–4 EL Bulgur
1 große oder 2 kleine Zwiebeln, fein gehackt
5 Knoblauchzehen, zerdrückt
5 EL frische Petersilie, gehackt
5 EL frischer Koriander, gehackt
3 EL Kreuzkümmel, gemahlen
1 EL Koriander, gemahlen
1 TL Backpulver
1 TL Salz
1 Prise schwarzer Pfeffer, gemahlen
etwas Cayennepfeffer
1 TL Currypulver (optional)
3–4 EL Kichererbsenmehl
Pflanzenöl zum Frittieren

1 Die Kichererbsen mindestens vier Stunden in Wasser legen. Dann abgießen und in einer Küchenmaschine sehr fein zerhacken.

2 Vermischen Sie die verarbeiteten Kichererbsen in einer Schüssel gut mit Bulgur, Zwiebel, Knoblauch, Petersilie, frischem Koriander, gemahlenem Kreuzkümmel und Koriander, Backpulver, Salz, Pfeffer, Cayennepfeffer und (optional) Currypulver.

3 3 EL Wasser einrühren und 45 Minuten stehen lassen.

4 Das Kichererbsen-Mehl in den Backteig einrühren; verdünnen Sie falls nötig mit etwas Wasser bzw. verdicken Sie durch Zugabe von Vollkornmehl. Formen Sie aus gehäuften Esslöffeln der Masse 12–18 Bällchen.

5 Erhitzen Sie das Frittieröl, bis ein Brotwürfel in 30 Sekunden braun wird. Backen Sie die Falafel (in Teilmengen) in 3–4 Minuten goldbraun aus. Mit einem Schaumlöffel herausnehmen und auf Küchenkrepp abtropfen lassen, bevor Sie die nächsten Falafel frittieren. Servieren.

Nährwertanalyse pro Portion: Brennwert 303 kcal/1282 kJ; Eiweiß 18,5 g; Kohlehydrate 44,7 g, davon Zucker 5,2 g; Fett 6,9 g, davon gesättigte Fettsäuren 1,2 g; Cholesterin 0 mg; Kalzium 88 mg; Ballaststoffe 7,2 g; Natrium 16 mg.

Gemüsegerichte und Salate

Gefüllte Zwiebeln, Kartoffeln und Zucchini auf sephardische Art

Die vegetarische Füllung dieser Gemüse ist tomatenrot, jemenitisch gewürzt und mit dem säuerlich-herben Geschmack von Zitronensaft akzentuiert. Das Gericht schmeckt kalt serviert köstlich, eignet sich aber ebenso als Vor- oder Hauptspeise. Dazu passt dann ein gemischter Salat.

FÜR 4 PERSONEN

4 Kartoffeln, geschält
4 Zwiebeln, geschält
4 Zucchini, halbiert
2–4 Knoblauchzehen, gehackt
3–4 EL Olivenöl
3–4 EL Tomatenmark
¼ TL Ras el-Hanout oder Currypulver
eine große Prise Piment, gemahlen
Samen von 2–3 Kardamomkapseln
Saft einer ½ Zitrone
2–3 EL frische Petersilie, gehackt
etwa 90–120 ml Gemüsebrühe
Salz und schwarzer Pfeffer, gemahlen
Salat als Beilage (optional)

1 Bringen Sie Salzwasser in einem großen Topf zum Kochen. Geben Sie zuerst die Kartoffeln, dann die Zwiebeln und zuletzt die Zucchini hinein und kochen Sie sie, bis sie fast weich sind. Rechnen Sie mit etwa 10 Minuten für die Kartoffeln, 8 Minuten für die Zwiebeln und 4–6 Minuten für die Zucchini. Abgießen und auskühlen lassen.

2 Sobald die Gemüse kühl genug dazu sind, höhlen Sie sie aus. Den Ofen auf 190 °C vorheizen.

3 Geben Sie das ausgehöhlte Gemüseinnere in eine Schüssel, zusammen mit Knoblauch, der Hälfte des Olivenöls, Tomatenmark, Ras el-Hanout oder Currypulver, Piment, Kardamom, Zitronensaft, Petersilie, Salz und Pfeffer, und vermischen Sie alles gründlich. Die Mischung in die Gemüseaushöhlungen füllen.

4 In eine Auflaufform schichten und mit der Gemüsebrühe und dem restlichen Öl beträufeln. 35–40 Minuten in den Ofen geben, bis die richtige Bräunung erreicht ist. Warm servieren und dazu, wenn Sie möchten, einen Salat reichen.

Nährwertanalyse pro Portion: Brennwert 347 kcal/1452 kJ; Eiweiß 10,2 g; Kohlenhydrate 56,7 g, davon Zucker 22,1 g; Fett 10,3 g, davon gesättigte Fettsäuren 1,6 g; Cholesterin 0 mg; Kalzium 135 mg; Ballaststoffe 8,2 g; Natrium 62 mg.

Gemüsegerichte und Salate

Balkan-Auberginen mit Käse

Diese Köstlichkeit wird von einer dicken Käsesoße gekrönt, die überbacken ein wenig an ein Soufflé erinnert. Heiß schmeckt sie großartig, kalt sogar noch besser, und ist deshalb das ideale Essen für ein Picknick.

FÜR 4–6 PERSONEN

2 große Auberginen, in 5 mm dicke Scheiben geschnitten
4 EL Olivenöl
2 EL Butter
2 EL Mehl
500 ml heiße Milch
etwa 1/8 einer Muskatnuss, frisch gerieben
4 große Eier, leicht verquirlt
400 g geriebener Käse, z. B. Kaschkawal, Gruyère oder eine Mischung aus Parmesan und Cheddar
Cayennepfeffer
Salz und schwarzer Pfeffer, gemahlen

1 Schichten Sie die Auberginenscheiben in ein Sieb; jede Lage mit Salz bestreuen. 30 Minuten ziehen lassen. Abspülen und mit Küchenpapier trocken tupfen.

2 Das Öl erhitzen und die Auberginen goldbraun braten. Beiseitestellen.

3 Die Butter in einem Topf schmelzen, dann das Mehl hinzugeben und 1 Minute unter ständigem Rühren erhitzen. Vom Feuer nehmen und nach und nach die Milch einrühren. Wieder erhitzen und langsam, unter ständigem Rühren, zum Kochen bringen, bis die Soße glatt und dick ist. Mit Muskatnuss, Cayenne, Salz und Pfeffer würzen und kühl stellen.

4 Sobald die Soße abgekühlt ist, die Eier und danach den Käse einrühren, von dem Sie ein wenig zum Bestreuen zurückbehalten. Den Ofen auf 180 °C vorheizen. Befüllen Sie eine Auflaufform schichtweise mit Auberginen, über die Sie jeweils etwas Soße gießen. Die oberste Schicht muss Soße sein. Mit dem übrigen Käse bestreuen. 35–40 Minuten backen, bis der Auflauf goldbraun und fest ist.

Nährwertanalyse pro Portion: Brennwert 501 kcal/2084 kJ; Eiweiß 25,9 g; Kohlehydrate 10,9 g, davon Zucker 6,9 g; Fett 38,4 g, davon gesättigte Fettsäuren 19,9 g; Cholesterin 206 mg; Kalzium 650 mg; Ballaststoffe 2,2 g; Natrium 599 mg.

Pilze Stroganoff

Das cremige Pilzgericht ist perfekt für eine Dinnerparty. Servieren Sie dazu Kascha, Natur- oder Wildreis.

FÜR 4 PERSONEN

3–4 EL Butter
500 g Champignons, geviertelt
250 g gemischte Pilze, in mundgerechte Stücke geschnitten
6 Knoblauchzehen, gehackt
2 Zwiebeln, gehackt
2 EL Mehl
120 ml trockener Weißwein
250 ml Gemüsebrühe
1/2 TL Basilikum, getrocknet
250 g Crème fraîche
große Prise Muskatnuss, frisch gerieben
Saft einer 1/4 Zitrone
Salz und schwarzer Pfeffer, gemahlen
frischer Schnittlauch, gehackt, zum Garnieren
Kascha oder Natur- oder Wildreis als Beilage

1 Schmelzen Sie etwas Butter in einer Pfanne und rösten Sie darin die Pilze portionsweise an, bis sie braun sind. Streuen Sie dabei die Hälfte des Knoblauchs darüber. Die angebratenen Pilze beiseitestellen.

2 Erhitzen Sie die übrige Butter in einer Pfanne. Zwiebeln darin 5 Minuten anschwitzen. Den restlichen Knoblauch hinzufügen und 1–2 Minuten weiterbraten, dann das Mehl einstreuen und eine Minute unter Rühren mitkochen.

3 Vom Feuer nehmen und nach und nach den Wein und die Hälfte der Brühe einrühren. Wieder erhitzen und unter ständigem Rühren zum Kochen bringen, bis die Soße glatt ist und eindickt. Die restliche Brühe langsam hinzufügen und wieder reduzieren.

4 Basilikum und Pilze samt Saft in die Pfanne geben. Die Crème fraîche mit etwas Soße verrühren und hinzufügen. Würzen Sie mit Muskat, Zitronensaft, Salz und Pfeffer. Mit Schnittlauch garniert heiß servieren. Als Beilage reichen Sie Kascha, Natur- oder Wildreis.

Nährwertanalyse pro Portion: Brennwert 408 kcal/1685 kJ; Eiweiß 6,5 g; Kohlehydrate 14,3 g, davon Zucker 6,3 g; Fett 34,4 g, davon gesätt. Fettsäuren 22,4 g; Cholesterin 92 mg; Kalzium 81 mg; Ballaststoffe 3,4 g; Natrium 88 mg.

Gefüllte Weinblätter mit Kreuzkümmel, Zitrone und Kräutern

Die wichtigsten Zutaten der Weinblätterfüllung sind die Gewürze und frischen Kräuter, die dem Naturreis seinen besonderen, aromatischen Geschmack verleihen.

FÜR 6–8 PERSONEN

250 g Naturreis
2 EL Naturjoghurt
3 Knoblauchzehen, gehackt
1 Ei, leicht verquirlt
1–2 TL Kreuzkümmel, gemahlen
½ TL Zimt, gemahlen
mehrere Handvoll Rosinen
3–4 Frühlingszwiebeln, dünn geschnitten
½ Bund frische Minze, gehackt, plus extra Minze zum Garnieren
25 eingelegte oder frische Weinblätter
Salz, falls nötig

ZUM KOCHEN

8–10 ungeschälte Knoblauchzehen
Saft einer Zitrone
6 EL Olivenöl

ZUM SERVIEREN

1 Zitrone, in Schnitzen oder halben Scheiben
15–25 schwarze griechische Oliven
150 ml Naturjoghurt
1 TL Paprikapulver

1 Geben Sie den Reis und 300 ml Wasser in einen Topf. Zum Kochen bringen, die Hitze verringern und zugedeckt 30 Minuten weichkochen. Abgießen und etwas abkühlen lassen, dann mit Joghurt, Knoblauch, Ei, gemahlenem Kreuzkümmel, Zimt, Rosinen, Frühlingszwiebeln und Minze vermengen.

2 Verwenden Sie eingelegte Weinblätter, dann spülen Sie sie gut ab. Frische Weinblätter werden 2–3 Minuten in Salzwasser blanchiert, dann abgegossen. Legen Sie die Blätter mit der glänzenden Seite nach unten auf eine Arbeitsfläche. Geben Sie 1–2 EL der Füllung nahe dem Stängel auf jedes Blatt. Rollen Sie die Blätter ein: von unten beginnen, dann die Seiten einschlagen und weiterrollen.

3 Geben Sie die Rollen in einen Dampfgarer, zusammen mit den Knoblauchzehen. Füllen Sie etwas Wasser in den Dampfgarer; den Zitronensaft und das Öl träufeln Sie über die Rollen. Zugedeckt bei mittlerer Hitze 40 Minuten dämpfen; falls nötig Wasser nachfüllen. Legen Sie die Weinblätter beiseite, damit sie etwas auskühlen. Mit Minze garnieren, mit Paprikapulver bestreuen und samt Zitronenschnitzen bzw. -scheiben, Oliven und Joghurt als Dip servieren.

Nährwertanalyse pro Portion: Brennwert 220 kcal/924 kJ; Eiweiß 3,5 g; Kohlenhydrate 31,1 g, davon Zucker 6 g; Fett 9,9 g, davon gesättigte Fettsäuren 1,6 g; Cholesterin 24 mg; Kalzium 27 mg; Ballaststoffe 1,2 g; Natrium 18 mg.

Gemüsegerichte und Salate

Megadarra

Dieses Reis-Linsen-Gericht ist ein Klassiker: für Juden und Araber, von Ägypten und Libyen bis Galiläa und Griechenland. Dazu isst man gerne Gemüse, mildes Joghurt und knackigen Salat.

FÜR 6–8 PERSONEN

400 g große braune oder grüne Linsen
3 EL Olivenöl
3–4 Zwiebeln, 1 gehackt und 2–3 dünn geschnitten
1 TL Kreuzkümmel, gemahlen
1/2 TL Zimt, gemahlen
3–5 Kardamomkapseln
300 g Langkornreis, gewaschen
250 ml Gemüsebrühe
Salz und schwarzer Pfeffer, gemahlen
Naturjoghurt zum Servieren

1 Die Linsen mit Wasser bedecken und in einem Topf zum Kochen bringen. Dann 30 Minuten köcheln, bis sie weich sind. Den Schaum abschöpfen.

2 Die Hälfte des Öls in einer Pfanne erhitzen und die gehackten Zwiebeln darin leicht anbräunen. Kreuzkümmel und Zimt je zur Hälfte einrühren, dann samt Kardamom, Reis und Brühe zu den Linsen geben und umrühren.

3 Aufkochen, zudecken und köcheln lassen, bis der Reis weich und die Flüssigkeit aufgesogen ist. Salzen.

4 Währenddessen das restliche Öl in einer anderen Pfanne erhitzen und darin die geschnittenen Zwiebeln etwa 10 Minuten rösten, bis sie dunkelbraun, karamellisiert und knusprig sind. Kurz vor dem Ende mit dem restlichen Kreuzkümmel und Zimt bestreuen.

5 Häufen Sie zum Servieren das Reis-Linsen-Gemisch auf einer Servierplatte auf und bestreuen Sie alles mit den Röstzwiebeln.

6 Mit einem Klecks Joghurt garnieren und sofort servieren.

Nährwertanalyse pro Portion: Brennwert 353 kcal/1486 kJ; Eiweiß 15,4 g; Kohlehydrate 63 g, davon Zucker 4,7 g; Fett 5,1 g, davon gesättigte Fettsäuren 0,7 g; Cholesterin 0 mg; Kalzium 48 mg; Ballaststoffe 3,3 g; Natrium 20 mg.

Hatzilim pilpel

Hatzilim ist das hebräische Wort für Auberginen, pilpel bedeutet pfeffrig-pikant. Es handelt sich hier also um einen feurigen Tomaten-Auberginen-Eintopf, der typisch für die israelische Küche ist.

FÜR 4–6 PERSONEN

4 EL Olivenöl
1 Aubergine, in Stücke geschnitten
2 Zwiebeln, dünn geschnitten
3–5 Knoblauchzehen, gehackt
1–2 grüne Paprika, in Streifen geschnitten
1–2 frische scharfe Chilis, gehackt
4 Tomaten aus der Dose, gewürfelt
1 TL Kurkuma
eine Prise Currypulver oder Ras el-Hanout
Cayennepfeffer nach Geschmack
400 g Kichererbsen aus der Dose, abgegossen und abgespült
Saft von 1/2–1 Zitrone
2–3 EL frischer Koriander, gehackt
Salz

1 Die Hälfte des Öls erhitzen und darin die Auberginen braun braten. Durch ein Sieb über einer Schüssel abgießen.

2 Das restliche Öl in der Pfanne erhitzen. Zwiebeln, Knoblauch, Paprika und Chilis darin anschwitzen. Gewürfelte Tomaten, Gewürze und Salz hinzufügen und unter ständigem Rühren kochen, bis die Mischung Soßenkonsistenz hat. Falls nötig, mit etwas Wasser verdünnen.

3 Die Kichererbsen zur Soße geben und 5 Minuten kochen.

4 Nun die Auberginenstücke gut untermischen. Für weitere 5–10 Minuten kochen, bis sich alle Aromen miteinander verbunden haben.

5 Schmecken Sie mit Zitronensaft ab und fügen Sie zuletzt die gehackten Korianderblätter hinzu. Vor dem Servieren etwas auskühlen lassen.

Nährwertanalyse pro Portion: Brennwert 220 kcal/922 kJ; Eiweiß 8 g; Kohlehydrate 25,5 g, davon Zucker 13,1 g; Fett 10,3 g, davon gesättigte Fettsäuren 1,5 g; Cholesterin 0 mg; Kalzium 68 mg; Ballaststoffe 7,8 g; Natrium 172 mg.

Gemüsegerichte und Salate

Sommerkürbisse und Frühkartoffeln in warmer Dillsoße

Ein israelisches Gericht aus frischem Gemüse, z. B. Zucchini und Frühkartoffeln, mit Frühlingszwiebeln, aromatischem Dill und einer reichhaltigen, butterigen Sahnesoße.

FÜR 4 PERSONEN

400 g gemischte Kürbisse, z. B. gelbe und grüne Zucchini oder Patissons
400 g kleine Frühkartoffeln
eine Prise Zucker
3 EL Butter
2 Bund Frühlingszwiebeln, dünn geschnitten
1 großer Bund frischer Dill, fein gehackt
300 ml saure Sahne, Schmand oder griechischer Joghurt
Salz und schwarzer Pfeffer, gemahlen

1 Schneiden Sie die Kürbisse in Stücke in Größe der Kartoffeln. Geben Sie die Kartoffeln in einen Topf. Mit Wasser bedecken, zuckern und salzen. Zum Kochen bringen, dann 10 Minuten köcheln, bis sie fast gar sind. Die Kürbisstücke hinzufügen und alles weichkochen, dann abgießen.

2 Die Butter in einer großen Pfanne schmelzen. Darin die Frühlingszwiebeln anschwitzen, dann das Gemüse und den Dill sachte einrühren.

3 Vom Herd nehmen und die saure Sahne bzw. Joghurt oder Schmand einrühren. Wieder etwas anwärmen. Nach Geschmack salzen und pfeffern und servieren.

Nährwertanalyse pro Portion: Brennwert 317 kcal/1317 kJ; Eiweiß 5,8 g; Kohlehydrate 21 g, davon Zucker 6,1 g; Fett 23,9 g, davon gesättigte Fettsäuren 14,8 g; Cholesterin 66 mg; Kalzium 105 mg; Ballaststoffe 2 g; Natrium 104 mg.

Gemüsegerichte und Salate

Gebackener Winterkürbis in Tomatensoße

Dieses Gericht stammt aus Italien und ist bei den Juden im Norden des Landes, in der Region Mantua, sehr populär. Dort gedeihen die allerbesten Kürbisse.

FÜR 4–6 PERSONEN

3–5 EL Olivenöl
1 kg Hokkaido-Kürbis, geschält und geschnitten
1 Zwiebel, gehackt
3–5 Knoblauchzehen, gehackt
2 x 400 g gehackte Dosentomaten
eine Prise Zucker
die Nadeln von 2–3 Zweigen frischem Rosmarin, gehackt
Salz und schwarzer Pfeffer, gemahlen

1 Den Ofen auf 160 °C vorheizen. Erhitzen Sie 3 EL des Öls in einer Pfanne und braten Sie die Kürbisstücke portionsweise goldbraun an. Die fertigen Stücke beiseitelegen.

2 Geben Sie die Zwiebel in die Pfanne, ergänzen Sie Öl, falls erforderlich, und schwitzen Sie sie 5 Minuten an.

3 Den Knoblauch hinzufügen und eine weitere Minute leicht rösten.

4 Fügen Sie die Tomaten und den Zucker hinzu und kochen Sie alles bei mittlerer Hitze zu einer Soßenkonsistenz ein. Den Rosmarin einrühren und nach Geschmack salzen und pfeffern.

5 Schichten Sie die Kürbisstücke und die Tomatensoße in eine Auflaufform, zuletzt etwas Soße. 35 Minuten backen, bis oben eine Bräunung einsetzt und der Kürbis weich ist. Sofort servieren.

Nährwertanalyse pro Portion: Brennwert 94 kcal/392 kJ; Eiweiß 2,1 g; Kohlenhydrate 7,8 g, davon Zucker 7 g; Fett 6,2 g, davon gesättigte Fettsäuren 1,1 g; Cholesterin 0 mg; Kalzium 58 mg; Ballaststoffe 3 g; Natrium 12 mg.

Gemüsegerichte und Salate

Zimmes

Das ist traditionell ein Ofengericht aus Gemüse und Trockenfrüchten, obwohl frische Äpfel und Birnen hinzugefügt werden. Mancher Zimmes enthält auch Fleisch und kann als Hauptgericht serviert werden.

FÜR 6 PERSONEN

250 g Karotten, geschält und geschnitten
1 Süßkartoffel, geschält und in Stücke geschnitten
1 Kartoffel, geschält und in Stücke geschnitten
eine Prise Zucker
2 EL Butter oder Pflanzenöl
1 Zwiebel, gehackt
10 entkernte Dörrpflaumen, halbiert
2 EL Korinthen
5 getrocknete Aprikosen, grob gehackt
2 EL Honig
1–2 TL frischer Ingwer, gehackt
1 Zimtstange
Saft einer ½ Zitrone
Salz

1 Den Ofen auf 160 °C vorheizen. Kochen Sie die Karotten, die Süßkartoffel und die Kartoffel in gezuckertem und gesalzenem Wasser fast weich. Abgießen, dabei das Kochwasser zurückbehalten, und beiseitestellen.

2 Erhitzen Sie die Butter oder das Öl in einer großen, feuerfesten Kasserolle und schwitzen Sie darin die Zwiebel kurz an; nicht braun werden lassen.

3 Das gekochte Gemüse in die Kasserolle mit genügend Kochwasser geben, um alles damit vollständig zu bedecken. Die restlichen Zutaten hinzufügen. Zugedeckt 40 Minuten im Ofen garen. Gegen Ende der Kochzeit die Menge der Flüssigkeit in der Kasserolle prüfen; ist sie zu groß, während den letzten 10 Minuten den Deckel entfernen.

VARIATION

Für einen Fleisch-Zimmes schmoren Sie 500 g in Stücke geschnittenes Rindfleisch eine Stunde lang, bis es weich ist. Verwenden Sie bei Schritt 2 Öl statt Butter und geben Sie das Fleisch zum Gemüse in die Kasserolle.

Nährwertanalyse pro Portion: Brennwert 143 kcal/601 kJ; Eiweiß 1,9 g; Kohlenhydrate 26,8 g, davon Zucker 15,9 g; Fett 3,9 g, davon gesättigte Fettsäuren 2,3 g; Cholesterin 9 mg; Kalzium 36 mg; Ballaststoffe 2,9 g; Natrium 55 mg.

Gemüsegerichte und Salate

Blumenkohl mit Knoblauchbröseln

In Jerusalem isst man dieses simple aschkenasische Gericht gerne als Beilage zu Fleisch oder Fisch in Fyllo (siehe S. 61), womit es in Geschmack und Konsistenz perfekt harmoniert.

FÜR 4–6 PERSONEN

- 1 großer Blumenkohl, in mundgerechte Röschen zerteilt
- eine Prise Zucker
- 6 EL Oliven- oder Pflanzenöl
- 130 g weißes oder Vollkorn-Paniermehl
- 3–5 Knoblauchzehen, dünn geschnitten oder gehackt
- Salz und schwarzer Pfeffer, gemahlen

1 Dämpfen oder kochen Sie den Blumenkohl mit leicht gezuckertem und gesalzenem Wasser bissfest. Abgießen und auskühlen lassen.

2 Zwei Drittel des Oliven- oder Pflanzenöls in einer Pfanne erhitzen und darin die Brösel bei mittlerer Hitze und unter ständigem Rühren knusprig braun rösten. Den Knoblauch hinzufügen und noch ein-, zweimal umrühren, dann alles aus der Pfanne nehmen und beiseitestellen.

3 Das restliche Öl in der Pfanne erhitzen und darin den Blumenkohl leicht anbräunen; dabei die Teile etwas zerdrücken bzw. zerkleinern. (Nicht verkochen lassen!)

4 Geben Sie die Knoblauchbrösel hinzu und rühren und rösten Sie sie, bis alles gut vermischt ist, einige Blumenkohlteile aber noch ihre Form behalten. Salzen, pfeffern und heiß oder kalt servieren.

Nährwertanalyse pro Portion: Brennwert 244 kcal/1016 kJ; Eiweiß 8,9 g; Kohlehydrate 18,8 g, davon Zucker 2,2 g; Fett 15,3 g, davon gesättigte Fettsäuren 3,8 g; Cholesterin 10 mg; Kalzium 162 mg; Ballaststoffe 1,7 g; Natrium 280 mg.

Frittierte Artischocken

Hier handelt es sich um eine ganz besondere Spezialität der Juden Roms. Die Artischocken werden gepresst, um sie zu öffnen, dann in heißem Fett schwimmend ausgebacken. Dabei verdrehen sich die braun werdenden Blätter und heraus kommen knusprige Blüten.

FÜR 4 PERSONEN

2–3 Zitronen, halbiert
4–8 kleine Artischocken
Oliven- oder Pflanzenöl zum Frittieren
Salz

Nährwertanalyse pro Portion:
Brennwert 132 kcal/546 kJ; Eiweiß 0,6 g; Kohlehydrate 1,1 g, davon Zucker 1,1 g; Fett 14 g, davon gesättigte Fettsäuren 1,6 g; Cholesterin 0 mg; Kalzium 51 mg; Ballaststoffe 1,4 g; Natrium 75 mg.

1 Füllen Sie eine Schüssel mit kaltem Wasser und rühren Sie den Saft von ein oder zwei Zitronen ein. Putzen Sie die Artischocken: den Stängel schälen, den harten Teil abschneiden und alle äußeren Blätter entfernen. Die Spitzen der übrigen Blätter mit einer Schere abschneiden. Ins Zitronenwasser legen.

2 Die geputzten Artischocken in einen Topf mit Wasser legen und bei mittlerer Hitze 10–15 Minuten halb garen. Die Artischocken kopfüber auf ein Backblech stellen und auskühlen lassen, dann sachte daraufdrücken, um sie zu öffnen, ohne dass sie auseinanderfallen.

3 Füllen Sie das Frittieröl 5 cm hoch in eine Pfanne und erhitzen Sie es. Legen Sie ein oder zwei Artischocken hinein, mit den Blättern oben. Mit einem Schaumlöffel ins Fett drücken. 5–8 Minuten frittieren, bis sie goldbraun sind; einmal wenden. Abtropfen lassen und servieren.

Gemüsegerichte und Salate

108　Gemüsegerichte und Salate

Lauch-Gebackenes

Diese Knusperbissen nehmen einen wichtigen Platz in der sephardischen Küche ein. Der Legende nach war es genau diese Spezialität, die die fliehenden Israeliten in der Wüste am meisten vermissten. Am besten serviert man sie mit reichlich Zitronensaft beträufelt und leicht gesalzen.

FÜR 4 PERSONEN

4 große Stangen Lauch mit einem Gesamtgewicht von etwa 1 kg, dick geschnitten
50 g grobes Matzemehl (Paniermehl)
2 Eier, leicht verquirlt
eine große Prise Thymian, getrocknete oder Basilikum
Muskatnuss, frisch gerieben
Oliven- oder Pflanzenöl zum Braten
Salz und schwarzer Pfeffer, gemahlen
Zitronenschnitze zum Servieren

1 Kochen Sie den Lauch 5 Minuten in Salzwasser, bis er bissfest und hellgrün ist. Abgießen und abkühlen lassen.

2 Den Lauch grob hacken. In einer Schüssel mit Matzemehl, Eiern, Kräutern, Muskatnuss, Salz und Pfeffer vermengen.

3 Erhitzen Sie 5 mm Öl in einer Bratpfanne. Mithilfe von zwei Esslöffeln geben Sie die Lauchmischung portionsweise ins heiße Fett. Bei mittlerer Hitze goldbraun braten, dann wenden und die andere Seite braten.

4 Die fertigen Backteilchen auf Küchenpapier vom überschüssigen Fett befreien. Nach und nach die ganze Mischung verarbeiten, falls nötig Öl ergänzen. Mit Zitronenschnitzen garniert servieren, Salz bereitstellen.

Nährwertanalyse pro Portion: Brennwert 326 kcal/1356 kJ; Eiweiß 10 g; Kohlehydrate 29,2 g, davon Zucker 5,5 g; Fett 18,8 g, davon gesättigte Fettsäuren 2,6 g; Cholesterin 95 mg; Kalzium 75 mg; Ballaststoffe 6,2 g; Natrium 40 mg.

Spinat mit Rosinen und Pinienkernen

Kurz gekochter Spinat mit ein wenig Zwiebeln, Olivenöl, Rosinen und Pinienkernen ist ein typisch italienisch-jüdisches Gericht, in dem sich die süß-nussige Komponente wiederfindet, die an den arabisch beeinflussten sizilianischen Tafeln so beliebt ist. Sie ist auch typisch für andere sephardische Gemeinschaften, z. B. jene in Griechenland und der Türkei.

FÜR 4 PERSONEN

50 g Rosinen
1 kg frischer Blattspinat, gewaschen
3 EL Olivenöl
6–8 Frühlingszwiebeln, dünn geschnitten, oder 1–2 kleine gelbe oder weiße Zwiebeln, fein gehackt
50 g Pinienkerne
Salz und schwarzer Pfeffer, gemahlen

1 Die Rosinen in eine kleine Schüssel geben und mit kochendem Wasser übergießen. Etwa 10 Minuten ziehen lassen, dann abgießen.

2 Kochen Sie die gewaschenen, nassen Spinatblätter ohne zusätzliches Wasser bei mittlerer Hitze für 1–2 Minuten, bis die Blätter weich und hellgrün sind. Vom Herd nehmen, gut abtropfen und auskühlen lassen.

3 Den Spinat mit einem scharfen Messer grob hacken.

4 Erhitzen Sie das Öl in einer Pfanne und schwitzen Sie darin die Frühlingszwiebeln 5 Minuten an. Nun Spinat, Rosinen und Pinienkerne hinzufügen und bei etwas stärkerer Hitze 2–3 Minuten heiß werden lassen. Nach Geschmack würzen und heiß oder kalt servieren.

Nährwertanalyse pro Portion: Brennwert 198 kcal/824 kJ; Eiweiß 5,2 g; Kohlehydrate 14,3 g, davon Zucker 11 g; Fett 13,7 g, davon gesättigte Fettsäuren 1,6 g; Cholesterin 0 mg; Kalzium 226 mg; Ballaststoffe 3,1 g; Natrium 218 mg.

Pikanter sephardischer Kohl mit Tomaten und Paprika

Dieses Gericht aus „Arme-Leute-Kohl" ist weitaus raffinierter, als es klingt und man sollte es sich nicht entgehen lassen. Die dünn geschnittenen und halb gekochten Blätter haben einen seidigen Glanz und einen komplexen, aromatischen Geschmack dank der jemenitisch inspirierten Würze.

FÜR 4–6 PERSONEN

- 1 Grün- oder Weißkohl, dünn geschnitten
- 2–4 EL Olivenöl
- 2 Zwiebeln, gehackt
- 5–8 Knoblauchzehen, gehackt
- ½ grüner Paprika, gehackt
- ½ TL Currypulver
- ½ TL Kreuzkümmel, gemahlen
- ½ TL Kurkumapulver
- Samen von 3–5 Kardamomkapseln
- 1 milder, frischer grüner Chili, gehackt
- 400 g Tomaten aus der Dose
- eine Prise Zucker
- Saft von ½–1 Zitrone
- 3–4 EL frischer Koriander, gehackt

1 Kochen Sie den Kohl 5–8 Minuten in Wasser. Gut abgießen und beiseitestellen.

2 Erhitzen Sie in der Zwischenzeit Öl einer Bratpfanne und schwitzen Sie die Zwiebeln darin an. Sobald sie weich sind, die Hälfte des Knoblauchs und den Paprika hinzufügen und 3–4 Minuten braten, bis der Paprika weich zu werden beginnt, aber der Knoblauch noch nicht braun ist.

3 Alle Gewürze einrühren, 1–2 Minuten rühren, damit sich ihr Aroma entfalten kann. Dann Kohl, Tomaten und Zucker hinzufügen und zugedeckt bei schwacher Hitze 15–30 Minuten zu einer dicken Soße einkochen.

4 Den Zitronensaft und den übrigen Knoblauch einrühren, etwa 10 Minuten weiterköcheln. Zuletzt den gehackten Koriander hinzufügen und sofort servieren.

Nährwertanalyse pro Portion: Brennwert 81 kcal/338 kJ; Eiweiß 1,9 g; Kohlehydrate 9,6 g, davon Zucker 8,3 g; Fett 4,1 g, davon gesättigte Fettsäuren 0,6 g; Cholesterin 0 mg; Kalzium 43 mg; Ballaststoffe 2,7 g; Natrium 12 mg.

Gemüsegerichte und Salate

Gemüsegerichte und Salate

Israelischer Salat aus gehacktem Gemüse

Dieser Salat-Klassiker lädt zu endlosem Variieren ein: Fügen Sie Oliven oder Rote-Bete-Würfel hinzu oder verwenden Sie Limone statt Essig. Er schmeckt immer wunderbar.

FÜR 4–6 PERSONEN

je 1 roter, grüner und gelber Paprika, entkernt
1 Karotte
1 Gurke
6 Tomaten
3 Knoblauchzehen, fein gehackt
3 Frühlingszwiebeln, geschnitten
2 EL frischer Koriander, gehackt
je 2 EL frischer Dill, Petersilie und Minze, gehackt
½–1 scharfer frischer Chili, gehackt (optional)
3 EL Natives Olivenöl Extra
Saft von 1–1½ Zitronen
Salz und schwarzer Pfeffer, gemahlen

1 Schneiden Sie mit einem scharfen Messer Paprika, Karotte, Gurke und Tomaten klein und geben Sie alles in eine große Rührschüssel.

2 Mischen Sie Knoblauch, Frühlingszwiebeln, Koriander, Dill, Petersilie, Minze und, wenn Sie möchten, Chili zu dem Gemüse.

3 Gießen Sie das Olivenöl und den Zitronensaft über die Mischung, salzen und pfeffern Sie und mischen Sie alles gut durch. Gekühlt servieren.

Nährwertanalyse pro Portion: Brennwert 116 kcal/485 kJ; Eiweiß 3 g; Kohlehydrate 12,2 g, davon Zucker 11,7 g; Fett 6,5 g, davon gesättigte Fettsäuren 1,1 g; Cholesterin 0 mg; Kalzium 43 mg; Ballaststoffe 3,8 g; Natrium 21 mg.

Marokkanischer Gemüsesalat

In Israel leben viele Juden marokkanischer Herkunft, die ihre landestypischen Speisen an den israelischen Geschmack angepasst haben.

FÜR 4 PERSONEN

1 große Gurke, dünn geschnitten
2 kalte, gekochte Kartoffeln, geschnitten
je 1 roter, grüner und gelber Paprika, entkernt und dünn geschnitten
300 g Oliven, entkernt
½–1 frischer scharfer Chili, gehackt, oder 2–3 Prisen Cayennepfeffer
3–5 Knoblauchzehen, gehackt
3 Frühlingszwiebeln, geschnitten, oder 1 rote Zwiebel, fein gehackt
4 EL Natives Olivenöl Extra
1 EL Weißweinessig
Saft einer ½ Zitrone bzw. nach Geschmack
1–2 EL frische Minze, gehackt
1–2 EL frischer Koriander, gehackt
Salz (optional)

1 Legen Sie die Gurken-, Kartoffel- und Paprikascheiben und die Oliven auf einen Servierteller.

2 Streuen Sie den gehackten frischen Chili oder den Cayennepfeffer über den Salat und salzen Sie ihn, wenn Sie möchten. (Oliven sind meist sehr salzig, deshalb benötigen Sie vielleicht kein Extra-Salz.)

3 Geben Sie Knoblauch, Zwiebeln, Olivenöl, Essig und Zitronensaft über den Salat. Mit gehackten Koriander- und Minzblättern bestreuen und gekühlt servieren.

Nährwertanalyse pro Portion: Brennwert 304 kcal/1257 kJ; Eiweiß 2,9 g; Kohlehydrate 17,1 g, davon Zucker 5,5 g; Fett 25,2 g, davon gesättigte Fettsäuren 3,8 g; Cholesterin 0 mg; Kalzium 66 mg; Ballaststoffe 4,2 g; Natrium 1700 mg.

Gemüsegerichte und Salate **113**

Salat mit Wassermelone und Feta

Die Kombination von süßer, saftiger Wassermelone mit salzigem Feta ist ein israelisches Original, inspiriert von der türkischen Tradition, im Sommer Wassermelone mit salzigem, weißem Käse zu essen.

FÜR 4 PERSONEN

2 EL Natives Olivenöl Extra
Saft einer ½ Zitrone
1 TL Essig bzw. nach Geschmack
frischer Thymian zum Bestreuen
eine Prise Kreuzkümmel, gemahlen
4 große Schnitze Wassermelone, gekühlt
1 Kopf Endiviensalat (Frisée), dem der Strunk herausgeschnitten wurde
130 g Feta, in mundgerechte Stücke geschnitten
eine Handvoll leicht geröstete Kürbiskerne
eine Handvoll Sonnenblumenkerne
10–15 schwarze Oliven

1 Vermischen Sie Olivenöl, Zitronensaft, Essig, frischen Thymian und gemahlenen Kreuzkümmel gut in einer Schüssel. Beiseitestellen.

2 Schneiden Sie das Fruchtfleisch der Wassermelone aus und entfernen Sie so viele Kerne wie möglich. Das Fruchtfleisch in dreieckige Stücke schneiden.

3 Geben Sie die Salatblätter in eine große Schüssel, übergießen Sie sie mit dem Dressing und mischen Sie gut durch.

4 Legen Sie die marinierten Salatblätter auf Teller und verteilen Sie die Wassermelonenstücke, den Feta, Kürbis- und Sonnenblumenkerne und die schwarzen Oliven darauf. Sofort servieren.

Nährwertanalyse pro Portion: Brennwert 256 kcal/1066 kJ; Eiweiß 7,7 g; Kohlenhydrate 12,9 g, davon Zucker 11,6 g; Fett 19,7 g, davon gesättigte Fettsäuren 6,2 g; Cholesterin 23 mg; Kalzium 165 mg; Ballaststoffe 1,4 g; Natrium 616 mg.

Galiläischer Salat mit Rucola, rohem Gemüse und Oliven

Rucola (Rauke) war in Galiläa eine willkommene Ergänzung des Speisezettels in Zeiten der Not; heute ist das Sammeln wilder Rauke ein gesundes Vergnügen. Servieren Sie diesen Salat mit Laban oder Frischkäse.

FÜR 4 PERSONEN

1 großer Bund (wilder) Rucola
1 Packung Mischsalat
¼ Weißkohl, dünn geschnitten
1 Gurke, geschnitten
1 kleine rote Zwiebel, gehackt
2–3 Knoblauchzehen, gehackt
3–5 Tomaten, in Schnitze geschnitten
1 grüner Paprika, vom Kerngehäuse befreit und geschnitten
2–3 Minzezweige, geschnitten oder zerrissen
2 EL gehackte frische Petersilie oder Dill
eine Prise Oregano oder Thymian, getrocknet
3 EL Natives Olivenöl Extra
Saft einer ½ Zitrone
1 EL Rotweinessig
15–20 schwarze Oliven
Salz und schwarzer Pfeffer, gemahlen

1 Vermischen Sie mit den Händen Rucola, Mischsalat, dünn geschnittenen Kohl, Gurke, Zwiebel und Knoblauch in einer geeigneten Schüssel.

2 Arrangieren Sie darauf Tomaten, Paprika, Minze und die frischen und getrockneten Kräuter. Mit Öl, Zitronensaft und Essig beträufeln, die Oliven hinzufügen, salzen, pfeffern und sofort servieren.

Nährwertanalyse pro Portion: Brennwert 126 kcal/523 kJ; Eiweiß 3,4 g; Kohlehydrate 11 g, davon Zucker 10,4 g; Fett 7,9 g, davon gesättigte Fettsäuren 1,2 g; Cholesterin 0 mg; Kalzium 108 mg; Ballaststoffe 4,3 g; Natrium 338 mg.

Gemüsegerichte und Salate

Artischocken mit Knoblauch, Zitrone und Olivenöl

Dieses klassische, florentinische Gericht soll jüdischer Herkunft sein. Es ist nicht nur ein köstlicher Salat, sondern kann auch zu Fisch, Huhn oder Lamm während des Bratens hinzugefügt werden.

FÜR 4 PERSONEN

4 Artischocken
Saft von 1–2 Zitronen, plus Saft für das Zitronenwasser
4 EL Natives Olivenöl Extra
1 Zwiebel, gehackt
5–8 Knoblauchzehen, grob gehackt oder dünn geschnitten
2 EL frische Petersilie, gehackt
120 ml trockener Weißwein
120 ml Gemüsebrühe oder Wasser
Salz und schwarzer Pfeffer, gemahlen

1 Entfernen Sie die harten Artischockenblätter. Den weichen Teil der Stängel schälen, in Stücke schneiden und in Zitronenwasser legen. Die Artischocken vierteln, die Böden herausschneiden und ins Zitronenwasser legen.

2 In einer Pfanne Öl erhitzen und darin Zwiebel und Knoblauch 5 Minuten anschwitzen. Die Petersilie einrühren, einige Sekunden weiterbraten, dann mit Wein und Brühe oder Wasser ablöschen und die abgegossenen Artischocken hinzufügen. Mit der Hälfte des Zitronensafts, Salz und Pfeffer abschmecken.

3 Zum Kochen bringen, dann die Hitze reduzieren und zugedeckt 10–15 Minuten köcheln lassen, bis die Artischocken gar sind. Die Artischocken mit einem Schaumlöffel herausheben und auf einer Servierplatte anrichten.

4 Das Kochwasser erhitzen und auf die Hälfte reduzieren. Über die Artischocken gießen. Alles mit mehr Zitronensaft, Salz und Pfeffer abschmecken und servieren.

Nährwertanalyse pro Portion: Brennwert 142 kcal/586 kJ; Eiweiß 1,6 g; Kohlehydrate 4,1 g, davon Zucker 1,9 g; Fett 11,3 g, davon gesättigte Fettsäuren 1,6 g; Cholesterin 0 mg; Kalzium 40 mg; Ballaststoffe 1,6 g; Natrium 47 mg.

Rote Bete mit frischer Minze

Das tiefrote Gemüse wird gerne als typisch jüdisches Essen betrachtet, insbesondere unter Aschkenasen. Servieren Sie diesen einfachen, aber dekorativen Salat als Teil eines Salatbüffets.

FÜR 4 PERSONEN

4–6 Rote Beten, gekocht
1 TL Zucker
1–2 EL Balsamico-Essig
Saft einer ½ Zitrone
2 EL Natives Olivenöl Extra
1 Bund frische Minze ohne Stängel, dünn geschnitten
Salz

1 Schneiden Sie die Roten Beten in Scheibchen oder kleine Würfel und geben Sie sie in eine Schüssel. Zucker, Balsamico-Essig, Zitronensaft, Olivenöl und eine Prise Salz hinzufügen und gut vermischen.

2 Heben Sie die Hälfte der dünn geschnittenen frischen Minze gründlich unter. Stellen Sie den Salat für eine Stunde im Kühlschrank kalt. Mit der restlichen Minze garniert servieren.

Nährwertanalyse pro Portion: Brennwert 90 kcal/378 kJ; Eiweiß 1,7 g; Kohlehydrate 8,9 g, davon Zucker 8,3 g; Fett 5,6 g, davon gesättigte Fettsäuren 0,8 g; Cholesterin 0 mg; Kalzium 21 mg; Ballaststoffe 1,9 g; Natrium 66 mg.

Weiße Bohnen mit grünem Paprika in pikantem Dressing

Die weichen weißen Bohnen machen sich wunderbar in der pikanten Marinade, zusammen mit dem knackigen grünen Paprika. Dieses Gericht wurde von den Juden des Balkans nach Israel gebracht. Es lässt sich perfekt vorab zubereiten.

FÜR 4 PERSONEN

750 g Tomaten, gewürfelt
1 Zwiebel, fein gehackt
½–1 milder frischer Chili, fein gehackt
1 grüner Paprika, vom Kerngehäuse befreit und gehackt
eine Prise Zucker
4 Knoblauchzehen, gehackt
400 g weiße Bohnen aus der Dose, abgegossen
3 EL Olivenöl
geriebene Schale und Saft einer Zitrone
1 EL Apfel- oder Weinessig
Salz und schwarzer Pfeffer, gemahlen
frische Petersilie, gehackt, zum Garnieren

1 Vermischen Sie Tomaten, Zwiebel, Chili, grünen Paprika, Zucker, Knoblauch, Bohnen, Salz und reichlich gemahlenen schwarzen Pfeffer in einer großen Schüssel gut miteinander.

2 Fügen Sie Olivenöl, die geriebene Zitronenschale, Zitronensaft und Essig hinzu und mischen Sie erneut leicht durch.

3 Im Kühlschrank kalt stellen und garniert mit gehackter Petersilie servieren.

Nährwertanalyse pro Portion: Brennwert 226 kcal/947 kJ; Eiweiß 8,8 g; Kohlehydrate 27,6 g, davon Zucker 12,9 g; Fett 9,6 g, davon gesättigte Fettsäuren 1,5 g; Cholesterin 0 mg; Kalzium 92 mg; Ballaststoffe 9 g; Natrium 409 mg.

Gemüsegerichte und Salate

Taboulé

Ein herrlich erfrischender, spritziger Salat aus Bulgur und jeder Menge frischer Minze, Petersilie und Frühlingszwiebeln. Erhöhen Sie die Menge an Kräutern ganz nach Ihrem Belieben, wenn Sie es noch grüner möchten. Köstlich als Vorspeise oder Beilage zu einem Hauptgericht.

FÜR 4–6 PERSONEN

250 g Bulgur
1 großer Bund Frühlingszwiebeln, dünn geschnitten
1 Gurke, fein gehackt oder gewürfelt
3 Tomaten, gehackt
¼–½ TL Kreuzkümmel, gemahlen
1 großer Bund frische Petersilie, gehackt
1 großer Bund frische Minze, gehackt
Saft von 2 Zitronen bzw. nach Wunsch
4 EL Natives Olivenöl Extra
Salz
Oliven, Zitronenschnitze, Tomatenschnitze, Gurkenscheiben und Minzezweige zum Garnieren (optional)
Römersalat und Naturjoghurt zum Servieren (optional)

1 Waschen Sie den Bulgur gründlich, dann in eine Schüssel geben und 30 Minuten in Wasser einweichen. Über ein Sieb abgießen, durch Schütteln alles überschüssige Wasser entfernen und zurück in die Schüssel geben.

2 Die Frühlingszwiebeln hinzufügen und mit den Händen gründlich vermischen, dabei einige Male die Masse zusammenpressen.

3 Gurke, Tomaten, Kreuzkümmel, Petersilie, Minze, Zitronensaft, Öl und Salz hinzufügen und gut vermischen.

4 Häufen Sie die Taboulé portionsweise auf ein Bett aus Römersalat und garnieren Sie mit Zitronenschnitzen, Tomate, Gurke und Minzezweigen, ganz nach Ihrem Geschmack. Reichen Sie dazu, wenn Sie möchten, eine Schüssel Naturjoghurt.

Nährwertanalyse pro Portion: Brennwert 232 kcal/965 kJ; Eiweiß 5,2 g; Kohlehydrate 34,6 g, davon Zucker 2,7 g; Fett 8,4 g, davon gesättigte Fettsäuren 1,1 g; Cholesterin 0 mg; Kalzium 51 mg; Ballaststoffe 1,4 g; Natrium 12 mg.

Marokkanischer Karottensalat

Salate mit geraspelter roher Karotte findet man in ganz Israel; häufig sind sie osteuropäischen Ursprungs. Bei dieser überzeugenden nordafrikanischen Variante werden die Karotten kurz gekocht, bevor man die Kreuzkümmel-Koriander-Salatsoße darübergießt. Ein perfekter Begleiter bei festlichen Anlässen – oder auch für jeden Tag.

FÜR 4–6 PERSONEN

3–4 Karotten, dünn geschnitten
eine Prise Zucker
3–4 Knoblauchzehen, gehackt
¼ TL Kreuzkümmel, gemahlen, bzw. nach Geschmack
Saft einer ½ Zitrone
2 EL Natives Olivenöl Extra
1–2 EL Rotwein- oder Fruchtessig, z. B. Himbeere
2 EL frischer Koriander, gehackt, oder eine Mischung aus Koriander und Petersilie
Salz und schwarzer Pfeffer, gemahlen

1 Garen Sie die Karotten durch Kochen oder Dämpfen in leicht gesalzenem Wasser bissfest und nicht zu weich. Abgießen, abtropfen lassen und in eine Schüssel geben.

2 Die restlichen Zutaten – Zucker, Knoblauch, Kreuzkümmel, Zitronensaft, Olivenöl, Essig – hinzufügen und gut vermischen. Mit den Kräutern bestreuen und warm oder gekühlt servieren.

Nährwertanalyse pro Portion: Brennwert 53 kcal/220 kJ; Eiweiß 0,6 g; Kohlenhydrate 4,2 g, davon Zucker 3,9 g; Fett 3,9 g, davon gesättigte Fettsäuren 0,6 g; Cholesterin 0 mg; Kalzium 29 mg; Ballaststoffe 1,6 g; Natrium 15 mg.

Gemüsegerichte und Salate

Tunesischer Kartoffel-Oliven-Salat

Diesen delikaten Salat liebt man in Nordafrika. Seine Schlichtheit und seine raffinierte, pikante Würze machen seinen Charme aus. Servieren Sie ihn zu Mittag, als Vorspeise oder zum Hauptgericht.

FÜR 4 PERSONEN

- 8 große Frühkartoffeln
- eine große Prise Salz
- eine große Prise Zucker
- 3 Knoblauchzehen, gehackt
- 1 EL Essig Ihrer Wahl, z. B. eine fruchtige Sorte
- eine große Prise Kreuzkümmel, gemahlen oder ganze Kreuzkümmelsamen
- eine Prise Cayennepfeffer oder scharfes Paprikapulver, nach Geschmack
- 2–3 EL Natives Olivenöl Extra
- 2–3 EL frischer Koriander, gehackt
- 10–15 trockene, schwarze Oliven

1 Schneiden Sie die Frühkartoffeln in Stücke und geben Sie diese in gesalzenes und gezuckertes Wasser. Zum Kochen bringen, dann die Hitze verringern und 10 Minuten köcheln lassen, bis die Kartoffeln bissfest sind. Gut abgießen und in einem Sieb auskühlen lassen.

2 Falls nötig, die Kartoffeln in kleinere Stücke schneiden und in eine Schüssel umfüllen.

3 Geben Sie Knoblauch, Essig, Kreuzkümmel und Cayennepfeffer oder Paprikapulver über den Salat. Mit Olivenöl beträufeln und den Koriander und die Oliven darauf verteilen. Vor dem Servieren auskühlen lassen.

Nährwertanalyse pro Portion: Brennwert 375 kcal/1581 kJ; Eiweiß 7,1 g; Kohlehydrate 64,5 g, davon Zucker 5,3 g; Fett 11,6 g, davon gesättigte Fettsäuren 1,9 g; Cholesterin 0 mg; Kalzium 43 mg; Ballaststoffe 4,7 g; Natrium 467 mg.

Gemüsegerichte und Salate 123

124 Nudeln, Kugeln und Pfannkuchen

Nudeln, Kugeln *und* Pfannkuchen

Nudeln waren einst das Glanzstück der askenasischen Küche; sie wurden in unzähligen Varianten gegessen oder als gefüllte Teigtaschen zubereitet. Kugeln sind schmackhafte, süße oder herzhafte Nudel- oder Gemüseaufläufe, gebunden mit Ei und knusprig überbacken, während „Pfannkuchen" hier für alles flache, in der Pfanne mit Fett Gebratene steht – von Blini bis Kartoffelpuffer. Es handelt sich hierbei um urtypisch jüdische Speisen.

Kascha-Warnischkes

Diese Kombination aus Buchweizen, Pilzen und kurzer Pasta ist ein klassisch askenasisches Gericht. Wer nicht mit Buchweizen aufgewachsen ist, empfindet diese Speise vielleicht als grob und schwer, aber für die, die es von klein auf gewöhnt sind, schmeckt es himmlisch.

FÜR 4–6 PERSONEN

25 g aromatische Pilze, z. B. Steinpilze, getrocknet
500 ml kochende Brühe oder Wasser
3 EL ausgelassenes Hühnerfett (für ein fleischiges Essen), Pflanzenöl (für ein neutrales Mahl) oder 3 EL Butter (für eine milchige Speise)
3–4 Zwiebeln, dünn geschnitten
250 g Pilze, geschnitten
300 g ganzer, grober, mittlerer oder feiner Buchweizen
200 g kurze, gebogene Nudeln
Salz und schwarzer Pfeffer, gemahlen

1 Weichen Sie die getrockneten Pilze 20–30 Minuten in der Hälfte der Brühe ein. Aus dem Wasser nehmen und abtropfen lassen. Das Wasser zurückbehalten.

2 Erhitzen Sie Fett, Öl oder Butter in einer Pfanne und rösten Sie darin die Zwiebeln 5–10 Minuten an, bis sie braun zu werden beginnen. Aus der Pfanne nehmen und beiseitestellen. Rösten Sie nun die geschnittenen Pilze kurz in der Pfanne an, dann die eingeweichten Pilze für 2–3 Minuten. Die Zwiebeln wieder daruntermischen, vom Feuer nehmen und beiseitestellen.

3 Rösten Sie den Buchweizen unter ständigem Rühren, bei großer Hitze und ohne Fett 2–3 Minuten an. Die Hitze reduzieren und mit der übrigen Brühe und dem Pilz-Einweichwasser ablöschen. Zugedeckt 10 Minuten köcheln lassen, bis der Buchweizen gar und die Flüssigkeit aufgesogen ist.

4 Kochen Sie in der Zwischenzeit die Nudeln bissfest und gießen Sie sie ab. Zuletzt den gekochten Buchweizen, die Nudeln und die Zwiebel-Pilz-Pfanne miteinander vermischen, salzen, pfeffern und heiß servieren.

Nährwertanalyse pro Portion: Brennwert 364 kcal/1529 kJ; Eiweiß 10,3 g; Kohlehydrate 67 g, davon Zucker 4 g; Fett 7,3 g, davon gesättigte Fettsäuren 3,6 g; Cholesterin 14 mg; Kalzium 47 mg; Ballaststoffe 2,2 g; Natrium 48 mg.

Kalte Pasta

Für dieses traditionelle Nudelgericht der italienisch-jüdischen Gemeinde werden die Nudeln mit Knoblauch, Petersilie und Öl zubereitet und an Sabbat kalt gegessen – denn an diesem Tag ist Kochen nicht erlaubt. Servieren Sie die Pasta als Vorspeise oder zu Fleisch-, Fisch- oder Milchspeisen.

FÜR 4 PERSONEN

250 g Eiernudeln
2 EL Natives Olivenöl Extra
3 Knoblauchzehen, fein gehackt
4–6 EL frische Petersilie, grob gehackt
25–30 entkernte grüne Oliven, geschnitten oder grob gehackt
Salz

1 Kochen Sie die Nudeln in Salzwasser bissfest. Abgießen und unter fließendem, kaltem Wasser abspülen.

2 Geben Sie die Nudeln in eine Schüssel und mischen Sie Olivenöl, Knoblauch, Petersilie und Oliven hinein. Über Nacht kalt stellen und servieren.

Nährwertanalyse pro Portion: Brennwert 352 kcal/1476 kJ; Eiweiß 8,6 g; Kohlehydrate 45,3 g, davon Zucker 1,6 g; Fett 16,4 g, davon gesättigte Fettsäuren 3,1 g; Cholesterin 19 mg; Kalzium 86 mg; Ballaststoffe 4,2 g; Natrium 1244 mg.

Piroggen

Diese köstlichen polnischen Teigtaschen mit würziger Kartoffelfülle werden mit geschmolzener Butter und saurer Sahne serviert und sind nahr- und herzhaft genug, um sich gegen den eisigen Biss eines harten Winters zu wappnen.

FÜR 4–6 PERSONEN

675 g Backkartoffeln, geschält und in
   Stücke geschnitten
50 g ungesalzene Butter, zusätzlich
   geschmolzene Butter zum Servieren
3 Zwiebeln, fein gehackt
2 Eier, leicht verquirlt
1 Portion Kreplach-Nudelteig (s. S. 132)
   oder 250 g Wan-Tan-Teigblätter
Salz und schwarzer Pfeffer, gemahlen
Petersilie, gehackt, zum Garnieren
saure Sahne zum Servieren

1 Kochen Sie die Kartoffeln in Salzwasser weich und gießen Sie sie ab. Währenddessen die Butter in einer Pfanne schmelzen und darin die Zwiebeln 10 Minuten braun braten.

2 Die Kartoffeln zerstampfen, mit den Zwiebeln vermischen und kühl stellen. Sobald die Masse kühl ist, die Eier unterrühren, salzen und pfeffern.

3 Den Nudelteig ausrollen und in 7,5-cm-Quadrate schneiden. Die Ränder etwas mit Wasser befeuchten.

4 Geben Sie 1–2 EL der Füllung in die Mitte der Nudelquadrate. Dann mit einem weiteren Quadrat bedecken und die Ränder zusammendrücken. Beiseitestellen.

5 Bringen Sie einen großen Topf gesalzenes Wasser zum Kochen, dann die Hitze reduzieren. Die Teigtaschen etwa 2 Minuten im siedenden Wasser garen. Mit dem Schaumlöffel herausnehmen und abtropfen lassen. Mit gehackter Petersilie garnieren und mit Butter und saurer Sahne servieren.

Nährwertanalyse pro Portion: Brennwert 364 kcal/1532 kJ; Eiweiß 10,3 g; Kohlehydrate 55,9 g, davon Zucker 7,9 g; Fett 12,7 g, davon gesättigte Fettsäuren 5,9 g; Cholesterin 94 mg; Kalzium 55 mg; Ballaststoffe 3,7g; Natrium 164 mg.

Farfel

Die wegen ihrer Form und Größe auch als Eiergraupen bezeichneten Farfel sind den Spätzle ähnliche, kleine Klümpchen aus Nudelteig. „Farfallen" ist das jiddische Wort für „heruntergefallen" und es beschreibt, was mit dem Teig bei der Herstellung der Farfel geschieht.

FÜR 4 PERSONEN (ALS BEILAGE)

225 g Mehl (Type 550)
2 Eier
Salz
Petersilie, gehackt, zum Garnieren

1 Vermischen Sie Mehl, Eier und eine Prise Salz in einer Schüssel. Arbeiten Sie nun nach und nach 1–2 EL Wasser ein, bis der Teig zu binden beginnt. Kneten Sie den Teig, bis er glatt und nicht klebrig ist. Ergänzen Sie Mehl, falls nötig. In einer zugedeckten Schüssel mindestens 30 Minuten ruhen lassen.

2 Rollen Sie den Teig auf einer leicht bemehlten Fläche mit den Händen zu einem dicken „Seil" aus. 2 Stunden bei Raumtemperatur trocknen lassen.

3 Den Teig in Stücke schneiden und diese mit einer groben Reibe in graupengroße Stücke raffeln. Die Klümpchen ein wenig in Mehl wälzen und auf einem Backblech oder Butterpapier trocknen lassen.

4 Gekocht werden die Farfel in reichlich gesalzenem Wasser – ca. 6 Minuten bzw. bissfest. Gut abgießen und heiß servieren, als Einlage in einer Hühnersuppe oder als Beilage. Mit gehackter Petersilie bestreuen.

Nährwertanalyse pro Portion: Brennwert 229 kcal/969 kJ; Eiweiß 8,4 g; Kohlenhydrate 43,7 g, davon Zucker 0,9 g; Fett 3,5 g, davon gesättigte Fettsäuren 0,9 g; Cholesterin 95 mg; Kalzium 93 mg; Ballaststoffe 1,8 g; Natrium 37 mg.

Lokschenkugel mit **Apfel** und **Zimt**

Dieser buttrige Nudelkugel, der nach Zimt und Äpfeln duftet und nostalgische Gefühle heraufbeschwört, wurde von Russland aus nach Nordamerika gebracht. Am besten eignen sich für diesen Kugel mindestens ein Zentimeter breite Eierbandnudeln.

FÜR 4–6 PERSONEN

350 g Eiernudeln
130 g und zusätzlich 1 EL ungesalzene Butter
2 Kochäpfel
250 g Hüttenkäse
3 Eier, leicht verquirlt
2 TL gemahlener Zimt
250 g Zucker
2–3 Handvoll Rosinen
½ TL Natron (Speisesoda, Natriumhydrogencarbonat)
Salz

1 Den Ofen auf 180 °C vorheizen. Kochen Sie die Nudeln in gesalzenem Wasser bissfest und gießen Sie sie ab.

2 Die Butter schmelzen und mit den Nudeln vermischen. Die grob geraspelten Äpfel einrühren, sodann den Hüttenkäse, Eier, Zimt, Zucker, Rosinen, Speisesoda und eine winzige Prise Salz.

3 Geben Sie die Nudelmasse in eine tiefe, rechteckige Backform (etwa 38 × 20 cm groß) und backen Sie den Kugel 1–1¼ Stunden, bis die Oberfläche gebräunt und knusprig ist. Sofort servieren.

Nährwertanalyse pro Portion: Brennwert 686 kcal/2889 kJ; Eiweiß 16,2 g; Kohlenhydrate 100,6 g, davon Zucker 59,9 g; Fett 27,1 g, davon gesättigte Fettsäuren 14,4 g; Cholesterin 165 mg; Kalzium 118 mg; Ballaststoffe 2,4 g; Natrium 409 mg.

Kreplach

Die drei Ecken dieser gefüllten Nudelteigtaschen symbolisieren die drei Stammväter Israels: Abraham, Isaak und Jakob. Man serviert sie gerne zu festlichen Anlässen.

FÜR 4 PERSONEN

225 g Mehl (Type 550), zusätzlich zum Bemehlen
2 Eier
ausgelassenes Hühnerfett oder Pflanzenöl (optional)
Salz
frischer Schnittlauch, ganz und gehackt, zum Garnieren

FÜR DIE FLEISCHFÜLLUNG

6 EL ausgelassenes Hühnerfett oder Pflanzenöl
1 große oder 2 kleine Zwiebeln, gehackt
400 g übriggebliebenes Schmorfleisch, gehackt
2–3 Knoblauchzehen, gehackt
Salz und schwarzer Pfeffer, gemahlen

1 Für die Füllung schwitzen Sie die Zwiebeln 5–10 Minuten in Fett oder Öl an. Fleisch, Knoblauch, Salz und Pfeffer hinzufügen und umrühren.

2 Vermischen Sie Mehl, Eier und eine Prise Salz. Fügen Sie tropfenweise 1–2 EL Wasser hinzu, bis der Teig zu binden beginnt, und kneten Sie ihn, bis er glatt ist und nicht klebt. 30 Minuten zugedeckt ruhen lassen.

3 Rollen Sie ein walnussgroßes Teigklümpchen auf einer leicht bemehlten Oberfläche so dünn wie möglich aus. In 7,5-cm-Quadrate schneiden.

4 Befeuchten Sie die Ränder eines der Quadrate und geben Sie einen Löffel der Füllung in die Mitte. Zu einem Dreieck zusammenfalten und die Ränder zusammendrücken. Bemehlen und 30 Minuten beiseitestellen.

5 Kochen Sie die Kreplach 5 Minuten in gesalzenem Wasser bissfest; abgießen und mit Schnittlauch garniert servieren.

Nährwertanalyse pro Portion: Brennwert 666 kcal/2788 kJ; Eiweiß 41,4 g; Kohlehydrate 51,6 g, davon Zucker 6,5 g; Fett 34,2 g, davon gesättigte Fettsäuren 8,5 g; Cholesterin 186 mg; Kalzium 125 mg; Ballaststoffe 3,2 g; Natrium 91 mg.

Kartoffelkugel

Diese traditionelle Kartoffelbeilage kann man auch mit Butter zubereiten, aber in diesem Rezept wird Pflanzenöl verwendet, wodurch das Gericht wesentlich leichter und bekömmlicher wird.

FÜR 6–8 PERSONEN

2 kg Kartoffeln
2 Eier, leicht verquirlt
8 EL Matzemehl oder Paniermehl
2 TL Salz
3–4 Zwiebeln, geraspelt
8 EL Pflanzenöl
schwarzer Pfeffer, gemahlen

1 Den Ofen auf 200 °C vorheizen. Die Kartoffeln schälen und fein raspeln.

2 Vermischen Sie die geraspelten Kartoffeln gut mit Eiern, Matzemehl, Salz und gemahlenem schwarzen Pfeffer. Die Zwiebeln und 6 EL des Pflanzenöls hinzufügen.

3 Geben Sie die beiden restlichen Esslöffel Pflanzenöl in eine Backform, die groß genug ist, um die Kartoffelmasse darin 4–5 cm hoch zu verteilen. Erhitzen Sie die Form 5 Minuten im Backofen, bis das Öl sehr heiß ist.

4 Geben Sie die Kartoffelmasse in das heiße Öl, das dabei auf allen Seiten über die Masse blubbern soll; so wird der Kugel besonders knusprig.

5 Den Kugel 45–60 Minuten backen, bis er gar und an der Oberfläche goldbraun und knusprig ist. In Stücke schneiden und sofort servieren.

Nährwertanalyse pro Portion: Brennwert 361 kcal/1516 kJ; Eiweiß 8 g; Kohlehydrate 56,2 g, davon Zucker 6,8 g; Fett 12,8 g, davon gesättigte Fettsäuren 1,8 g; Cholesterin 48 mg; Kalzium 38 mg; Ballaststoffe 3,7 g; Natrium 538 mg.

134　Nudeln, Kugeln und Pfannkuchen

Matzemehl-Hüttenkäse-Latkes

Käse-Latkes waren wahrscheinlich einst das meistverehrte Gericht Russlands, auch wenn Mehl-, Buchweizen- und Matzemehl-Latkes üblicher waren. Unsere Hüttenkäse-Variante wurden von russischen Emigranten erfunden. Die Zugabe von Käse verleiht dem Ganzen eine säuerliche Note und eine leicht zähe Konsistenz.

FÜR CA. 20 STÜCK

275 g Hüttenkäse
3 Eier, getrennt
1 TL Salz
250 g Matzemehl oder Paniermehl
1 Zwiebel, grob geraspelt, oder 3–5 Frühlingszwiebeln, dünn geschnitten
½ TL Zucker
2 EL Naturjoghurt oder Wasser
schwarzer Pfeffer, gemahlen
Pflanzenöl zum Ausbacken
kleingehackte Frühlingszwiebeln zum Garnieren

1 Zerdrücken Sie in einer Schüssel den Hüttenkäse. Mit Eigelb, der Hälfte des Salzes, Matzemehl, Zwiebel oder Frühlingszwiebeln, Zucker, Joghurt oder Wasser und Pfeffer vermischen.

2 Schlagen Sie das Eiweiß mit dem übrigen Salz steif. Ein Drittel des steifen Eiweiß unter die Masse heben, dann den Rest.

3 Füllen Sie das Öl etwa 1 cm hoch in eine schwere Bratpfanne und erhitzen Sie es, bis ein Brotwürfel sofort braun wird. Geben Sie die Masse esslöffelweise in das heiße Öl und backen Sie die Latkes bei mittlerer Hitze beidseitig goldbraun aus.

4 Die fertigen Latkes mit einem Schaumlöffel aus dem Öl nehmen und auf Küchenpapier abtropfen lassen. Mit kleingehackten Frühlingszwiebeln garnieren und sofort servieren oder bei schwacher Hitze im Backofen warm halten.

Nährwertanalyse pro Portion: Brennwert 97 kcal/405 kJ; Eiweiß 4,1 g; Kohlehydrate 10,3 g, davon Zucker 1 g; Fett 4,6 g, davon gesättigte Fettsäuren 0,8 g; Cholesterin 31 mg; Kalzium 40 mg; Ballaststoffe 0,4 g; Natrium 210 mg.

Klassische Latkes (Kartoffelpuffer)

Latkes gehören zum aschkenasischen Chanukka-Fest wie das Anzünden der Kerzen, das Drehen der Dreidel und andere Zeremonien. An den Chanukka-Abenden werden traditionell in Öl gebackene Speisen gereicht.

FÜR 4 PERSONEN

3 große Backkartoffeln, Gesamtgewicht etwa 675 g, geschält
2 Zwiebeln, geraspelt
4 EL Matzemehl
1 TL Backpulver
2 Eier, leicht verquirlt
½ TL Zucker
1 TL Salz
¼ TL schwarzer Pfeffer, gemahlen
Pflanzenöl zum Ausbacken
saure Sahne zum Servieren

FÜR DIE SOSSE

5 grüne Kochäpfel
1 Zimtstange
¼ Zitrone
etwa 90 g Zucker
225 g Cranberrys

1 Für die Soße die Äpfel schälen, das Kerngehäuse herausschneiden, hacken und mit dem Zimt in ein schweres Kochgefäß geben. Die Zitronenschale abreiben und mit dem Zitronensaft über die Äpfel geben. Mit dem Zucker zugedeckt bei mittlerer Hitze etwa 15–20 Minuten bissfest kochen. Gelegentlich umrühren.

2 Die Cranberrys hinzufügen und weitere 5–8 Minuten zugedeckt kochen, bis die Beeren aufzuplatzen beginnen. Mit Zucker abschmecken und auskühlen lassen.

3 Für die Latkes die Kartoffeln fein raspeln. In ein Sieb geben und so viel Flüssigkeit ausdrücken wie möglich. In eine Schüssel umfüllen und mit Zwiebeln, Matzemehl, Backpulver, Eiern, Zucker, Salz und Pfeffer vermengen.

4 1 cm Öl in der Pfanne erhitzen, bis die Kartoffelmasse zischt, wenn man sie ins Öl gibt. Die Masse löffelweise 3–4 Minuten goldbraun und knusprig ausbacken, dann wenden und die andere Seite backen. Mit einem Schaumlöffel herausheben und abtropfen lassen. Servieren Sie die Latkes mit saurer Sahne und der Apfel-Cranberry-Soße.

Nährwertanalyse pro Portion: Brennwert 489 kcal/2057 kJ; Eiweiß 9,4 g; Kohlehydrate 83,2 g, davon Zucker 44,4 g; Fett 15,2 g, davon gesättigte Fettsäuren 2,2 g; Cholesterin 95 mg; Kalzium 73 mg; Ballaststoffe 5,9 g; Natrium 61 mg.

Blinis

Diese dünnen, crêpeartigen Pfannkuchen werden einseitig gebraten, gefüllt, eingerollt und als Rollen knusprigbraun fertiggebraten. Im Gegensatz zu einem Crêpe-Teig macht man Blini-Teig mit Wasser.

FÜR 4 PERSONEN

4 Eier
350 ml Wasser
eine Prise Salz
3 EL Pflanzenöl, zusätzliches Öl zum Braten
350 g Mehl (Type 550)

FÜR DIE FÜLLUNG

500 g Hüttenkäse
1 Ei, leicht verquirlt
abgeriebene Schale von ½–1 Zitrone
1 EL Zucker
1 EL saure Sahne
2 EL Rosinen

1 Für die Füllung lassen Sie den Hüttenkäse über einem Sieb 20 Minuten abtropfen. Mit einer Gabel zerdrücken, dann mit Ei, Zitronenschale, Zucker, saurer Sahne und Rosinen vermischen.

2 Für die Blini verquirlen Sie die Eier in einer Schüssel und rühren Wasser, Salz und Öl ein. Nun das Mehl glatt einrühren. Eine flache Bratpfanne erhitzen, etwas Öl hineingeben und ⅛ des Teigs; die Pfanne schwenken, damit ein dünner Fladen entsteht.

3 Wenn sich der Teig verfestigt hat und die Ränder sich aufzuwölben beginnen, mit der gebratenen Seite nach oben auf einem Teller beiseitelegen. Die anderen Pfannkuchen zubereiten.

4 Verteilen Sie je einen Löffel der Füllung auf den Pfannkuchen; oben und unten ein wenig frei lassen. Einrollen. Die Pfanne erhitzen, etwas Öl hineingeben und die Rollen beidseitig goldbraun braten. Heiß servieren.

Nährwertanalyse pro Portion: Brennwert 613 kcal/2578 kJ; Eiweiß 31,9 g; Kohlehydrate 75,9 g, davon Zucker 9,3 g; Fett 21,9 g, davon gesättigte Fettsäuren 6,4 g; Cholesterin 260 mg; Kalzium 322 mg; Ballaststoffe 2,7 g; Natrium 467 mg.

138 Brot, Gebäck und Desserts

Brot, Gebäck *und* Desserts

Ohne eine schöne Auswahl an Süßem wäre kein Bar- oder Bat-Mizwa-Kiddusch vollständig – die Palette reicht vom Plundergebäck der Aschkenasen bis zu den in Sirup getränkten, exotischen Naschereien der Sepharden. Vieles wird ohne Mehl gemacht, damit es während des Pessach-Festes genossen werden kann: Der Anlass verlangt zwar nach üppigen Festessen, zugleich ist aber alles „Gesäuerte" verboten.

Challa

Challa ist der Name für den traditionellen, süßen, glänzenden aschkenasischen Hefezopf, der bei festlichen Anlässen, wie z. B. am Sabbat, serviert wird. Die Form des Zopfes soll dem Haar eines polnischen Mädchens nachempfunden sein, zu der ein Bäcker in unerwiderter Leidenschaft entbrannt war.

FÜR 2 LAIBE

1 EL Trockenhefe
1 EL Zucker
250 ml lauwarmes Wasser
500 g Weizenmehl (Type 812), falls nötig,
   zusätzliches Mehl
2 EL Pflanzenöl

2 Eier, leicht verquirlt, zum Bestreichen
   1 Ei zusätzlich
eine Prise Zucker
Salz
Mohn- oder Sesamsamen zum Bestreuen

1 Vermischen Sie Hefe, Zucker und 120 ml Wasser. Streuen Sie ein wenig Mehl hinein. Zugedeckt etwa 10–12 Minuten stehen lassen, bis Bläschen aufsteigen.

2 Rühren Sie 1 TL Salz, das Öl und die Eier in die Mischung und fügen Sie anschließend nach und nach das Mehl hinzu. 5–10 Minuten kneten, bis sich der Teig von der Schüssel löst. Wenn der Teig klebrig bleibt, fügen Sie etwas Mehl hinzu und kneten erneut. In eine eingeölte Schüssel legen und zugedeckt 1½–2 Stunden an einem warmen Ort auf doppelte Größe gehen lassen.

3 Den Teig auf einer bemehlten Fläche sachte durchkneten, dann in die Schüssel zurücklegen und zugedeckt über Nacht im Kühlschrank gehen lassen.

4 Den Teig auf einer bemehlten Fläche kräftig durchkneten, bis er glänzend und geschmeidig ist. In zwei gleich große Hälften und diese in jeweils drei Teile teilen und jeden zu einem langen Strang ausrollen.

5 Drücken Sie die Enden von drei Strängen zusammen und flechten Sie einen Zopf. Mit der anderen Hälfte wiederholen und beide Zöpfe auf ein antihaftbeschichtetes Backblech legen. Zudecken und auf doppelte Größe gehen lassen (etwa 1 Stunde).

6 Den Ofen auf 190 °C vorheizen. Verquirlen Sie das dritte Ei mit Zucker und Salz und bestreichen Sie damit die Zöpfe. Mit den Mohn- oder Sesamsamen bestreuen und 40 Minuten backen, bis sie gut gebräunt sind. Auf einem Grillrost oder Ähnlichem auskühlen lassen.

Nährwertanalyse pro Laib: Brennwert 1055 kcal/4464 kJ; Eiweiß 29,8 g; Kohlehydrate 202,1 g, davon Zucker 11,6 g; Fett 19,8 g, davon gesättigte Fettsäuren 3,4 g; Cholesterin 190 mg; Kalzium 383 mg; Ballaststoffe 7,8 g; Natrium 78 mg.

Brot, Gebäck und Desserts 141

New Yorker Sauerteigbrot mit Kümmel

Sie werden dieses aromatische Brot lieben! Es ist überraschend einfach zu machen, auch wenn Sie mit den Vorbereitungen bereits lange vorher beginnen müssen, da der Teigansatz einige Tage zum Fermentieren benötigt.

FÜR 2 LAIBE

1,6 kg Weizenmehl (Type 1050 od. 1600)
7 g Trockenhefe
250 ml lauwarmes Wasser
4 EL Kümmel- oder Dillsamen
1 EL Salz
Maismehl zum Bestreuen

FÜR DEN SAUERTEIGANSATZ

250 g ungebleichtes Weizenmehl
7 g Trockenhefe
250 ml lauwarmes Wasser

FÜR DEN VORTEIG

200 g Roggenmehl
250 ml lauwarmes Wasser

1 Für den Sauerteigansatz vermischen Sie Mehl und Hefe; in die Mitte der Mischung eine Delle drücken, das Wasser hineingießen und gut vermischen. Zugedeckt bei Raumtemperatur 2 Tage fermentieren lassen. Für den Vorteig vermischen Sie das Roggenmehl mit dem Sauerteigansatz und dem Wasser. 8 Stunden ruhen lassen.

2 Kneten Sie das Mehl mit Vorteig, Hefe, Wasser, Kümmelsamen und Salz zu einem weichen, klebrigen Teig. In eine Schüssel legen, bemehlen, zudecken und an einem warmen Ort zwei Stunden zur doppelten Größe gehen lassen.

3 Den Teig auf eine bemehlte Fläche legen und in 3–4 Minuten glatt und geschmeidig kneten. Halbieren und zwei Laibe formen. Die Laibe auf ein mit Maismehl bestreutes Backblech legen und gitterförmig einschneiden. Zugedeckt an einem warmen Ort 45 Minuten auf doppelte Größe gehen lassen.

4 Den Ofen auf 220 °C vorheizen. Stellen Sie ein mit kochendem Wasser gefülltes, feuerfestes Gefäß auf den Boden des Ofens. Die Laibe 35 Minuten hellbraun backen. Auf einem Gitterrost auskühlen lassen.

Nährwertanalyse pro Laib: Brennwert 3495 kcal/14863 kJ; Eiweiß 96,4 g; Kohlenhydrate 796,5 g, davon Zucker 15,4 g; Fett 13,4 g, davon gesättigte Fettsäuren 2,1 g; Cholesterin 0 mg; Kalzium 1436 mg; Ballaststoffe 31,8 g; Natrium 2978 mg.

Pumpernickel

Im jüdischen Alltagsleben in Polen, Russland und dem Baltikum war dunkles Brot stets das wichtigste Grundnahrungsmittel. Man kann es mit Butter, Hühnerfett oder saurer Sahne bestreichen oder einfach mit Zwiebel oder Knoblauch einreiben.

FÜR 2 LAIBE

65 g Zartbitterschokolade oder ungesüßtes Kakaopulver
7 g Trockenhefe
200 g Roggenmehl (Type 1370 od. 1740)
300 g Weizenmehl (Type 1600)
1 TL Salz
½ TL Zucker
1 EL Instant-Kaffeepulver
1 EL Kümmelsamen (optional)
7 EL warmes dunkles Bier
1 EL Pflanzenöl
6 EL Melasse
Maismehl zum Bestreuen

1 Schmelzen Sie die Schokolade mit 50 ml Wasser in einer hitzefesten Schüssel in einem Topf mit köchelndem Wasser. Beiseitestellen. Vermischen Sie Hefe, Mehle, Salz, Zucker, Kaffee und (optional) Kümmelsamen. Eine Mulde in das Gemisch drücken und die Schokolade hineingießen sowie 175 ml Wasser, das Bier, das Öl und die Melasse. Zu einem Teig vermengen und diesen 10 Minuten auf einer bemehlten Fläche glattkneten. In eine eingeölte Schüssel legen und darin wenden, sodass der Teig überall mit Öl überzogen ist. Zugedeckt 1½ Stunden auf die doppelte Größe gehen lassen.

2 Ein Backblech einölen, mit Maismehl bestreuen. Den Teig 3–4 Minuten kräftig kneten, dann teilen und zu zwei runden Laiben formen. Zugedeckt auf dem Backblech an einem warmen Ort 45 Minuten auf doppelte Größe gehen lassen.

3 Den Ofen auf 185 °C vorheizen. Die Laibe 40 Minuten backen, bis sie beim Klopfen auf den Boden hohl klingen. Auf einem Gitterrost auskühlen lassen.

Nährwertanalyse pro Laib: Brennwert 1276 kcal/5400 kJ; Eiweiß 27,3 g; Kohlehydrate 246,4 g, davon Zucker 42,4 g; Fett 24,3 g, davon gesättigte Fettsäuren 8,6 g; Cholesterin 5 mg; Kalzium 395 mg; Ballaststoffe 9,1 g; Natrium 187 mg.

Bagels

Diese Gebäckringe sind zum festen Bestandteil der Gastronomie in aller Welt geworden. Der Teig wird zuerst gekocht, um ihm seine typische Konsistenz zu verleihen, und dann gebacken. Bagels lassen sich mit fast allem kombinieren: Frischkäseaufstriche in allen Variationen, Lox oder frisches, kleingeschnittenes Gemüse sind nur einige wenige Beispiele.

FÜR 10 BIS 12 STÜCK

7 g Trockenhefe	Öl zum Einölen
1½ EL Salz	2 EL Zucker
500 g Weizenmehl (Type 812 oder höher)	Maismehl zum Bestreuen
250 ml lauwarmes Wasser	1 Eidotter

1 Vermengen Sie Hefe, Salz und Mehl. Geben Sie das lauwarme Wasser in eine andere Schüssel und arbeiten Sie nach und nach die Hälfte der Mehlmischung so ein, dass ein glatter, weicher Teig entsteht. Nun mit dem restlichen Mehl zu einem relativ festen, glatten Teig kneten.

2 Den Teig auf einer bemehlten Fläche 10–20 Minuten kneten, bis er glänzend und geschmeidig ist. Sollte der Teig klebrig sein, etwas Mehl hinzufügen.

3 Den Teig in einer geölten Schüssel rundum mit Öl überziehen. Zudecken und an einem warmen Ort 40 Minuten auf doppelte Größe gehen lassen.

4 Den Teig auf eine leicht bemehlte Fläche legen und 3–4 Minuten zu glatt-geschmeidiger Konsistenz kneten. Zu 10–12 Kugeln formen. Formen Sie daraus Bagels mit einem Durchmesser von 6–7,5 cm und drücken Sie mit dem Daumen jeweils ein Loch in die Mitte. Auf einer bemehlten Fläche 20 Minuten auf doppelte Größe gehen lassen.

5 Den Ofen auf 200 °C vorheizen. 3–4 Liter Wasser in einem sehr großen Topf zum Kochen bringen und zuckern. Die Hitze reduzieren. Ölen Sie ein Backblech leicht ein und bestreuen Sie es mit Maismehl. Den Eidotter mit 1 EL Wasser verquirlen. Die Bagels der Reihe nach ins kochende Wasser legen, sodass alle in einer Ebene schwimmen, und unter gelegentlichem Wenden 8 Minuten kochen. Mit einem Schaumlöffel herausnehmen, abtropfen lassen und auf das Backblech legen.

6 Jeden Bagel mit der Eidottermischung bestreichen und 25–30 Minuten goldbraun backen. Auf einem Gitterrost auskühlen lassen.

Nährwertanalyse pro Bagel: Brennwert 157 kcal/667 kJ; Eiweiß 4,2 g; Kohlehydrate 35 g, davon Zucker 3,2 g; Fett 1 g, davon gesättigte Fettsäuren 0,2 g; Cholesterin 17 mg; Kalzium 62 mg; Ballaststoffe 1,3 g; Natrium 821 mg.

Brot, Gebäck und Desserts 145

Pita-Brot

Im Mittelmeerraum ist Pita-Brot die Sorte Brot, die man am häufigsten vorfindet. Es gibt etliche Varianten, von sehr flachem über das mit Hohlraum bis zu dickeren, flaumigeren Ausführungen.

FÜR 12 STÜCK

500 g Weizenmehl (Type 812 oder höher) oder halb Weizen- und halb Vollkorn-Weizenmehl
7 g Trockenhefe
1 EL Salz
1 EL Olivenöl
250 ml Wasser

1 Vermengen Sie Mehl, Hefe und Salz. Mischen Sie Öl und Wasser und rühren Sie die Hälfte der Mehlmischung ein, bis der Teig fest ist. Das restliche Mehl einkneten.

2 Lassen Sie den Teig in einer Schüssel zugedeckt an einem warmen Ort mindestens 30 Minuten ruhen. 10 Minuten glattkneten. In eine eingeölte Schüssel legen und zugedeckt an einem warmen Ort eine Stunde auf doppelte Größe gehen lassen.

3 Teilen Sie den Teig in 12 gleich große Teile. Flach drücken und zu 20 cm großen und 5 mm dicken runden Fladen ausrollen. Zudecken.

4 Erhitzen Sie eine Bratpfanne bei hoher Temperatur. Einen Teigfladen für 15–20 Sekunden hineinlegen, dann wenden und auf der anderen Seite eine Minute backen. Sobald sich Blasen bilden, erneut wenden und die Blasen mit einem Geschirrtuch flachdrücken. Aus der Pfanne nehmen. Mit dem restlichen Teig wiederholen.

Nährwertanalyse pro Pita-Brot: Brennwert 150 kcal/638 kJ; Eiweiß 3,9 g; Kohlehydrate 32,4 g, davon Zucker 0,6 g; Fett 1,5 g, davon gesättigte Fettsäuren 0,2 g; Cholesterin 0 mg; Kalzium 58 mg; Ballaststoffe 1,3 g; Natrium 493 mg.

Zwiebelbrötchen

Diese süß-duftenden, zarten Brötchen basieren auf jenen köstlichen Exemplaren, die man früher in den ukrainischen Bäckereien in der McAllister-Street in San Francisco kaufen konnte.

FÜR 12–14 STÜCK

1 EL Trockenhefe
1 EL Zucker
250 ml lauwarmes Wasser
2 EL Pflanzenöl
2 Eier, leicht verquirlt
500 g Weizenmehl (Type 812 oder höher)
3–4 Zwiebel, extra fein gehackt
4 EL Mohnsamen
Salz

1 Vermengen Sie Hefe, Zucker und Wasser. Mit etwas Mehl bestreuen und 10 Minuten stehen lassen, bis Bläschen aufsteigen. Eine Prise Salz, das Öl und ein Ei einrühren. Schrittweise das übrige Mehl hinzufügen und 5–10 Minuten kneten. Den Teig in einer geölten Schüssel rundum mit Öl benetzen.

2 1½ Stunden warm stellen, bis er zur doppelten Größe aufgegangen ist. Auf eine bemehlte Oberfläche legen und 3 Minuten kneten. Die Hälfte der Zwiebeln hineinkneten.

3 Eigroße Bällchen formen und daraus 1 cm dicke Teigscheiben. Das zweite Ei mit 2 EL Wasser und einer Prise Salz verquirlen. In jede Teigscheibe eine Delle drücken und mit dem Ei bestreichen. Mit Mohn und der restlichen Zwiebel bestreuen und 45 Minuten warm stellen, bis zur Verdopplung.

4 Den Ofen auf 190 °C vorheizen. 20 Minuten blass goldbraun backen. Heiß servieren oder auskühlen lassen.

Nährwertanalyse pro Brötchen: Brennwert 161 kcal/681 kJ; Eiweiß 4,6 g; Kohlehydrate 31,1 g, davon Zucker 3,3 g; Fett 2,9 g, davon gesättigte Fettsäuren 0,5 g; Cholesterin 27 mg; Kalzium 62 mg; Ballaststoffe 1,5 g; Natrium 12 mg.

Hefe-Fladenbrot mit Koriander und Käse

Diese mit Halloumi gewürzten Fladenbrote isst man am besten mit Knoblauchbutter oder mit einer Schüssel Knoblauchjoghurt und einem gemischten Salat.

FÜR 10 FLADEN

500 g Weizenmehl (Type 812 oder höher)
2 x 7 g Trockenhefe
1 TL Zucker
1 Bund frischer Schnittlauch, gehackt
4–6 EL frischer Koriander, gehackt
3–5 EL Röstzwiebeln, getrocknet
200 ml Wasser
4 EL Naturjoghurt
3 EL Olivenöl
250 g Halloumi, in kleine Würfel geschnitten

1 Vermengen Sie Mehl, Hefe, Zucker, Schnittlauch, Koriander und Röstzwiebeln. Wasser, Joghurt und Öl hinzufügen und zu einem Teig verarbeiten.

2 Kneten Sie den Teig 5–10 Minuten, bis er glatt ist. In eine eingeölte Schüssel legen und zugedeckt an einem warmen Ort eine Stunde auf doppelte Größe gehen lassen.

3 Aus der Schüssel auf eine bemehlte Fläche stürzen und gut durchkneten. Den Käse einarbeiten und weitere 3–4 Minuten kneten.

4 Den Ofen auf 220 °C vorheizen. Den Teig in 10 Portionen teilen und jede zu 1 cm dicken, runden Fladen formen. Auf ein antihaftbeschichtetes Backblech legen und 10 Minuten auf doppelte Größe gehen lassen.

5 15 Minuten locker-flaumig und goldbraun backen. Sofort servieren.

Nährwertanalyse pro Brot: Brennwert 291 kcal/1222 kJ; Eiweiß 11,8 g; Kohlehydrate 39,4 g, davon Zucker 1,3 g; Fett 10,2 g, davon gesättigte Fettsäuren 4,6 g; Cholesterin 18 mg; Kalzium 290 mg; Ballaststoffe 1,8 g; Natrium 257 mg.

Jemenitische Hefeteig-Fladenbrote

Diese als Lahuhs bekannten Fladenbrote sind besonders weich und flaumig und erinnern an dünne englische Crumpets. Man isst sie zu Suppen oder serviert sie mit der scharfen israelischen Soße S-chug zu gegrillten Tomaten und Ziegenkäse.

FÜR 4 STÜCK

1 EL Trockenhefe
1 EL Zucker
500 ml lauwarmes Wasser
350 g Mehl (Type 550)
1 TL Salz
50 g Butter, geschmolzen, oder
4 EL Pflanzenöl

1 Lösen Sie die Trockenhefe und eine Prise Zucker in 75 ml Wasser auf. 10 Minuten warm stellen, bis die Mischung schaumig ist.

2 Rühren Sie das restliche Wasser sowie Zucker, Mehl, Salz und die geschmolzene Butter bzw. das Öl mit dem Hefewasser zu einem glatten Teig. Zugedeckt an einem warmen Ort eine Stunde auf doppelte Größe gehen lassen.

3 Rühren Sie den dicken, schaumigen Teig und fügen Sie, falls er zum Ausschöpfen zu dick sein sollte, etwas Wasser hinzu. Zugedeckt an einem warmen Ort eine weitere Stunde gehen lassen.

4 Erhitzen Sie eine antihaftbeschichtete Pfanne. Schöpfen Sie 3–4 EL des Teigs hinein und garen Sie ihn bei schwacher Hitze, bis die Oberfläche blasig wird und sich die Farbe verändert hat. Aus der Pfanne nehmen, warm halten oder wenden und die andere Seite kurz rösten. Mit dem restlichen Teig wiederholen.

Nährwertanalyse pro Brot: Brennwert 406 kcal/1714 kJ; Eiweiß 8,3 g; Kohlehydrate 72 g, davon Zucker 5,3 g; Fett 11,4 g, davon gesättigte Fettsäuren 6,7 g; Cholesterin 27 mg; Kalzium 127 mg; Ballaststoffe 2,7 g; Natrium 79 mg.

Tropisch duftender rot-oranger Früchtesalat

Seine leuchtenden Farben und sein exotischer Geschmack machen diesen Salat aus frischen Früchten zum perfekten Abschluss eines schweren, reichhaltigen Mahls. Er passt wunderbar zum Pessach-Fest, das im Frühling gefeiert wird.

FÜR 4–6 PERSONEN

350–400 g Erdbeeren, gewaschen und halbiert
3 Orangen, geschält und in Spalten zerteilt
3 kleine Blutorangen, geschält und in Spalten zerteilt
1–2 Passionsfrüchte
120 ml trockener Weißwein
Zucker nach Geschmack

1 Geben Sie Erdbeeren und Orangen in eine Servierschüssel. Halbieren Sie die Passionsfrüchte und löffeln Sie das Fruchtfleisch in die Schüssel.

2 Die Früchte mit dem Wein übergießen und nach Geschmack zuckern. Vorsichtig vermischen und bis zum Servieren kalt stellen.

Nährwertanalyse pro Portion: Brennwert 80 kcal/339 kJ; Eiweiß 2,1 g; Kohlehydrate 15,3 g, davon Zucker 15,3 g; Fett 0,2 g, davon gesättigte Fettsäuren 0 g; Cholesterin 0 mg; Kalzium 74 mg; Ballaststoffe 3,1 g; Natrium 12 mg.

Kompott aus Trockenfrüchten

Kompotte aus Trockenfrüchten sind bekömmlich, gesund und erfrischend nach einem schweren Essen. Außerdem sind sie sehr einfach zu machen und sie lassen sich gut verarbeiten.

FÜR 4 PERSONEN

- 225 g gemischte Trockenfrüchte
- 75 g getrocknete Kirschen
- 75 g Sultaninen
- 10 Dörrpflaumen
- 10 getrocknete Aprikosen
- heißer, frisch gebrühter, aromatischer Tee, z. B. Earl Grey oder Jasmin, zum Begießen
- 1–2 EL Zucker
- ¼ Zitrone, in Scheiben geschnitten
- 4 EL Brandy

1 Geben Sie die Trockenfrüchte in eine Schüssel und gießen Sie den heißen Tee darüber. Nach Geschmack zuckern, die Zitronenscheiben hinzufügen und zugedeckt auf Zimmertemperatur abkühlen lassen.

2 Sobald die Früchte kühl genug sind für mindestens zwei Stunden, besser über Nacht, im Kühlschrank kalt stellen. Unmittelbar vor dem Servieren den Brandy hinzufügen und gut umrühren.

Nährwertanalyse pro Portion: Brennwert 189 kcal/807 kJ; Eiweiß 2,6 g; Kohlehydrate 46,8 g, davon Zucker 46,8 g; Fett 0,4 g, davon gesättigte Fettsäuren 0 g; Cholesterin 0 mg; Kalzium 38 mg; Ballaststoffe 5,3 g; Natrium 20 mg.

Brot, Gebäck und Desserts

Jerusalemer Käse-Knafeh mit Sirup

Diese extrem süße Speise macht man gewöhnlich mit Kadaifi-Grieß, den man sich fertig kaufen kann. In dieser Version kommt aber Couscous zum Einsatz, was zu einem nicht minder köstlichen Ergebnis führt.

FÜR 6 PERSONEN

200 g Couscous
500 ml kochendes Wasser
130 g Butter in kleinen Stücken
1 Ei, leicht verquirlt
eine Prise Salz
400 g Ricotta
175 g Käse (z. B. Mozzarella, Taleggio u. Ä.), gerieben oder fein gehackt
350 ml klarer Honig
2–3 Prisen Safranfäden oder Zimt, gemahlen
120 ml Wasser
1 TL Orangenblütenwasser oder Zitronensaft
50 g Pistazien, grob gehackt

1 Den Couscous in eine große Schüssel geben und mit dem kochenden Wasser übergießen. Mit einer Gabel umrühren, dann etwa 30 Minuten stehen lassen, bis das gesamte Wasser aufgesogen worden ist.

2 Sobald das Couscous dazu kühl genug ist, zerdrücken Sie alle Klumpen mit Ihren Fingern. Die Butter, dann das Ei und Salz einrühren.

3 Den Ofen auf 200 °C vorheizen. Streichen Sie die Hälfte des Couscous in eine 25–30 cm große, runde Kuchenform. Vermischen Sie in einer Schüssel die Käsesorten mit 2 EL Honig. Auf das Couscous streichen, dann mit dem restlichen Couscous bedecken. Zusammenpressen und 10 Minuten backen.

4 Bringen Sie den restlichen Honig mit Safran und Wasser in einem Topf zum Kochen. 5–7 Minuten köcheln lassen, bis eine sirupartige Konsistenz erreicht ist. Vom Feuer nehmen und das Orangenblütenwasser einrühren.

5 Sobald die Knafeh gar ist, auf reine Oberhitze umschalten bzw. unter einen Griller geben, um die gewünschte leicht gebräunte, goldene Kruste zu bilden.

6 Mit den Pistazien bestreuen und, in Stücke geschnitten und mit Sirup übergossen, warm servieren. Reichen Sie dazu den restlichen Sirup.

Nährwertanalyse pro Portion: Brennwert 702 kcal/2927 kJ; Eiweiß 17,6 g; Kohlehydrate 65,1 g, davon Zucker 47,6 g; Fett 43 g, davon gesättigte Fettsäuren 22,7 g; Cholesterin 123 mg; Kalzium 140 mg; Ballaststoffe 0,9 g; Natrium 344 mg.

Brot, Gebäck und Desserts 153

Challa-Auflauf mit Früchten und Nüssen

Challa-Reste eignen sich wunderbar, um daraus süße Aufläufe herzustellen. Wenn Sie den Challa-Auflauf nach einem fleischigen Essen servieren wollen, verwenden Sie Fruchtsaft statt Milch.

FÜR 6–8 PERSONEN

75 g weiche Butter, zusätzlich zum Einfetten
750 ml Milch
4 Eier, leicht verquirlt
½ TL Vanilleextrakt
½ TL Mandelaroma (Bittermandelöl)
¼ TL Salz
500 g trockene Challa-Reste, in dicke Scheiben geschnitten und leicht getoastet
130 g getrocknete Kirschen
3 feste, reife Birnen
200 g Rohrohrzucker
130 g Mandelblättchen
Schlagsahne zum Servieren (optional)

1 Den Ofen auf 190 °C vorheizen. Fetten Sie eine etwa 25 cm große, rechteckige oder ovale Backform mit etwas Butter ein.

2 Vermengen Sie Milch, Eier, Vanilleextrakt, Mandelaroma und Salz.

3 Bestreichen Sie die getoasteten Challa-Scheiben mit gut der Hälfte der Butter und schneiden Sie sie dann in mundgerechte Stücke. Diese und die getrockneten Kirschen in die Milchmischung einrühren, sodass das Brot vollständig bedeckt ist.

4 Das Kerngehäuse der Birnen herausschneiden und das Fruchtfleisch würfeln, aber nicht schälen. Schichten Sie nun das Milch-Brot-Gemisch, Zucker, Mandeln und Birnen in die Form, endend mit einer Schicht Zucker. Butterflocken darauf verteilen und 40–50 Minuten backen, bis der Zucker karamellisiert ist. Servieren Sie dazu nach Belieben steif geschlagene Sahne.

Nährwertanalyse pro Portion: Brennwert 631 kcal/2660 kJ; Eiweiß 17,2 g; Kohlehydrate 95,8 g, davon Zucker 63,3 g; Fett 22,7 g, davon gesättigte Fettsäuren 7,6 g; Cholesterin 122 mg; Kalzium 221 mg; Ballaststoffe 4,1 g; Natrium 491 mg.

Toskanisches Zitronenbiskuit

Dieser Pessachkuchen stammt aus dem toskanischen Ort Pitigliano, dessen große jüdische Tradition bis ins 13. Jh. zurückreicht. Er enthält Matze- und Kartoffelmehl und ist somit koscher für die Feiertage.

FÜR 6–8 PERSONEN

12 Eier, getrennt
300 g Puderzucker
120 ml frisch gepresster Orangensaft
geriebene Schale einer Orange
geriebene Schale einer Zitrone
50 g Kartoffelmehl, gesiebt
90 g feines Matzemehl, gesiebt
eine große Prise Salz
Puderzucker zum Bestäuben (optional)

1 Den Ofen auf 160 °C vorheizen. Verquirlen Sie die Eigelbe in einer großen Schüssel, bis die Masse hell und schaumig ist, und rühren Sie dann Zucker, Orangensaft und die abgeriebende Schale der Zitrusfrüchte ein.

2 Heben Sie die gesiebten Mehle unter die Eimasse. Schlagen Sie in einer anderen Schüssel das Eiweiß mit dem Salz steif und heben Sie es ebenfalls unter die Eimischung.

3 Alles in eine tiefe, nicht gefettete Kuchenform (ca. 25 cm im Durchmesser) gießen und etwa eine Stunde backen, bis bei der Garprobe mit einem Holzstäbchen nichts mehr daran haften bleibt.

4 Den ausgekühlten Kuchen auf eine Servierplatte stürzen, wenn gewünscht mit etwas Puderzucker bestreuen und servieren.

Nährwertanalyse pro Portion: Brennwert 328 kcal/1381 kJ; Eiweiß 11,1 g; Kohlehydrate 53,7 g, davon Zucker 40,5 g; Fett 8,8 g, davon gesättigte Fettsäuren 2,3 g; Cholesterin 285 mg; Kalzium 66 mg; Ballaststoffe 0,4 g; Natrium 109 mg.

Brot, Gebäck und Desserts

Klassischer amerikanischer Käsekuchen

Es gibt unzählige Käsekuchen-Rezepte, darunter auch solche mit Früchten oder Zitronenaroma, aber dieser Klassiker gehört zu den verführerischsten. Er ist das perfekte Dessert für einen Bar- oder Bat-Mizwa-Festschmaus oder ein familiäres Mahl zu einem besonderen Anlass, und man kann ihn stets im Gefrierschrank in Reserve halten.

FÜR 6–8 PERSONEN

130 g geschmolzene Butter, zusätzlich Butter zum Einfetten
350 g Kekse (4 Teile Vollkorn- und 1 Teil Butterkekse), fein zerkrümelt
etwas Salz
350–400 g Feinzucker
350 g fettreicher Quark
3 Eier, leicht verquirlt
1 EL Vanilleextrakt
350 g saure Sahne oder Schmand
Erdbeeren, Heidelbeeren und Himbeeren sowie Puderzucker zum Servieren (optional)

1 Fetten Sie eine tiefe 23-cm-Springform ein. Vermischen Sie die Kekskrümel, 4 EL des Zuckers und eine Prise Salz in einer Schüssel und rühren Sie dann die geschmolzene Butter gründlich ein. Drücken Sie die Masse in die Springform, sodass der Boden und die Seiten bedeckt sind. 30 Minuten kalt stellen.

2 Den Ofen auf 190 °C vorheizen. Rühren Sie den Quark mit einem Rührgerät, einer Küchenmaschine oder einem Holzlöffel glatt. Rühren Sie die Eier und anschließend 250 g Feinzuckers und zwei Drittel des Vanilleextrakts in den Quark.

3 Verteilen Sie die Quarkmasse über der Krümelgrundlage. 45 Minuten backen, bis bei der Garprobe mit einem Holzlöffel nichts mehr daran haftet. Etwa 10 Minuten abkühlen lassen. (Schalten Sie den Ofen nicht aus.)

4 Vermengen Sie in der Zwischenzeit die saure Sahne bzw. den Schmand mit dem restlichen Zucker (nach Geschmack) und dem Vanilleextrakt. Sobald der Käsekuchen etwas ausgekühlt ist, den Guss gleichmäßig darüberstreichen und 5 Minuten zum Glasieren in den Ofen geben.

5 Den Käsekuchen auf Zimmertemperatur auskühlen lassen, dann kalt stellen. Servieren Sie dazu frische Erdbeeren, Heidelbeeren und Himbeeren und bestäuben Sie den Kuchen nach Belieben mit Puderzucker.

Nährwertanalyse pro Portion: Brennwert 634 kcal/2628 kJ; Eiweiß 7,8 g; Kohlenhydrate 31,8 g, davon Zucker 7,7 g; Fett 53,8 g, davon gesättigte Fettsäuren 31,5 g; Cholesterin 192 mg; Kalzium 137 mg; Ballaststoffe 1 g; Natrium 536 mg.

Brot, Gebäck und Desserts

Polnischer Apfelkuchen

Bei diesem Kuchen sorgen die vielen Apfelstückchen dafür, dass er schön saftig bleibt. Die Grundlage bildet das Rezept einer alten polnischen Dame, die in einer kalifornischen Lubawitsch-Gemeinde lebte und diesen Kuchen immer am Sabbat servierte.

FÜR 6–8 PERSONEN

375 g Mehl
10 g Backpulver
3–4 Äpfel
2 TL Zimt, gemahlen
500 g Zucker
4 Eier, leicht verquirlt
250 ml Pflanzenöl
120 ml Orangensaft
2 TL Vanilleextrakt
1 TL Salz

1 Den Ofen auf 180 °C vorheizen. Fetten Sie eine 30 × 38 cm große Backform ein und bestäuben Sie sie mit etwas Mehl. Das Kerngehäuse aus den Äpfeln stechen, die Früchte in dünne Scheiben schneiden, aber nicht schälen.

2 Die Apfelscheiben in eine Schüssel geben und mit dem Zimt und 5 EL Zucker vermischen.

3 Vermischen Sie in einer anderen Schüssel die Eier, den restlichen Zucker, Pflanzenöl, Orangensaft und Vanilleextrakt gründlich miteinander. Das mit Backpulver und Salz vermengte Mehl durch ein Sieb in die Masse einbringen und alles gut verrühren.

4 Verteilen Sie zwei Drittel der Kuchenmasse in der Backform. Mit einem Drittel der Äpfel bedecken, dann die restliche Kuchenmasse darüber verstreichen und mit den restlichen Äpfeln abschließen. Etwa eine Stunde goldbraun backen.

5 Lassen Sie den Kuchen in der Form auskühlen, damit alle Säfte gut einziehen. Servieren Sie ihn noch warm, in quadratische Stücke geschnitten.

Nährwertanalyse pro Portion: Brennwert 653 kcal/2751 kJ; Eiweiß 7,8 g; Kohlehydrate 105,4 g, davon Zucker 70,6 g; Fett 25,3 g, davon gesättigte Fettsäuren 3,4 g; Cholesterin 95 mg; Kalzium 215 mg; Ballaststoffe 2,1 g; Natrium 210 mg.

Brot, Gebäck und Desserts

Russischer Mohnkuchen

Dieser einfache Kuchen erhält seinen charakteristischen, nussigen Geschmack vom Mohn. Traditionell wird er als „Mohntorte" bezeichnet und bildet das Haupterzeugnis russischer Bäckereien, in denen er zum Tee serviert wird.

FÜR CA. 8 STÜCK

130 g Mehl
1½ TL Backpulver
½–1 TL Salz
2 Eier
225 g Puderzucker
1–2 TL Vanilleextrakt
200 g Mohnsamen, gemahlen
1 EL abgeriebene Zitronenschale
120 ml Milch
130 g ungesalzene Butter, geschmolzen und gekühlt
2 EL Pflanzenöl
Gesiebter Puderzucker zum Bestäuben

1 Den Ofen auf 180 °C vorheizen. Fetten Sie eine 23 cm große Springform ein. Vermengen Sie Mehl, Backpulver und Salz.

2 Schlagen Sie mit einem Rührgerät Eier, Zucker und Vanilleextrakt 4–5 Minuten lang schaumig. Mohn und Zitronenschale einrühren.

3 Heben Sie die Mehlbackmischung vorsichtig unter die Eiermasse. Rühren Sie in drei Etappen jeweils ein Drittel der Milch, der geschmolzenen Butter und des Pflanzenöls unter.

4 Die Kuchenmasse in die Springform geben und 40 Minuten backen. 15 Minuten in der Form abkühlen lassen, dann auf einen Gitterrost stürzen. Mit Zucker bestäuben und kalt servieren.

Nährwertanalyse pro Portion: Brennwert 485 kcal/2023 kJ; Eiweiß 8,3 g; Kohlehydrate 42,7 g, davon Zucker 30,5 g; Fett 32,4 g, davon gesättigte Fettsäuren 11,4 g; Cholesterin 83 mg; Kalzium 267 mg; Ballaststoffe 2,5 g; Natrium 188 mg.

Pessach-Mandelkuchen

Dieser feste, biskuitartige Kuchen schmeckt nach Makronen und Marzipan. Er ist einfach zu backen und ein köstlicher Begleiter zu einer Tasse Kaffee oder Tee. Wenn Sie so lange warten können: Geschmack und Konsistenz des Kuchens werden nach ein paar Tagen noch besser.

FÜR 16 STÜCK

350 g Mandeln, gemahlen
50 g Matzemehl
¼ TL Salz
2 EL Pflanzenöl
250 g Zucker
300 g brauner Zucker
3 Eier, getrennt
1½ TL Mandelextrakt (Bittermandelöl)
1 TL Vanilleextrakt
150 ml Orangensaft
150 ml Brandy
200 g Puderzucker

1 Den Ofen auf 180 °C vorheizen. Fetten Sie eine 30–38 cm große, quadratische Backform ein. Vermischen Sie die Mandeln mit Mehl und Salz.

2 Vermischen Sie Öl, Zucker, Eigelbe, Bittermandelöl, Vanilleextrakt, Orangensaft und die Hälfte des Brandys in einer eigenen Schüssel. Die Mandel-Mehl-Mischung zu einem dicken Teig einrühren, sodass er nicht klumpt. Schlagen Sie das Eiweiß steif. Heben Sie ein Drittel des Eischnees zur Auflockerung unter den Teig, danach den Rest. In die Backform füllen und 25–30 Minuten backen.

3 Vermischen Sie den restlichen Brandy mit dem Puderzucker. Fügen Sie falls nötig etwas Wasser hinzu, um eine kaffeesahneartige Konsistenz zu erzielen. Nehmen Sie den Kuchen aus dem Ofen und stechen Sie seine gesamte Oberfläche mit einem Spieß ein.

4 Verteilen Sie die Glasur auf dem Kuchen und backen Sie ihn weitere 10 Minuten, bis die Glasur eine Kruste bildet.

Nährwertanalyse pro Portion: Brennwert 415 kcal/1742 kJ; Eiweiß 7,6 g; Kohlehydrate 54 g, davon Zucker 51 g; Fett 17,9 g, davon gesättigte Fettsäuren 1,7 g; Cholesterin 36 mg; Kalzium 97 mg; Ballaststoffe 2,1 g; Natrium 21 mg.

Strudel

Diese klassische aschkenasische Süßspeise, die traditionell zum Tee gereicht wird, besteht aus einer knusprigen Hülle mit einer fruchtigen Füllung. Einem Stück Strudel zu einer Tasse Zitronentee kann niemand widerstehen!

FÜR 3 STRUDEL

250 g weiche Butter
250 g saure Sahne
2 EL Zucker
1 TL Vanilleextrakt
eine große Prise Salz
250 g Mehl
Puderzucker zum Bestäuben

FÜR DIE FÜLLUNG

2–3 säuerliche Äpfel
3 EL Rosinen
3 EL brauner Zucker
115 g Walnüsse, grob gehackt
1–2 TL Zimt, gemahlen
4 EL Aprikosenkonfitüre

1 Für den Teig schlagen Sie die Butter schaumig und vermischen sie dann gut mit saurer Sahne, Zucker, Vanilleextrakt und Salz. Rühren Sie das Mehl ein und stellen Sie den Teig in einer Plastiktüte über Nacht oder länger kalt.

2 Den Ofen auf 180 °C vorheizen. Für die Füllung hacken Sie die ungeschälten, entkernten Äpfel sehr klein und vermischen sie mit den Rosinen, dem Zucker, den Walnüssen, dem Zimt und der Konfitüre.

3 Teilen Sie den Teig in drei Portionen. Rollen Sie eine Portion auf einem bemehlten Stück Backpapier zu einem Rechteck von etwa 45 × 30 cm aus.

4 Verteilen Sie ein Drittel der Füllung auf dem Teig, wobei Sie 1–2 cm an den Rändern frei lassen. Einrollen und auf ein Backblech legen. Die beiden anderen Strudel genauso herstellen und alles 25–30 Minuten goldbraun backen. 5 Minuten ruhen lassen, dann in Stücke schneiden und mit Zucker bestreuen.

Nährwertanalyse pro Strudel: Brennwert 1566 kcal/6519 kJ; Eiweiß 17,3 g; Kohlehydrate 129 g, davon Zucker 65,2 g; Fett 112,6 g, davon gesättigte Fettsäuren 56,1 g; Cholesterin 228 mg; Kalzium 274 mg; Ballaststoffe 5,8 g; Natrium 560 mg.

Brot, Gebäck und Desserts

Rugelach

Diese knusprigen Teigröllchen umschließen eine süße Füllung und erinnern an Croissants. Man nimmt an, dass sie aus Polen stammen, wo sie traditionell zum Chanukka-Fest gegessen werden.

FÜR 48–60 STÜCK

115 g ungesalzene Butter
115 g fetter Quark
1 EL Zucker
1 Ei
½ TL Salz
etwa 250 g Allzweckmehl
etwa 250 g geschmolzene Butter
250 g Rosinen
130 g Walnüsse, gehackt oder im Ganzen
225 g Puderzucker
2–3 TL Zimt, gemahlen

1 Für den Teig schlagen Sie Butter und Quark cremig. Zucker, Ei und Salz einrühren.

2 Heben Sie nach und nach das Mehl unter die Masse, bis der Teig so fest ist, dass er mit den Händen berabeitet werden kann. Kneten Sie weiteres Mehl ein, bis die Konsistenz fürs Ausrollen erreicht ist.

3 Formen Sie aus dem Teig eine Kugel und stellen Sie ihn mindestens zwei Stunden oder besser über Nacht kalt.

4 Den Ofen auf 180 °C vorheizen. Teilen Sie den Teig in sechs Portionen. Rollen Sie jede zu einer 3 mm dicken Scheibe aus. Mit etwas geschmolzener Butter bestreichen und mit den Rosinen, Nüssen, ein wenig Zucker und dem Zimt bestreuen.

5 Schneiden Sie die Teigscheiben in acht bis zehn Stücke, die Sie jeweils zur Spitze hin aufrollen. Mit Butter bestreichen und mit Zucker bestreuen. 15–30 Minuten hellbraun backen. Vor dem Servieren auskühlen lassen.

Nährwertanalyse pro Stück: Brennwert 111 kcal/464 kJ; Eiweiß 1 g; Kohlenhydrate 10,4 g, davon Zucker 7,2 g; Fett 7,6 g, davon gesättigte Fettsäuren 3,9 g; Cholesterin 18 mg; Kalzium 16 mg; Ballaststoffe 0,3 g; Natrium 45 mg.

Hamantaschen

Diese dreieckigen süßen Teilchen isst man zu Purim, dem Fest zum Gedenken an Ester, Mordechai und Haman. Man kann die Taschen mit Plätzchen- oder Hefeteig und den verschiedensten Füllungen zubereiten.

FÜR CA. 24 STÜCK

115 g ungesalzene Butter mit Zimmertemperatur
250 g Zucker
2 EL Milch
1 Ei, verquirlt
1 TL Vanilleextrakt
eine Prise Salz
200–250 g Mehl
Puderzucker zum Bestäuben

FÜR DIE APRIKOSENFÜLLUNG

250 g getrocknete Aprikosen
1 Stange Zimt
3 EL Zucker

1 Schlagen Sie Butter und Zucker schaumig. Vermischen Sie in einer anderen Schüssel Milch, Ei, Vanilleextrakt und Salz. Das Mehl in eine dritte Schüssel sieben.

2 Verrühren Sie den Butterschaum mit einem Drittel des Mehls und dann in drei Schritten mit dem restlichen Mehl, abwechselnd mit der Milchmischung. Die Teigkonsistenz sollte locker plätzchenteigartig sein. Eine Stunde kalt stellen.

3 Für die Füllung bedecken Sie die Aprikosen, den Zimt und den Zucker in einem Topf mit Wasser. Langsam erhitzen, 15 Minuten köcheln lassen, bis die Aprikosen weich und der Großteil der Flüssigkeit verdampft ist. Den Zimt entfernen und die Aprikosen in einer Küchenmaschine mit etwas Kochflüssigkeit pürieren, bis die Konsistenz der einer dicken Marmelade entspricht.

4 Den Ofen auf 180 °C vorheizen. Rollen Sie den Teig 3–5 mm dick aus, dann 7,5 cm große Scheibchen ausstechen. Geben Sie 1–2 EL der Füllung in die Mitte der Scheibchen, dann kneifen Sie die Teilchen so zusammen, dass drei Ecken entstehen und in der Mitte noch etwas von der Füllung zu sehen ist. 15 Minuten hellgolden backen. Vor dem Servieren mit Puderzucker bestäuben.

Nährwertanalyse pro Stück: Brennwert 202 kcal/852 kJ; Eiweiß 3,1 g; Kohlehydrate 32,3 g, davon Zucker 25,9 g; Fett 7,6 g, davon gesättigte Fettsäuren 3,1 g; Cholesterin 19 mg; Kalzium 78 mg; Ballaststoffe 2 g; Natrium 44 mg.

Brot, Gebäck und Desserts 165

Lekach

Dieser klassische Honigkuchen ist sehr würzig und duftet nach Ingwer, Zimt und anderen süßen, aromatischen Gewürzen. Aus diesem Grund isst man ihn zu Rosch ha-Schana in der Hoffnung auf ein „süßes" Neujahr.

FÜR 8 PERSONEN

175 g Mehl
75 g Puderzucker
½ TL Ingwer, gemahlen
½–1 TL Zimt, gemahlen
1 TL Lebkuchengewürz
1 TL Natron (Natriumhydrogencarbonat, Speisesoda)
225 g klarer Honig
4 EL Pflanzen- oder Olivenöl
geriebene Schale einer Orange
2 Eier
5 EL Orangensaft
2 TL frischer Ingwer, gehackt, bzw. nach Geschmack

1 Den Ofen auf 180 °C vorheizen. Legen Sie eine rechteckige Backform (25 × 20 × 5 cm) mit Backpapier aus. Vermischen Sie Mehl, Zucker, Ingwer, Zimt, Lebkuchengewürz und Natron.

2 Drücken Sie eine Mulde in die Mehlmischung, in die Sie den Honig, das Öl, die Orangenschale und die Eier geben. Alles mit einem Holzlöffel oder einem elektrischen Rührgerät glatt rühren, dann den Orangensaft hinzufügen und den Ingwer einrühren.

3 Die Kuchenmischung in die Backform füllen und etwa 50 Minuten backen, bis sie fest geworden ist.

4 Lassen Sie den Kuchen in der Backform auskühlen. Auf ein Gitter stürzen und fest in Alufolie einwickeln. Vor dem Servieren 2–3 Tage bei Raumtemperatur reifen lassen, damit sich alle Aromen gut entwickeln.

Nährwertanalyse pro Portion: Brennwert 264 kcal/1115 kJ; Eiweiß 3,8 g; Kohlehydrate 49,1 g, davon Zucker 32,4 g; Fett 7,2 g, davon gesättigte Fettsäuren 1,1 g; Cholesterin 48 mg; Kalzium 45 mg; Ballaststoffe 0,7 g; Natrium 23 mg.

Tunesische Mandelröllchen

Dieses Gebäck zählt zu den Favoriten der Juden Nordafrikas, besonders Tunesiens. Servieren Sie es zu einer Tasse duftendem Minztee oder starkem, schwarzem Kaffee.

FÜR 8–12 STÜCK

250 g Marzipan-Rohmasse
1 Ei, leicht verquirlt
1 EL Rosenwasser oder Orangenblütenwasser
1 TL Zimt, gemahlen
¼ TL Bittermandelöl
8–12 Blätter Fyllo-Teig (griech. Blätterteig)
geschmolzene Butter zum Bestreichen
Puderzucker und gemahlener Zimt zum Bestreuen
Minztee oder schwarzer Kaffee zum Servieren

1 Kneten Sie die Marzipanrohmasse weich und vermengen Sie sie mit Ei, Blütenwasser, Zimt und Bittermandelöl. 1–2 Stunden kalt stellen.

2 Den Ofen auf 190 °C vorheizen. Fetten Sie ein Backblech mit ein wenig Butter ein. Legen Sie ein Fyllo-Blatt auf Backpapier und bestreichen Sie es mit geschmolzener Butter. Die restlichen Teigblätter mit einem feuchten Tuch bedecken.

3 Formen Sie aus 2–3 EL der Füllung eine Rolle, die Sie am Rand des Teigblatts platzieren. Beidseitig den Teig einschlagen, um die Füllung zu umhüllen, dann einrollen. Auf das Backblech legen. Machen Sie 7–11 weitere Röllchen.

4 Etwa 15 Minuten goldbraun backen. Auskühlen lassen, mit Zucker und Zimt bestreuen und zu Tee oder Kaffee servieren.

Nährwertanalyse pro Stück: Brennwert 109 kcal/458 kJ; Eiweiß 2,2 g; Kohlehydrate 18,9 g, davon Zucker 14,2 g; Fett 3,2 g, davon gesättigte Fettsäuren 0,4 g; Cholesterin 16 mg; Kalzium 25 mg; Ballaststoffe 0,6 g; Natrium 10 mg.

Mandelbrot

Diese knusprigen, doppelt gebackenen Mandelkekse ähneln den italienischen Cantuccini oder Biscotti. Vermutlich haben spanische Juden sie nach Italien und dann weiter nach Osteuropa gebracht.

FÜR 24–36 STÜCK

375 g Mehl
115 g Mandeln, gemahlen
1 TL Natron (Natriumhydrogencarbonat, Speisesoda)
¼ TL Salz
3 Eier
250 g Puderzucker
abgeriebene Schale einer Zitrone
1 TL Bittermandelöl
1 TL Vanilleextrakt
130 g blanchierte Mandeln, grob gehackt

1 Den Ofen auf 180 °C vorheizen. Ein Backblech etwas einfetten. Mehl, gemahlene Mandeln, Natron und Salz durchsieben und vermengen.

2 Verquirlen Sie Eier und Zucker etwa 5 Minuten, bis die Masse schaumig ist. Die Zitronenschale und die Extrakte einrühren. Fügen Sie nach und nach das Mehl und die geriebenen Mandeln hinzu, jede Teilmenge sorgfältig verrührend. Zuletzt die gehackten Mandeln einrühren.

3 Kneten Sie die Masse 5 Minuten auf einer bemehlten Oberfläche. In zwei Hälften teilen und jede in die Form eines langen, flachen Laibes bringen. 35 Minuten braun backen.

4 Aus dem Ofen nehmen und etwas abkühlen lassen. In 1 cm dicke, diagonal geschnittene Scheiben schneiden.

5 Die Scheiben für 6–7 Minuten in den Ofen zurückgeben, bis die Unterseiten goldbraun sind, dann wenden und weitere 6–7 Minuten backen. Auskühlen lassen.

Nährwertanalyse pro Stück: Brennwert 111 kcal/466 kJ; Eiweiß 3 g; Kohlenhydrate 15,8 g, davon Zucker 7,7 g; Fett 4,4 g, davon gesättigte Fettsäuren 0,5 g; Cholesterin 16 mg; Kalzium 37 mg; Ballaststoffe 0,8 g; Natrium 8 mg.

Pomerantzen

Kandierte Zitrusfruchtschalen sind eine Spezialität der Juden deutscher Herkunft. Man kann sie gehackt für Kuchen verwenden oder gezuckert als Süßigkeit genießen.

FÜR 4–6 PERSONEN

3 Grapefruits und 5–6 Orangen oder 6–8 Zitronen, mit unbehandelter und ungewachster Schale
300 g Zucker
300 ml Wasser
2 EL Maissirup (Glucose-Fructose-Sirup)
Puderzucker (optional)

Nährwertanalyse pro Portion:
Brennwert 116 kcal/492 kJ; Eiweiß 0,2 g; Kohlehydrate 29,6 g, davon Zucker 29,6 g; Fett 0,5 g, davon gesättigte Fettsäuren 0 g; Cholesterin 0 mg; Kalzium 65 mg; Ballaststoffe 2,4 g; Natrium 140 mg.

1 Schälen Sie die Früchte in lange Streifen. In einen wassergefüllten Topf geben, zum Kochen bringen und 20 Minuten köcheln lassen. Abgießen.

2 Sobald die Schalen abgekühlt sind, so viel vom weißen Innern abschaben wie möglich. Schmale Streifen schneiden.

3 Zucker, Wasser und Sirup in einem Topf zum Kochen bringen. Sobald die Mischung klar ist, die Schalen hinzufügen und eine Stunde köcheln, bis sie glasig sind. Nicht anbrennen lassen!

4 Legen Sie einen Gitterrost auf ein Backblech. Darauf schichten Sie die Schalenstreifen; 2–3 Stunden trocknen lassen, dann in einen verschließbaren Plastikbehälter füllen und bis zum Verbrauch im Kühlschrank aufbewahren.

5 Für Pomerantzen mit Zuckerkruste bestreuen Sie einen großen, flachen Teller reichlich mit Puderzucker. Die Schalen darin wälzen und eine Stunde liegen lassen. Nochmals mit Zucker bestreuen und gut verschlossen zwei Wochen kühl und trocken oder zwei Monate im Kühlschrank aufbewahren.

Brot, Gebäck und Desserts

170   Eingelegtes und Würziges

Eingelegtes *und* Würziges

Kosher Dill Pickles, mit viel Knoblauch und Dill eingelegte saure Gurken, haben ihren Ursprung in der Küche der osteuropäischen Juden. Heute sind sie eine beliebte Beilage zu vielerlei Speisen. Darüber hinaus gibt es eine große Vielfalt an Eingelegtem, Relishes, Würzsoßen und dergleichen mehr, von pinkfarbenen, eingelegten Steckrüben bis zum goldenen Mischgemüse nach Art der Sepharden.

Eingelegte Zitronen

In der nahöstlichen Küche werden eingelegte Zitronen häufig verwendet. Man isst allerdings nur die Schale, welche die geschmackliche Essenz der Zitronen enthält. Traditionell werden ganze Zitronen eingelegt, aber die in diesem Rezept verwendeten Zitronenschnitze lassen sich besser in die Einmachgläser schichten.

FÜR 2 GLÄSER

10 ungewachste, unbehandelte Zitronen
etwa 200 ml frisch gepresster Zitronensaft
kochendes Wasser
Meersalz

1 Die Zitronen gut waschen und jeweils in sechs bis acht Schnitze schneiden. Pressen Sie reichlich Salz in das Fruchtfleisch.

2 Schichten Sie die gesalzten Zitronenschnitze dicht in sterilisierte, gut 1 Liter fassende Einmachgläser. In jedes Glas geben Sie 2–3 EL Salz und 6 EL Zitronensaft, dann übergießen Sie alles mit kochendem Wasser. Bei größeren Einmachgläsern verwenden Sie mehr Zitronensaft und weniger Wasser.

3 Verschließen Sie die Gläser und lassen Sie 2–4 Wochen verstreichen, bevor Sie die eingelegten Zitronen servieren.

4 Zum Servieren die Zitronen gut abspülen, um ihnen etwas ihrer Salzigkeit zu nehmen, dann das Fruchtfleisch entfernen und wegwerfen. Die Schalen eventuell streifig schneiden und nach Belieben genießen.

DER BESONDERE TIPP
Die salzig-zitronige Flüssigkeit, in der die eingelegten Zitronen schwimmen, macht sich ausgezeichnet in Salaten oder gemischt mit scharfen Soßen wie S-chug, Horef und Harissa.

Nährwertanalyse pro Einmachglas: Brennwert 48 kcal/198 kJ; Eiweiß 2,5 g; Kohlehydrate 8 g, davon Zucker 8 g; Fett 0,8 g, davon gesättigte Fettsäuren 0,3 g; Cholesterin 0 mg; Kalzium 213 mg; Ballaststoffe 0 g; Natrium 13 mg.

Eingelegtes und Würziges 173

Torschi

Die eingelegten Steckrüben, tiefrot gefärbt durch die Rote Bete, sehen nicht nur sehr ansprechend aus, sondern passen wunderbar z. B. zu Falafel oder auf einen gemischten Vorspeisenteller.

FÜR CA. 4 GLÄSER

1 kg junge Steckrüben
3–4 rohe Rote Beten
etwa 3 EL Koschersalz oder grobkörniges Meersalz
etwa 1,5 l Wasser
Saft einer Zitrone

1 Steckrüben und Rote Beten waschen, aber nicht schälen, und in 5 mm dicke Scheiben schneiden. Lösen Sie in einer Schüssel das Salz im Wasser auf. Die Roten Beten mit Zitronensaft beträufeln und in vier sterilisierte, gut 1 Liter fassende Einmachgläser legen.

2 Schichten Sie die Steckrübenscheiben dicht über die Rote-Bete-Scheiben. Vorsichtig mit der Lake übergießen, bis das Gemüse vollständig bedeckt ist. Die Gläser dicht verschließen und vor dem Servieren sieben Tage kühl und trocken stehen lassen.

Nährwertanalyse pro Einmachglas: Brennwert 85 kcal/361 kJ; Eiweiß 3,5 g; Kohlehydrate 17,5 g, davon Zucker 16,5 g; Fett 0,8 g, davon gesättigte Fettsäuren 0 g; Cholesterin 0 mg; Kalzium 136 mg; Ballaststoffe 7,4 g; Natrium 4508 mg.

Chrain

Dieses aschkenasische Würzmittel aus Meerrettich und Roter Bete wird gerne zu Pessach gegessen, da Meerrettich traditionell zu den bitteren Speisen gezählt wird. Es ist aber zu jeder Jahreszeit ein idealer Begleiter von Gefilte Fisch, Fischbällchen oder einem Braten.

FÜR 8 PERSONEN

150 g Meerrettich, frisch gerieben
2 gekochte Rote Beten, gerieben
etwa 1 EL Zucker
1–2 EL Rotweinessig
Salz

1 Meerrettich und Rote Bete in einer Schüssel vermischen und mit Zucker, Essig und Salz nach Geschmack würzen.

2 Den Chrain in ein sterilisiertes Einmachglas füllen, festpressen und dicht verschließen. Im Kühlschrank aufbewahren, wo sich der Chrain bis zu zwei Wochen hält.

Nährwertanalyse pro Portion: Brennwert 18 kcal/74 kJ; Eiweiß 0,5 g; Kohlehydrate 4 g, davon Zucker 3,9 g; Fett 0,1 g, davon gesättigte Fettsäuren 0 g; Cholesterin 0 mg; Kalzium 14 mg; Ballaststoffe 0,7 g; Natrium 17 mg.

Eingelegtes und Würziges

Türkisches Oliven-Tomaten-Relish

Dieses Relish aus grünen Oliven in einer Soße aus Tomaten und süßem Paprika ist eine wunderbare Bereicherung jedes Salatbuffets.

FÜR 10 PERSONEN

3 EL Natives Olivenöl Extra
1 grüne Paprika, gehackt oder geschnitten
1 rote Paprika, gehackt oder geschnitten
1 Zwiebel, gehackt
2–3 milde große rote und grüne Chilis, dünn geschnitten
1–2 kleine scharfe Chilis, gehackt oder dünn geschnitten
5–7 Knoblauchzehen, grob gehackt oder dünn geschnitten
5–7 Tomaten, geviertelt oder in Würfel geschnitten
1 TL Currypulver oder Hawaij
¼ TL Kreuzkümmel, gemahlen
¼ TL Kurkuma
eine große Prise Ingwer, gemahlen
1 EL Tomatenmark
Saft einer ¼ Zitrone bzw. nach Geschmack
200 g entkernte oder mit Paprika gefüllte grüne Oliven

1 Öl in einer Pfanne erhitzen und darin Paprika, Zwiebel und Chilis 5–10 Minuten anschwitzen.

2 Knoblauch und Tomaten hinzufügen und 2–3 Minuten mitkochen, bis die Tomaten Soßenkonsistenz haben, dann Currypulver, Kreuzkümmel, Kurkuma, Ingwer und Tomatenmark einrühren. Vom Herd nehmen.

3 Den Zitronensaft einrühren und die Oliven hinzufügen. Auskühlen lassen, dann am besten über Nacht kalt stellen. Servieren.

Nährwertanalyse pro Portion: Brennwert 72 kcal/299 kJ; Eiweiß 1 g; Kohlehydrate 4,3 g, davon Zucker 4 g; Fett 5,8 g, davon gesättigte Fettsäuren 0,9 g; Cholesterin 0 mg; Kalzium 20 mg; Ballaststoffe 1,7 g; Natrium 456 mg.

Gemüse-Salat-Relish

Dieses Relish verbindet die knackige Frische, die Araber an Salaten mögen, mit dem bei Osteuropäern geschätzten gehackten Gemüse.

FÜR 4 PERSONEN

2–3 reife Tomaten, fein gehackt
½ Gurke, fein gehackt
½ grüne Paprika, fein gehackt
1–2 Knoblauchzehen, gehackt
2 Frühlingszwiebeln, geschnitten
2 EL frische Minze, Dill oder Koriander, fein gehackt
2 EL frische Petersilie, fein gehackt
abgeriebene Schale und Saft einer Zitrone
⅛ Rotkohl, gehackt (optional)
Salz

1 Geben Sie Tomaten, Gurke, Paprika, Knoblauch, Frühlingszwiebeln, Kräuter und Zitronensaft und -schale in eine große Servierschüssel. Gut vermischen und bis zum Servieren kalt stellen.

2 Wenn Sie Rotkohl verwenden, fügen Sie ihn erst unmittelbar vor dem Servieren hinzu, weil seine Farbe verläuft und die frischen, bunten Farben aller anderen Gemüsesorten beeinträchtigt.

3 Nach Geschmack salzen, vermischen und sofort servieren.

Nährwertanalyse pro Portion: Brennwert 30 kcal/126 kJ; Eiweiß 1,2 g; Kohlehydrate 5,6 g, davon Zucker 5,4 g; Fett 0,5 g, davon gesättigte Fettsäuren 0,1 g; Cholesterin 0 mg; Kalzium 14 mg; Ballaststoffe 1,6 g; Natrium 10 mg.

Tahina-Soße

Gemahlene Sesamsamen, Knoblauch und Zitronensaft ergeben einen köstlichen Dip. Man tunkt Pita-Brot hinein oder isst ihn mit Wasser verdünnt zu Falafel.

FÜR 4–6 PERSONEN

150 g Tahina (Sesampaste)
3 Knoblauchzehen, fein gehackt
Saft einer Zitrone
¼ TL Kreuzkümmel, gemahlen
eine kleine Prise Koriander, gemahlen
eine kleine Prise Currypulver
50 ml Wasser
Cayennepfeffer
Salz

ZUM GARNIEREN

1 EL Natives Olivenöl Extra
frischer Koriander oder Petersilie, gehackt
eine Handvoll Oliven
einige Chilis oder scharfe Pfeffersoße

1 Vermischen Sie Tahina und Knoblauch sehr gut miteinander. Zitronensaft, Kreuzkümmel, gemahlenen Koriander und Currypulver einrühren.

2 Fügen Sie unter ständigem Rühren nach und nach das Wasser hinzu. Die Masse wird zuerst verdicken, dann dünner werden. Mit Cayennepfeffer und Salz würzen.

3 Zum Servieren die Soße in ein Gefäß füllen und garnieren.

DER BESONDERE TIPP

Tahina-Soße eignet sich hervorragend als Grundlage für viele Salate und Dips.

Nährwertanalyse pro Portion: Brennwert 175 kcal/725 kJ; Eiweiß 5,2 g; Kohlehydrate 1,2 g, davon Zucker 0,3 g; Fett 16,7 g, davon gesättigte Fettsäuren 2,4 g; Cholesterin 0 mg; Kalzium 184 mg; Ballaststoffe 2,5 g; Natrium 7 mg.

Sephardische Mixed Pickles

Dieses Sauergemüse werden Sie an Falafelständen in ganz Israel und auf sephardischen Tischen in der ganzen Welt vorfinden. Es wird unterschiedlich gewürzt, ist aber immer knackig und scharf-säuerlich.

FÜR 12 PERSONEN

½ Blumenkohl, in Röschen zerteilt
2 Karotten, geschnitten
2 Stangen Bleichsellerie, dünn geschnitten
¼–½ Kohl, dünn geschnitten
115 g grüne Bohnen, in Stücke geschnitten
6 Knoblauchzehen, geschnitten
1–4 frische Chilis, ganz oder geschnitten
2–3 EL frischer Ingwer, geschnitten
1 roter Paprika, geschnitten
½ TL Kurkuma
7 EL Weißweinessig
1–2 EL Zucker
4 EL Olivenöl
Saft von zwei Zitronen
Salz

1 Salzen Sie Blumenkohl, Karotten, Bleichsellerie, Kohl, grüne Bohnen, Knoblauch, Chilis, Ingwer und Paprika ein und lassen Sie alles vier Stunden in einem Sieb ziehen.

2 Das gesalzene Gemüse in eine Schüssel umfüllen und mit Kurkuma, Essig, Zucker nach Geschmack, Öl und Zitronensaft abschmecken. Vermischen, dann genügend Wasser hinzufügen, um die Aromen in Einklang zu bringen.

3 Zudecken und vor dem Servieren mindestens eine Stunde kalt stellen. Dieses würzige Sauergemüse hält sich im Kühlschrank bis zu zwei Wochen.

Nährwertanalyse pro Portion: Brennwert 78 kcal/321 kJ; Eiweiß 1,3 g; Kohlehydrate 5,2 g, davon Zucker 5 g; Fett 5,8 g, davon gesättigte Fettsäuren 0,9 g; Cholesterin 0 mg; Kalzium 23 mg; Ballaststoffe 1,5 g; Natrium 11 mg.

Horef

*Horef ist das hebräische Wort für scharfe Chilis,
welche für dieses sephardische Relish zusammen
mit milden Chilis, mit Tomaten und aromatischen
Gewürzen gebraten werden.*

FÜR 4–6 PERSONEN

3 EL Olivenöl

1 grüner Paprika, gehackt oder geschnitten

2–3 milde große Chilis, dünn geschnitten

1–2 scharfe kleine Chilis, gehackt oder dünn geschnitten

5–7 Knoblauchzehen, grob gehackt oder dünn geschnitten

5–7 Tomaten, geviertelt oder in Würfel geschnitten

1 TL Currypulver oder Hawaij

Samen von 3–5 Kardamomkapseln

eine große Prise Ingwer, gemahlener

1 EL Tomatenmark

Saft einer ¼ Zitrone

Salz

1 Erhitzen Sie das Olivenöl in einer großen, schweren
Pfanne und schwitzen Sie darin den Paprika und die Chilis sowie den Knoblauch etwa 10 Minuten bei mittlerer
Hitze an, bis der Paprika weich ist. (Achten Sie darauf,
dass der Knoblauch nicht braun wird.)

2 Fügen Sie Tomaten, Currypulver oder Hawaij, Kardamomsamen und Ingwer hinzu und köcheln Sie das
Ganze, bis die Tomaten zur Soße geworden sind. Nun
Tomatenmark und Zitronensaft einrühren, salzen und
auskühlen lassen. Bis zum Servieren kalt stellen.

Nährwertanalyse pro Portion: Brennwert 79 kcal/328 kJ; Eiweiß 1,3 g; Kohlehydrate 5,4 g, davon Zucker 5,3 g; Fett 6 g, davon gesättigte Fettsäuren 0,9 g;
Cholesterin 0 mg; Kalzium 12 mg; Ballaststoffe 1,5 g; Natrium 17 mg.

Harissa

*Hier ein schnelles Rezept zur Zubereitung von
Harissa, der nordafrikanischen Chilisoße, die so
köstlich zu Couscous oder in Suppen schmeckt.
Wenn Sie sie zu Couscous servieren, nehmen Sie
die Brühe vom Couscous-Eintopf.*

FÜR 4–6 PERSONEN

3 EL Paprikapulver

½–1 TL Cayennepfeffer

¼ TL Kreuzkümmel, gemahlen

250 ml Wasser oder Brühe

Saft einer ¼–½ Zitrone

2–3 Prisen Kümmel (optional)

Salz

1 EL frischer Koriander, gehackt, zum Servieren

1 Geben Sie Paprika, Cayenne, gemahlenen Kreuzkümmel
und Wasser oder Brühe in eine große, schwere Pfanne.
Nach Geschmack salzen.

2 Die Gewürzmischung zum Kochen bringen, dann sofort
vom Herd nehmen.

3 Zitronensaft und evtl. Kümmel einrühren und auskühlen lassen.

4 Unmittelbar vor dem Servieren geben Sie die Soße
in eine Servierschale und bestreuen Sie sie mit gehackten Korianderblättern.

Nährwertanalyse pro Portion: Brennwert 22 kcal/92 kJ; Eiweiß 1,1 g; Kohlehydrate 2,7 g, davon Zucker 0 g; Fett 1 g, davon gesättigte Fettsäuren 0,2 g;
Cholesterin 0 mg; Kalzium 14 mg; Ballaststoffe 0 g; Natrium 3 mg.

Eingelegtes und Würziges 181

Koriander-Kokosnuss-Tamarinden-Chutney

Erfrischende, aromatische Chutneys mit frischem Koriander und Minze sind bei den indischen Juden beliebt. Diese köstliche Mixtur aus Koriander, Minze, Kokosnuss, Chili, Tamarinde und Datteln ist ein traditionelles Würzmittel der Beni Israel, einer der drei großen jüdischen Gemeinschaften in Indien.

FÜR CA. 450 GRAMM

- 2 EL Tamarindenpaste
- 2 EL kochendes Wasser
- 1 großer Bund frischer Koriander, grob gehackt
- 1 Bund frische Minze, grob gehackt
- 8 entkernte Datteln, grob gehackt
- 75 g grobe Kokosraspeln
- 2,5 cm einer frischen Ingwerwurzel, gehackt
- 3–5 Knoblauchzehen, gehackt
- 2–3 frische Chilis, gehackt
- Saft von zwei Limonen oder Zitronen
- 1 TL Zucker
- Salz
- 2–3 EL Wasser (für ein fleischiges Essen) oder Joghurt (für ein milchiges Essen) zum Servieren

1 Geben Sie die Tamarindenpaste in eine Rührschüssel und gießen Sie das kochende Wasser darüber. So lange rühren, bis sich die Paste vollständig gelöst hat. Beiseitestellen.

2 Hacken Sie Koriander, Minze und Datteln in einer Küchenmaschine oder mit einem scharfen Messer klein. In eine Schüssel füllen.

3 Fügen Sie Kokosraspeln, Ingwer, Knoblauch und Chilis hinzu und rühren Sie das Tamarindenwasser ein. Mit Zitrussaft, Zucker und Salz abschmecken. Füllen Sie das Chutney in sterilisierte Einmachgläser; dicht verschließen und kalt stellen.

4 Wenn Sie das Chutney zu einem fleischigen Gericht servieren, verdünnen Sie es ein wenig mit Wasser, ansonsten mit etwas Joghurt.

Nährwertanalyse pro Portion: Brennwert 536 kcal/2232 kJ; Eiweiß 10,1 g; Kohlehydrate 47 g, davon Zucker 39,5 g; Fett 35,5 g, davon gesättigte Fettsäuren 29,8 g; Cholesterin 0 mg; Kalzium 144 mg; Ballaststoffe 6,5 g; Natrium 39 mg.

Aromatischer persischer Halek

Dieser Halek duftet nach Rosenwasser, Zimt und Muskatnuss und lockt mit süßen Trockenfrüchten und Nüssen, die bei den persischen Juden so beliebt sind. Lagern Sie ihn bis zum Servieren im Kühlschrank.

FÜR 10 PERSONEN

4 EL blanchierte Mandeln
4 EL ungesalzene Pistazien
4 EL Walnüsse
1 EL Haselnüsse, geschält
2 EL ungesalzene Kürbiskerne
6 EL Rosinen, gehackt
6 EL Dörrpflaumen ohne Kerne, gewürfelt
6 EL getrocknete Aprikosen, gewürfelt
4 EL getrocknete Kirschen
Zucker oder Honig, nach Geschmack
Saft einer ½ Zitrone
2 EL Rosenwasser
Samen von 4–5 Kardamomkapseln
eine Prise Nelken, gemahlen
eine Prise Muskatnuss, frisch gerieben
¼ TL Zimt, gemahlen
Fruchtsaft nach Wahl, falls nötig

1 Hacken Sie Mandeln, Pistazien, Walnüsse, Haselnüsse und Kürbiskerne grob und geben Sie alles in eine Schüssel.

2 Mischen Sie die gehackten Rosinen, Pflaumen, Aprikosen und Kirschen dazu. Zucker oder Honig nach Geschmack hinzufügen und gut vermischen.

3 Zitronensaft, Rosenwasser, Kardamomsamen, Nelken, Muskatnuss und Zimt hinzufügen und gut vermischen.

4 Sollte der Halek zu dick sein, verdünnen Sie mit etwas Fruchtsaft. Füllen Sie die Mischung in eine Servierschale. Zudecken und bis zum Servieren kalt stellen.

Nährwertanalyse pro Portion: Brennwert 207 kcal/863 kJ; Eiweiß 5,1 g; Kohlehydrate 14,9 g, davon Zucker 14,5 g; Fett 14,6 g, davon gesättigte Fettsäuren 1,4 g; Cholesterin 0 mg; Kalzium 66 mg; Ballaststoffe 2,8 g; Natrium 42 mg.

Eingelegtes und Würziges

S-chug

Diese jemenitische Chilisoße wurde zum israelischen Nationalgewürz. Sie ist scharf von den Chilis, beißend vom Knoblauch und exotisch-aromatisch durch den Kardamom. Sie passt zu Reis, Couscous, Suppen, Hühnchen oder anderen Fleischgerichten. Im Kühlschrank hält sie sich bis zu zwei Wochen.

ERGIBT ETWA 475 ML

5–8 Knoblauchzehen, gehackt
2–3 mittelscharfe Chilis, z. B. Jalapeño
5 frische oder Dosentomaten, gewürfelt
1 kleiner Bund Koriander, grob gehackt
1 kleiner Bund Petersilie, gehackt
2 EL Natives Olivenöl Extra
2 TL Kreuzkümmel, gemahlen
½ TL Kurkuma
½ TL Currypulver
Samen von 3–5 Kardamomkapseln
Saft einer ½ Zitrone
eine Prise Zucker, falls nötig
Salz

1 Alle Zutaten bis auf Zucker und Salz in einer Küchenmaschine zu einer Soße verarbeiten. Mit Zucker (optional) und Salz abschmecken.

2 Füllen Sie die Mischung in eine Servierschale. Zudecken und bis zum Servieren kalt stellen.

Nährwertanalyse pro Portion: Brennwert 326 kcal/1361 kJ; Eiweiß 7,1 g; Kohlehydrate 21,4 g, davon Zucker 17,5 g; Fett 24,3 g, davon gesättigte Fettsäuren 3,7 g; Cholesterin 0 mg; Kalzium 142 mg; Ballaststoffe 8,6 g; Natrium 63 mg.

Die
jüdische Küche

Jüdisches Essen ist naturgemäß von internationaler

Vielfalt – es spiegelt die kulinarischen Vorlieben der

Länder wider, in denen sich Juden angesiedelt haben.

Außerdem hat es seine Wurzeln in der Tradition der

Aschkenasen und der Sepharden. Deren Speisen

sind zwar völlig unterschiedlich, doch haben inter-

kulturelle Ehen und das neue Miteinander von

Menschen unterschiedlicher Herkunft zu einem

Aufweichen der kulinarischen Grenzen geführt.

Geschichte

Juden waren in ihrer Historie stets von Exilierung bedroht. Dies und die religiösen und kulturellen Besonderheiten sind die Hauptfaktoren, die zur Entwicklung einer derart unterschiedlichen Küche geführt haben. Bei jeder kollektiven Flucht aus einem Land in ein anderes wurden kulinarische Traditionen mitgenommen und auf dem Weg neue aufgegriffen.

DIE JÜDISCHE DIASPORA

Mit der Zerstörung des Zweiten Tempels von Jerusalem durch die Römer (70 n. Chr.) wurden die Juden aus ihrer heiligen Stadt verbannt. Seither bereisten sie die Welt und gründeten Gemeinden, bis sie erneut zur Flucht gezwungen wurden.

Juden haben so gut wie jede Ecke des Planeten besiedelt. Die Diaspora hat wesentlich zur Entwicklung der kulturellen und liturgischen Unterschiede innerhalb eines einzigen Volkes beigetragen. Vor allem zwei bedeutende jüdische Gemeinschaften haben sich entwickelt, die bis heute die beiden Hauptgruppen des Judentums definieren: Sepharden und Aschkenasen, die jeweils ihre eigene Kultur, Küche und Liturgie haben.

Die Namen rühren von den ersten Gemeinden her: Sepharad auf der Iberischen Halbinsel, benannt nach einer Stadt in Kleinasien (Buch Obadja 20). Die zweite Gründung im Rheintal nannte man Aschkenas, nach einem Königreich am oberen Euphrat.

Dieses Gemälde Francesco Hayez' (1867) zeigt die Zerstörung des jüdischen Tempels von Jerusalem durch die Römer.

DIE SEPHARDIM

Die Juden in Iberien sprachen Ladino, ein Dialekt des Kastillischen, und verwendeten die hebräische Schrift. In vielerlei Hinsicht glich ihr Lebensstil sehr dem ihrer arabischen Nachbarn; beide Völkerschaften waren sehr großzügig und gastfreundlich.

Was die Sepharden aßen und wie sie kochten, ergab sich aus dem Zusammenwirken von ihrem Erbe und den Speisegesetzen sowie den arabischen und iberischen Einflüssen. Dabei entstand eine sehr aromatische, lokaltypische Küche.

Sephardische Speisen ruhen nach wie vor auf einem wärmenden, spanischen Fundament: Olivenöl, sehr viel Meeresfisch, Gemüse aus warmen Klimata, reichlich Knoblauch, Kräuter und Gewürze. Wenn Fleisch verwendet wird, dann vorzugsweise Lamm.

Umgekehrt haben die Sepharden auch die iberische und arabische Küche beeinflusst. Fragt man im heutigen Andalusien nach den wichtigsten kulinarischen Einflüssen in der Region, wird der jüdische Beitrag neben dem der Mauren hervorgehoben.

Das Essen der Sepharden war wie ihr Leben: sinnlich, von den Genüssen des Lebens inspiriert. Das zeigt sich bei weitem nicht nur in den Speisen: Die lebensfrohe Haltung spiegelt sich auch in allen Festen aus freudigen Anlässen wider. So dauerte eine typische sephardische Hochzeit zwei Wochen und eine Brit Mila oder Bar Mizwa war Grund genug für ein einwöchiges Fest. Diese Traditionen haben bis heute Bestand.

Die jüdische Küche

AUFS NEUE INS EXIL

Nach Jahrhunderten, in denen die sephardische Kultur in Spanien florierte, begann sich das Blatt zu wenden. Kurz nach dem Ende des 14. Jahrhunderts entluden sich die Gegensätze in Gewaltexzessen gegen die Serpharden, denen Tausende Juden zum Opfer fielen.

Etliche der Überlebenden wurden vor die „Wahl" gestellt: Tod oder Konversion. Diese Juden bezeichnete man als *conversos* oder – weniger höflich – *marranos*, was soviel wie Schweinefleischesser bedeutet. Häufig praktizierten sie und ihre Familien ihre Religion im Geheimen weiter. Traditionelle Speisen und die damit verbundenen Riten wurden für die *conversos* zu einer Quelle des Trostes und einer Erinnerung an ihre Geschichte.

Einige Jahrzehnte lang blühte diese jüdische Geheimkultur, aber sie war den spanischen Herrschern ein Dorn im Auge und führte letztlich zur Spanischen Inquisition am Ende des 15. Jahrhunderts. 1492 vertrieb man sämtliche in Spanien verbliebenen Juden. Sie flohen nach Nordafrika, in andere Teile Europas, in den Nahen Osten und in die Neue Welt. Mit jeder dieser Migrationen machten die Sepharden neue kulinarische Entdeckungen, die sie in ihre eigene Küche integrierten.

DIE ASCHKENASIM

Die Juden, die ins Rheintal geflüchtet waren, verbreiteten sich über die Jahrhunderte in ganz Europa. Die Aschkenasen-Gemeinden von Frankreich, Italien und Deutschland, die im frühen Mittelalter so zahlreich gewesen waren, wurden im Zuge von Verfolgungen im Zusammenhang mit den Kreuzzügen, die im frühen 11. Jahrhundert begonnen hatten, immer weiter nach Osten gedrängt. Viele Juden flohen nach Osteuropa, besonders nach Polen. Sie sprachen Jiddisch, eine Mischung aus Mittelhochdeutsch und Hebräisch, mit hebräischen Schriftzeichen geschrieben. Ihre nichtjüdischen Nachbarn aßen sehr viel Krustentiere und Schweinefleisch, kochten mit Schweineschmalz und vermischten nach Belieben Milchiges mit Fleischigem, was den Juden sämtlich verboten war. Sie hatten keine andere Wahl, als sich abzusondern. Im zaristischen Russland war es ihnen nur gestattet, im Ansiedlungsrayon zu leben, einer Region zwischen der Ostsee und dem Schwarzen Meer. Die typische Siedlungsform war das *Schtetl* (kleiner Ort), wo sie häufig im Ungewissen ihre Tage verbrachten, nicht wissend, wann sie das nächste Mal zur Flucht gezwungen sein würden.

Synagoge in einer Illumination eines hebräischen Manuskripts (ca. 1350).

Die jüdische Küche

Die Juden in Deutschland und Österreich erlebten im 18. und 19. Jahrhundert, der Phase der Haskala, eine Hochblüte. Die Aufklärung befreite sie von den restriktivsten Zwängen der Religionsausübung und erlaubte ihnen, die säkulare Welt von Kunst, Philosophie, Wissenschaft und Musik zu betreten. Deutsche Juden erwarben Bildung und schufen eine Kultur mit Tiefgang und Raffinesse. Sie wurden in einem Maße eins mit der deutschen Kultur, dass sie nicht begreifen konnten, wie der Holocaust überhaupt möglich werden konnte; zuallererst fühlten sie sich ja als Deutsche.

Aschkenasen aßen, was kühle Klimazonen hergaben. Gemüse wurde eingesalzen und fermentiert, so wurde etwa aus Kohl Sauerkraut, das über den Winter lagerfähig war. Gurken wurden in Salzgurken verwandelt, in pikante Happen zur Belebung des kargen Winterspeisezettels. Fermentierte Rote Bete wurde zur Basis für einen traditionellen Borschtsch. Man konservierte (Süßwasser-)Fische durch Räuchern und Einsalzen, ebenso Fleisch. Häufig mangelte es an koscherem Fleisch, weshalb sehr kleine Mengen, gestreckt mit anderen Zutaten, als Klöße, Pasteten, in Aufläufen oder Eintöpfen serviert wurden.

Getreide und Hülsenfrüchte bildeten die wichtigste Nahrungsgrundlage: gesund, herz- und nahrhaft und außerdem *parewe* (neutral), also mit Milchigem wie Fleischigem kombinierbar. Sehr beliebt war ein Gericht namens Tscholent, insbesondere am Sabbat und zu anderen festlichen Anlässen: ein Bohnen-Fleisch-Eintopf, den die Familie nach der Rückkehr von der Synagoge zu sich nahm.

Eine Gruppe Aschkenasen vor ihrem Heim in Jerusalem (1885).

Aschkenasen kochten gerne mit Gänse- oder Hühnerfett und verwendeten viel goldbraun gebratene Zwiebeln in ihrer Küche. Manchmal süßte man mit Honig oder bereitete mit einer Mischung aus Honig und Essig spritzige, süßsaure Soßen zu.

Als die Kartoffel in Europa eingeführt wurde, schlossen die aschkenasischen Juden sie sofort ins Herz und verleibten sie mit großer Begeisterung ihrer Küche ein. Latkes und Kugeln, Suppen und Klöße entstanden aus diesem neuen, sättigenden Gemüse.

JUDEN IN GROSSBRITANNIEN

Die Geschichte der Juden in Großbritannien ist lang und kompliziert. Die ersten kamen 1066. Edward I. vertrieb sie 1290, einhundert Jahre nach dem Massaker im Clifford Tower, bei dem die gesamte jüdische Bevölkerung von York zu Tode kam. 1655 wurde, nach Verhandlungen zwischen Menasse ben Israel und Oliver Cromwell, den Juden die Rückkehr erlaubt.

Vor allem Sepharden siedelten sich in England an. Sie kamen über Holland und importierten die Spezialitäten ihrer iberischen Heimat, darunter ihr Lieblingsgericht, in Teig oder Panade gebackener Fisch. So entstand wahrscheinlich Großbritanniens Nationalgericht „Fish 'n' Chips", da sich die Kombination mit Kartoffeln rasch zu *dem* Essen der hungrigen Massen entwickelte – und das waren überwiegend Juden und sehr oft junge Frauen, die sich in den Sweatshops von Londons East End abschufteten.

Heute leben Großbritanniens Juden zum Großteil in London, kleinere Gemeinden sind über das ganze Land verstreut.

BEEINFLUSSUNG DER FRANZÖSISCHEN KÜCHE

Die in Frankreich lebenden Juden beeinflussten die französische Küche stark. Foie gras („fette Leber") wird gewöhnlich als französische Erfindung angesehen. In Wahrheit stammt die Technik, Vögel zu überfüttern, aus dem alten Ägypten und wurde von jüdischen Immigranten in Frankreich eingeführt.

DAS JÜDISCHE ERBE IN ITALIEN

Die jüdische Gemeinde Italiens (Italkim), heute in Folge des Holocaust und der Nachkriegsemigration sehr klein, war einst groß, einflussreich und aktiv. Die italienische Küche wurde von diesen Siedlern beeinflusst. Bis heute sind *Carciofi alla Giudia* (Artischocken auf jüdische Art) eine Spezialität im Getto von Rom. Das Wort Getto selbst ist italienischen Ursprungs und beschreibt ein Areal zur Isolierung von Juden.

DIE USA UND DIE DELICATESSEN

Anfang des 20. Jahrhunderts erreichte eine Immigrationswelle die Vereinigten Staaten, in deren Folge sich die amerikanischen Essgewohnheiten deutlich änderten. Am auffälligsten war die Entstehung der *delicatessen* oder kurz *delis*. In jüdischen Kommunitäten mit osteuropäischen Wurzeln, z. B. Chicago und New York, boten diese Speiselokale hungrigen Männern, die kein eigenes Zuhause hatten, eine ordentliche Mahlzeit. Meist waren diese Männer ihren Frauen und Kindern vorausgegangen, um in ihrem neuen Leben Fuß zu fassen. Sie wohnten zur Untermiete und arbeiteten hart, um das nötige Geld für die Familien-Wiedervereinigung zusammenzusparen. Sie brauchten einen Platz, wo sie koscheres Essen bekamen – und die *delis* waren zugleich ein Stückchen Heimat.

NEUZEIT

Im 20. Jahrhundert fanden viele große jüdische Gemeinden, manche nicht weniger als 2500 Jahre alt, ihr Ende, während gleichzeitig neue entstanden. Aschkenasen emigrierten um die Wende vom 19. zum 20. Jahrhundert aus Deutschland, Mitteleuropa und Russland, oft so gut wie ohne Habe; die Essgewohnheiten, die wir als jüdisch kennen, hatten sie aber immer bei sich: Hühnersuppe und Matzeklöße, süße Wiener Backwaren, Roggenbrot und Bagels. Dieselben Gerichte – das Essen aus der alten Heimat – gelangten mit den Kriegs- und Nachkriegsflüchtlingen auch nach Großbritannien, Israel, Lateinamerika und in die USA.

Jüdische Immigranten warten auf die Einreiseerlaubnis nach New York.

Vielerorts haben sich Gruppierungen wiedervereinigt. In Los Angeles z. B. die jüdische Gemeinde des Iran, die seit 600 v. Chr. in Persien mit all ihren Sitten und Essgewohnheiten bestanden hatte. In Brooklyn gibt es eine Synagoge von Kochi-Juden, wo auf indische Art gekocht wird.

Ob die traditionelle jüdische Küche sephardisch, aschkenasisch, konservativ, orthodox, chassidisch oder eher reformbewegt ist, ist nicht entscheidend. Am wichtigsten ist, dass sich in den Speisen das Leben und die Kultur der Menschen widerspiegeln. Jüdisches Essen ist zum Genießen da, um Familien zusammenzuschweißen, für festen Halt in einer ewig veränderlichen Welt und um es mit alten und neuen Freunden zu teilen.

Feiertage und Feste

Der jüdische Kalender kennt eine ganze Reihe von Feiertagen, Festen und Zeremonien, die von allen begangen werden. Daneben werden auch bedeutende Ereignisse im Leben des Einzelnen gefeiert: Bar- oder Bat-Mizwa, Hochzeiten und Geburten. Jeder festliche Anlass hat seine eigene Bedeutung und seine eigenen Lieder, Geschichten, Mahnungen, Aktivitäten, Gebete und natürlich Speisen.

Der jüdische Kalender richtet sich nach den Mondphasen; ein Jahr zählt 354 oder 355 Tage, nicht 365 oder 366 wie ein Sonnenjahr. Deshalb fallen die nach dem Mondjahr festen Feiertage im gregorianischen Kalender auf immer neue Daten. Zur Synchronisierung und um die Festlichkeiten in den richtigen Jahreszeiten zu behalten, wird dem jüdischen Kalender alle zwei oder drei Jahre ein 13. Monat hinzugefügt. In der nördlichen Hemisphäre fällt so Rosch ha-Schana immer in die Zeit zwischen Sommer und Herbst, Chanukka wird im Winter und Pessach im Frühling begangen.

Den Beginn jüdischer Feiertage markiert immer der Sonnenuntergang des Tages davor. Der Jahreszyklus der Festivitäten beginnt im September mit Rosch ha-Schana, dem jüdischen Neujahr, und setzt sich mit Jom Kippur, dem Versöhnungstag, neun Tage später fort. Es folgen Sukkot, das Erntedankfest, das mit dem Fest der Tora (Simchat Tora) endet, und das Lichterfest Chanukka Ende Dezember. Tu Bischevat, das Fest der Bäume, fällt in den Februar. Dann findet das jüdische Äquivalent zum Karneval statt: Purim, am 14. des Monats Adar im jüdischen Kalender (Februar/März im gregorianischen Kalender). Pessach gedenkt des Auszugs der Israeliten aus Ägypten. Während des acht Tage dauernden Pessachfestes nehmen Juden ganz bestimmte Speisen und Getränke zu sich und vermeiden alles, was Treibmittel, insbesondere Sauerteig, enthält. 50 Tage später feiert man Schawuot, das jüdische Wochenfest, im Gedenken an den Erhalt der Tora. Tischa beAv ist hingegen ein Trauer- und Fastentag zur Erinnerung an die Zerstörung des Tempels.

Viele jüdische Gemeinden begehen am 14. Mai den Jom haAtzma'ut, den israelischen Unabhängigkeitstag. Jom haScho'a, der Holocaust-Gedenktag, fällt in die Zeit kurz nach Pessach und erinnert an die Millionen Toten.

Jüdische Feste gedenken der Geschichte und sind traditionell und rituell.

Der wichtigste aller Feiertage und die bedeutendste religiöse Vorschrift ist aber der Sabbat (jiddisch *Schabbes*), der nicht einmal im Jahr, sondern einmal in der Woche stattfindet.

SABBAT

Dies ist der Tag der Ruhe, die wöchentliche Oase des Friedens in der Hektik des Lebens. Selbst die, die sonst keine religiösen Vorschriften befolgen, halten häufig mit Freuden den Sabbat ein. Ein Tag fern des Tätigseins, an dem man dem Chaos der Arbeitswoche entrinnt, sich auf das Spirituelle konzentriert und das Familienleben genießt. Das Wort *sabbat* bedeutet „Einstellen der Arbeit" und bezeichnet die Phase der Entspannung mit Familie und Freunden.

Die Ursprünge des Sabbat stehen mit der Genesis in Verbindung, dem ersten Buch der Bibel, in dem erzählt wird, wie Gott die Welt in sechs Tagen erschuf und am siebten Tag ruhte. Im vierten der Zehn Gebote steht auch geschrieben, dass der Sabbat als Tag der Ruhe zu heiligen sei (Exodus 31:17).

Strenggläubige Juden verrichten keinerlei Arbeit, nehmen kein Geld in die Hand, tragen keine Lasten, entzünden kein Feuer, zerreißen kein Papier und sehen weder fern noch hören sie Radio. Auch kochen ist ihnen verboten, was zur Entwicklung von genialen Methoden geführt hat, zu frisch gekochtem Essen zu kommen, ohne diese Regel zu verletzen.

Am Vorabend des Sabbat genießt man ein festliches Mahl. Es beginnt mit dem Entzünden und Segnen der Kerzen vor Sonnenuntergang. Dann wird ein Segen über die Challa (Sabbat-Brot) gesprochen und der Kiddusch (Segens-Spruch) über dem Wein.

In den zeremoniellen Schofar (Widderhorn) wird zu Rosch ha-Schana gestoßen, um das neue Jahr zu begrüßen.

Zum Freitagsmahl gehören Hühnersuppe, Hühnchen oder Schmorfleisch. Man lädt Gäste ein, deckt den Tisch mit weißen Leinen, Blumen und dem besten Geschirr. Das Essen für den nächsten Tag köchelt im Ofen ganz langsam vor sich hin – am Sabbat darf ja nicht gekocht werden.

ROSCH HA-SCHANA

Das jüdische Kalenderjahr beginnt im September oder Oktober mit Rosch ha-Schana („Kopf des Jahres"). Es ist auch der erste der zehn Tage der Reue und Umkehr oder zehn erfurchtsvollen Tage, die mit Jom Kippur enden. Juden sollten nach Innen schauen, ihr Verhalten überdenken und sich darum bemühen, ihr Leben und das ihrer Nächsten zu verbessern.

Die Tage von Rosch ha-Schana bis Jom Kippur werden gerne als die Hohen Feiertage bezeichnet und sind vielen Juden so wichtig, dass sie, wenn auch sonst nie, in dieser Zeit die Synagoge aufsuchen, an festlichen Essen teilnehmen und Gebete und Segnungen sprechen.

Der zeremonielle *Schofar* (Widderhorn) ertönt an Rosch ha-Schana und an Jom Kippur. Der archaische Klang des Jagdhorns erinnert die Juden an ihre lange Geschichte und den uralten Pakt zwischen Gott und dem Volk Israel.

Rosch ha-Schana beginnt, wie gewohnt, am Vorabend. Man entzündet Kerzen, segnet das Brot und spricht den Kiddusch über den Wein. Ein Festmahl wird angerichtet: Dazu gehört Süßes, zum Beispiel in Honig getunkte Äpfel, das das Versprechen eines „süßen", also guten neuen Jahres in sich trägt. Die eher rund als wie üblich oval geformte Challa ist voller Rosinen oder

Der Sabbat beginnt mit Segnungen, die über einen Laib Challa und einen Kelch mit Wein gesprochen werden.

kleinen Naschereien (Bonbons). Der Challa-Segen wird mit Honig statt Salz gesprochen.

JOM KIPPUR

Jom Kippur, der Versöhnungstag, fällt auf den 10. Tischri, den ersten Monat des jüdischen Kalenders. Ein Tag größten feierlichen Ernstes im Gedenken an Gottes Vergebung: Während Moses von Gott auf dem Berg Sinai die Gebotstafeln erhielt, beteten die Israeliten das Goldene Kalb an.

Das Mahl am Vorabend von Jom Kippur nimmt man schon am Nachmittag, vor Sonnenuntergang, ein. Wie bei fast jedem festlichen Anlass ist Hühnersuppe die erste Wahl. Aschkenasen essen sie traditionell mit Knaidlach (Matzeklöße) oder Kreplach mit einer Hühnchenfülle, für Sepharden besteht eine Vielzahl von Variationsmöglichkeiten.

Die jüdische Küche 193

Alle Speisen an diesen Tagen sollten einfach und nicht zu salzig oder würzig sein, weil das Fasten mit brennendem Durst sehr schwierig ist. Die Reuigen sollten den Hunger schon nagen fühlen, aber nicht vor unüberwindbare Probleme gestellt werden.

Zum feierlichen Fastenbrechen nach Jom Kippur kommen Familie und Freunde zusammen. Nach der ernsten Besinnlichkeit der Tage zuvor geht es nun fröhlich zu. Sephardim servieren Eier, das Symbol des Lebens, und fast alle Juden genießen Süßes wie Honigkuchen und Früchte.

Das Essen wird am Tag vor Jom Kippur zubereitet, damit es zum Ende der Fastenzeit bereitsteht. Aschkenasen genießen Bagels, Doppelrahmkäse, Lox (Räucherlachs), Kugeln und Hering. Eine Fastenbrechen-Party ähnelt einem Brunch, aber mit Leichtigkeit in der Seele, den Blick freudig auf das kommende Jahr gerichtet.

SUKKOT

Zu diesem Anlass errichtet man eine *Sukka*, die dreiwandige Laubhütte. Sofern es die Witterung erlaubt, nimmt man die Mahlzeiten während des siebentägigen Festes in der Sukka ein. Die *Arba Minim* (vier Arten) schmücken die Hütte: *Etrog* (gelbgrüne Zitrusfrucht); *Lulav* (Palmenzweig); *Arawot* (Weidenzweige) und Myrtenzweige. Jede Art hat eine tiefgehende Symbolbedeutung. Der Etrog ist herzförmig und steht für die Hoffnung auf göttliche Vergebung für die Begierden des Herzens; der Lulav symbolisiert Israels Loyalität zu Gott; die augenförmige Myrte repräsentiert die Hoffnung,

Kinder drehen als Teil der Chanukka-Festivitäten den Dreidel.

dass Gier und Neid vergeben würden. Die Arawot ähneln Mündern und erstreben Verzeihung für Geschwätz und Lügen.

Da Sukkot ein Erntedankfest ist, werden Früchte und Gemüse verspeist. Es gibt gefüllte Kohlblätter (Holischkes) und Apfelstrudel. Granatäpfel und Kaki sind typische Früchte anlässlich des Laubhüttenfests.

Schmini Azeret (Schlussfest), der achte Tag von Sukkot, gedenkt in Gebeten der Ahnen. Tags darauf ist *Simchat Tora*, das Fest der Tora, an dem der Lesezyklus mit dem 5. Buch Mose endet und sogleich von Neuem beginnt. Zur Feier des Tages dürfen auch Kinder in die Synagoge.

CHANUKKA

Juden auf der ganzen Welt eröffnen am Vorabend des 25. Kislew (November oder Dezember) das Lichterfest Chanukka. Die erste Kerze in einem achtarmigen Leuchter, der *Chanukkia*, wird entzündet. Jede Nacht wird nun eine weitere hinzukommen, bis alle Arme eine brennende Kerze tragen.

Das Fest feiert den Sieg der Makkabäer über Antiochos IV. 165 v. Chr. Als die Makkabäer, nachdem sie die Seleukiden besiegt hatten, zum Tempel zurückkehrten, fanden sie ihn geplündert vor, und das ewige Licht war erloschen. Sie entzündeten die Lampe, hatten aber nur genug Öl für einen Tag. Jedoch ereignete sich ein Wunder und die heilige Lampe brannte acht Tage lang, bis ein neuer Vorrat an geweihtem Öl bereitstand.

Zu Chanukka essen Juden mit Öl zubereitete Speisen, im Gedenken an die Lampe, die brannte und brannte. Chanukka ist ein fröhliches, freudvolles Fest. Der *Schulchan Aruch* – der Codex religiöser Vorschriften – verbietet in dieser Zeit Trauer und Entbehrung und ermuntert dazu, Spaß zu haben.

PURIM

Zu diesem Anlass wird gefeiert, geschmaust und getrunken. Purim fällt auf den 14. Adar, im Februar oder März, und erinnert Juden an den Triumph der Freiheit und des Guten über das Böse. Es gibt besondere Speisen.

Aschkenasen servieren ein dreieckiges, mit Nüssen oder Trockenfrüchten gefülltes Süßgebäck. Die Fülle soll an Ester erinnern, die sich im Palast von nichts außer Früchten und Nüssen ernährte, da alles andere nicht koscher war. Nordafrika-Sepharden schätzen Hamantaschen, ein in Honig getränktes und mit Nüssen bestreutes Gebäck. In Israel wird es *Oznei Haman* (Hamans Ohren) genannt.

PESSACH

Das Pessachfest gehört zu den bedeutendsten im jüdischen Festkalender. Es gedenkt dem Auszug der hebräischen Sklaven aus Ägypten; eine Flucht, die einen Sklavenstamm in ein verschworenes Volk verwandelte. Bei diesem Fest zelebrieren Juden das Ringen aller Menschen um Freiheit – Freiheit des Geistes, persönliche, religiöse und körperliche Freiheit.

Pessach fällt auf März oder April. Das Wort „Pessach" bedeutet „Passieren"; gemeint ist das Vorbeigehen an den Häusern, die die Israeliten mit Lämmerblut gekennzeichnet hatten, auf dass die Bewohner unversehrt blieben, während die Engel des Todes unter den Ägyptern wüteten und deren Erstgeborene erschlugen.

Acht Tage lang sind keine gesäuerten Speisen erlaubt, was mit Hefe gemachtes Brot ausschließt. Man isst knuspriges Fladenbrot, die Matze, im Gedenken an die Israeliten, denen vor ihrer Flucht in die Wüste nur die Zeit für das Backen von Fladen auf heißen Steinen blieb.

Ein ritueller Sederteller.

In der ersten Nacht wird ein rituelles Mahl gereicht, der Seder. Im Zentrum stehen Lesungen aus der Haggada, der Geschichte des Exodus.

SEFIRA

Die Zeit zwischen Pessach und dem nächsten großen Fest, Schawuot, heißt Sefira. Dies ist weniger ein Fest als eine Phase religiöser Ernsthaftigkeit. Beginnend mit dem Ende des Pessach erinnert es an den Tag, als man traditionell eine Garbe junger Gerste, die Omer, in den Tempel von Jerusalem brachte.

Die Einhaltung der Sefira nennt man Omer-Zählen. Während dieser 50 Tage heiraten Strenggläubige nicht, feiern nicht und sehen davon ab, sich die Haare zu schneiden.

LAG BAOMER

Der 33. Tag ist die einzige, freudvolle Unterbrechung der Sefira. Ein Tag zum Feiern, im Speziellen Picknicks im Freien, und der einzige Tag im Frühling, an dem auch strenggläubige Juden eine Hochzeit ansetzen oder sich einen Haarschnitt erlauben können.

TU BI-SCHEWAT

Das Neujahrsfest der Bäume ist einer von vier Feiertagen, die die Natur ehren, wie in der *Mischna* (ein Teil des Talmud) erwähnt. Tu bi-Schewat fällt in den Februar, wenn die Obstbäume Israels auszutreiben beginnen. Traditionell nimmt man an diesem Tag verschiedene Früchte und Nüsse zu sich.

Gebete an Schawuot.

SHAWUOT

Das hebräische Wort „Shawout" bedeutet „Wochen", da dieses Fest sieben Wochen nach Pessach stattfindet. Im Englischen heißt es auch „Pentecost", griechisch für „50. Tag", was zugleich das englische Wort für Pfingsten ist – 50 Tage nach Ostern. Mitunter wird es auch als Fest der Tora bezeichnet, da es die Geschichte der israelitischen Wüstenwanderung erzählt und daran erinnert, wie den Juden bzw. Moses die Schriften gegeben wurden: die Tora und die Zehn Gebote. Zugleich ist es das Fest der Ersten Frucht, einem der ältesten religiösen Bräuche überhaupt: eine Pilgerreise nach Jerusalem, auf der man Opfergaben mit sich führte – die ersten (Feld-)Früchte der Saison.

Die jüdische Küche 195

Die Regeln der Kaschrut

Als Kaschrut bezeichnet man das rituelle, im Talmud festgehaltene Regelwerk rund um die Ernährung – die jüdischen Speisegesetze. Essen, das gemäß dieser Regeln zubereitet wird, ist koscher. Ob ein Jude aus einem Land stammt, in dem Zwiebeln, Knoblauch und Hühnerfett genossen werden, oder aus einem, zu dessen Küche scharfe Paprikas, Gewürze und Olivenöl gehören – die Speisen im regelbewussten jüdischen Haushalt werden anders schmecken als die der nichtjüdischen Nachbarn, weil in Ersterem die Kaschrut befolgt wird.

Wenn auch die Grundlagen der Kaschrut in der Bibel festgelegt sind, wurden diese im Detail von Rabbis interpretiert und in Weisungen umgesetzt – im *Schulchan Aruch*, dem Codex jüdisch-religiöser Vorschriften. Einen Grund für die Regeln der Kaschrut gibt es nicht; viele haben Hygiene, Ernährungssicherheit und Gesundheit ins Spiel gebracht, aber die Rabbiner stehen auf dem Standpunkt, dass kein rationaler Grund erforderlich sei; der Kaschrut Folge zu leisten sei ein Gebot Gottes.

ERLAUBTES FLEISCH

Das 3. Buch Mose (Levitikus 11,3) hält fest: „Alle Tiere, die gespaltene Klauen haben, Paarzeher sind und wiederkäuen, dürft ihr essen." Das betrifft Rind, Schaf, Ziege, Hirsch, Gazelle, Reh, Antilope und Argali (Riesenwildschaf). Verboten sind Raubtiere und -vögel, Aasfresser, flugunfähige Insekten und Reptilien.

ERLAUBTES GEFLÜGEL

Bei der Identifizierung essbarer Vögel ist die Tora weit weniger eindeutig. Stattdessen listet sie 24 Arten verbotenen Geflügels auf. Huhn, Ente, Pute und Gans sind im Allgemeinen gestattet, aber auch das kann variieren. Gans ist etwa bei Aschkenasen sehr beliebt, während jemenitische Juden die Gans als gleichermaßen zu Land und See gehörig einstufen und deshalb den Genuss untersagen.

RITUELLE SCHLACHTUNG

Damit aus koscherem Getier koscheres Fleisch wird, muss es rituell geschlachtet werden: durch *Schechita* oder Schächten. Stirbt ein Tier an natürlichen Ursachen oder fällt es einem anderen Tier zum Opfer, ist es *trejf* (unkoscher). Die Klinge des Schlachtmessers muss doppelt so lang wie die Kehle des Tieres sein, sehr scharf geschliffen und frei von Scharten.

Der *Schochet* (Ritualschlachter) muss einen makellosen Schnitt durch Luft- und Speiseröhre führen, ohne die Wirbelsäule zu verletzen; jede Verzögerung würde dem Tier Leid zufügen und das Fleisch *trejfe* machen.

FLEISCH-HECHSCHER

Soll das Fleisch den Koscher-Stempel (Hechscher) erhalten, muss alles Blut unmittelbar nach der Schächtung entfernt werden. Blut gilt als ein Symbol des Lebens und sein Konsum ist verboten: „Deshalb habe ich zu den Israeliten gesagt: Niemand unter euch darf Blut genießen …" (Levitikus 17,12).

Jegliches Fleisch ist koscher zu machen: durch Wässern und Spülen, Einsalzen mit Koschersalz oder Grillen, sodass kein Blut übrig bleibt.

Rind, Ziege und Lamm sind, korrekt zubereitet, im Rahmen der Kaschrut erlaubt.

Gans ist bei osteuropäischen Juden sehr beliebt. Vormals wurden Gänse für ihre Fettlebern und als Festtagsbraten gezüchtet.

ERLAUBTER FISCH

Damit ein Fisch koscher ist, muss er erkennbare Schuppen und Flossen haben. Verboten sind unter anderem Schalen- und Krustentiere, Seeigel, Oktopus und Tintenfisch.

MILCHPRODUKTE

Deuteronomium (14,21) hält fest: „Du sollst ein Zicklein nicht in der Milch seiner Mutter kochen." Dies ist die Grundlage für die Regel, dass Milchprodukte und Fleisch nicht zusammen gekocht werden dürfen. Nach einem fleischhaltigen Essen muss eine gewisse Zeit verstreichen, bevor milchige Speisen verzehrt werden dürfen. In manchen Gemeinden sind das sechs, in anderen nur zwei Stunden.

Um die vollständige Trennung von Milchigem und Fleischigem sicherzustellen, gibt es in koscheren Küchen alles doppelt: Geschirr, Kochgerät und Reinigungsutensilien; all dies muss auch separat aufbewahrt werden.

KÄSE UND LAB

Naturlab, die Substanz, die das Milcheiweiß bei der Käseherstellung gerinnen lässt, ohne dass die Milch dabei sauer wird, stammt aus dem Labmagen junger Wiederkäuer. Ein so hergestellter Käse ist deshalb *trejf*.

Alternativen bieten mit mikrobiellen oder biotechnologisch erzeugten Labaustauschstoffen hergestellte „Vegetarier"-Käse.

GELATINE

Da Gelatine aus Tierknochen gemacht wird, ist sie nicht koscher. Stattdessen muss Carrageen, Agar-Agar oder Alginat verwendet werden, aus Algen hergestellte pflanzliche Gelatine.

PAREWE NAHRUNGSMITTEL

Die hebräische Entsprechung für das jiddische *parewe* ist *parwa*. Damit werden neutrale Lebensmittel bezeichnet,

Alles, was parewe ist, wie zum Beispiel Gerste, Zwiebel, Auberginen, Tomaten und Eier, darf man sowohl mit Milchigem als auch Fleischigem kombinieren.

die weder milchig noch fleischig sind. Für sie gelten nicht dieselben Restriktionen, sie dürfen mit Milchigem oder Fleischigem gegessen werden. Alles Pflanzliche – Gemüse, Getreide, (Hülsen-)Früchte – sind *parewe*, ebenso Eier und erlaubter Fisch. Strenggläubige Juden werden dennoch außer Haus keine *parewe* Speisen essen, da bei ihrer Zubereitung unkoschere Fette verwendet worden sein könnten.

Koscher-Stempel

Um sicherzustellen, dass ein abgepacktes Nahrungsmittel koscher ist, achten Sie auf ein aufgedrucktes Koscher-Zertifikat – bei jedem Einkauf, da sich Zusatzstoffe und Herstellungsmethoden ändern können. Es gibt zahlreiche Zertifizierungsorganisationen und viele Juden vertrauen nur auf ganz bestimmte. Ist etwas als *glatt koscher* gekennzeichnet, folgt es einer extra rigiden Kaschrut, derzufolge u. a. die Lungen von Tieren gesondert zu untersuchen sind.

Manche Juden essen z. B. Dosentomaten, da nur Tomaten und Salz enthalten sind. Andere vermeiden sie, da sie bei der Produktion kontaminiert worden sein könnten. Die orthodoxesten Juden dehnen ihre Achtsamkeit sogar auf Grundnahrungsmittel aus und essen z. B. nur vom Rabbiner anerkannten Zucker, der verlässlich nicht von *trejfen* Produkten oder Insekten verunreinigt worden ist.

Milchiges

Sowohl von Aschkenasen als auch von Sepharden werden alle Milchprodukte hoch geschätzt. Dies ist ein Tribut an die biblische Beschreibung von Israel als dem Land, „wo Milch und Honig fließen".

Es gibt genaue Vorschriften bezüglich des Konsums von milchigen Speisen, aber außer während des Wochenfestes Schawuot haben sie keine besondere religiöse Relevanz. Dieses wird mitunter auch das Milchfest genannt und ist die Zeit, in der man milchige Speisen als Hauptmahlzeiten genießt, im Unterschied zu Fleischigem, das an allen anderen Feiertagen und bei sonstigen festlichen Anlässen bevorzugt wird.

MILCH UND MILCHPRODUKTE

Die Milch jedes koscheren Tieres ist selbst koscher. Kühe, Ziegen und Schafe werden gemolken, und die Milch wird getrunken oder zu einer Vielzahl von Milchprodukten verarbeitet, darunter Butter, Joghurt und saure Sahne. Die Einflüsse der Vergangenheit sind an den Milchprodukten erkennbar, die bis heute von Juden konsumiert werden.

Früher stand etwa in Nordeuropa Kuhmilch reichlich zur Verfügung und dank des kühlen Klimas war ihre geringe Haltbarkeit kein großes Problem. Etliche Ansiedlungen betrieben kleine Molkereien, die saure Sahne, Butter, Buttermilch, Hüttenkäse und Doppelrahmkäse herstellten. Viele Familien besaßen selbst ein, zwei Kühe.

In Litauen hielt man sich indes eher Ziegen („Judenrinder") als Kühe. In wärmeren Klimas, insbesondere im mediterranen Raum, waren Schafe und Ziegen wesentlich einfacher zu halten, zudem eignete sich deren Milch besser zur Herstellung von fermentierten Milchprodukten wie Joghurt, Feta und Halloumi. Israel ist heute ein wichtiger Produzent verschiedener Joghurt- und Sauerrahmsorten.

KÄSE

Auch eine Vielzahl verschiedener koscherer Käsesorten wird heutzutage in Israel hergestellt: Kaschkawal ist mit einem milden Cheddar vergleichbar; Halloumi wird gerne gebraten oder gegrillt serviert; Bin-Gedi ähnelt einem Camembert; Galil ist dem Roquefort nachempfunden. Ganz besonders liebt man in Israel Ziegenfrischkäse, der dort in ausgezeichneter Qualität erzeugt wird.

Rahmkäse ist wiederum, seit den *Schtetl*-Tagen, ein Favorit der Aschkenasen. Die diversen Sorten wurden in kleinen jüdischen Molkereien hergestellt und in irdenen Krügen oder in Blätter eingewickelt verkauft.

Weicher Käse wie Rahm- oder Hüttenkäse wurde auch häufig zu Hause selbst gemacht. Doppelrahmkäse ist *der* Klassiker auf Bagels, auf den man den *Schmir*, einen fettreichen Käse, schmiert. Schmir kann auch durch Beigabe von gehackten Frühlingszwiebeln, Räucherlachs u. Ä. geschmacklich variiert werden und ist in einer Vielzahl von Sorten in Supermärkten und Feinkostläden erhältlich.

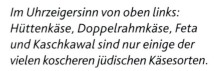

Im Uhrzeigersinn von oben links: Hüttenkäse, Doppelrahmkäse, Feta und Kaschkawal sind nur einige der vielen koscheren jüdischen Käsesorten.

Milchspeisen-Delis

Sie waren ein großartiges Vermächtnis der jüdischen Gemeinde von New Yorks Lower East Side. Zu den berühmtesten dieser Speiselokale zählte Ratners, bekannt für seine älteren Kellner, die ausnahmslos grantig, aufdringlich, rechthaberisch, aber letztlich liebenswert waren.

Die Milch-Delis boten Spezialitäten wie käsegefüllte Blini, Käsekuchen, Rahmkäse-Aufstriche und Knische an.

Zu den Standardgerichten der meisten Lokale gehörten gekochte Kartoffeln mit saurer Sahne, heißer oder kalter Borschtsch, Käsekugeln und Nudeln mit Hüttenkäse.

Eier

Sie repräsentieren die Mysterien des Lebens und des Todes und sind in der jüdischen Küche sehr wichtig. Man überreicht sie einer Familie zu einer Geburt und serviert sie nach einer Bestattung, um an das Leben, selbst im Angesicht des Todes, zu erinnern. Und natürlich sind sie auch ein Symbol der Fruchtbarkeit.

In manchen sephardischen Gemeinden gehören Eier zum Brautschmuck oder das junge Paar muss über Fischrogen steigen oder bekommt Eier mit zwei Dottern zu essen, um die Fruchtbarkeit zu fördern.

Eier sind *parewe* (s. S. 197), können also mit Milchigem wie Fleischigem gegessen werden. Sie sind äußerst nahrhaft und sättigend und stellen eine gute Proteinquelle dar, wenn es an anderen eiweißreichen Lebensmitteln mangelt oder sie aufgrund der Speisegesetze (s. S. 196 f.) verboten sind.

EIER AN PESSACH

Am Sederabend sind Eier symbolisch und zum Essen immer präsent. Das ganze Ei zeigt die Stärke eines einigen Volkes (ohne Sprünge ist die Schale stark; gebrochen schwach).

Während Pessach sind Eier auch eine sehr wichtige Zutat, da zum Backen keine Hefe, das übliche Triebmittel, verwendet werden darf. In einen Kuchenteig eingerührte Eier tragen ebenfalls dazu bei, dass der Teig aufgeht und locker wird.

Geröstete Eier

Ein geröstetes Ei ist traditionell Teil des Sedertellers und symbolisiert dort den Kreislauf des Lebens. Es erinnert an das Ritualopfer, das in biblischen Zeiten im Tempel erbracht wurde, und wird in der Regel nicht gegessen. Rösten Sie ein hart gekochtes Ei über einer Gasflamme oder im Ofen.

Eier in Salzwasser

Dieses simple Gericht isst man, sobald der Pessach-Gottesdienst vorüber ist, und nur bei dieser Gelegenheit.

1 Kochen Sie Eier hart. Lösen Sie in einer Schüssel ½ TL Salz in 120 ml warmem Wasser auf. Kalt stellen.
2 Die Eier schälen und mit dem Salzwasser als Tunke servieren oder ins Salzwasser einlegen.

HAMINADOS-EIER

Für diese sephardische Spezialität werden Eier mit Zwiebelschalen oder Kaffeepulverresten gekocht, um die Schalen einzufärben. Alternativ kann man sie auch dem langsam kochenden Eintopfgericht Dafina hinzufügen. Sie sind köstlich als Brei, gemischt mit Tscholent-Resten, in pikanten Backwaren oder gehackt und mit großen braunen Bohnen gekocht, gewürzt mit etwas Knoblauch, Zwiebel, Olivenöl und einer scharfen Chilisoße.

Rezept: Haminados-Eier

Die Eier mit den Zwiebelschalen zu kochen, färbt die Schalen braun, verändert aber am Geschmack des Eis in der Schale nichts.

1 Geben Sie 12 Eier mit Salz und Pfeffer in einen Topf. Fügen Sie die braunen, äußeren Schalen von 8–10 Zwiebeln hinzu und bedecken Sie alles mit Wasser sowie 6 EL Öl.
2 Zum Kochen bringen, dann bei schwacher Hitze 6 Stunden köcheln lassen. Wasser ergänzen, falls nötig. Die Eier schälen und servieren.

Feinkost-Klassiker

Ein hart gekochtes Ei, gehackt und mit Zwiebel und etwas Hühnerfett oder Mayonnaise vermischt, gehört zu den ältesten jüdischen Speisen. Im modernen Israel mischt man gerne Avocado mit Ei. Rührei mit gebräunten Zwiebeln und geräuchertem Hühnchen auf Roggentoastscheiben oder Bagels ergibt einen perfekten Brunch.

Fleisch

Für gläubige Juden muss Fleisch koscher sein. Einst durfte jeder Jude, der den Ritus kannte, eine Schlachtung durchführen, aber dies änderte sich im 13. Jahrhundert mit der Ernennung von Schochets (Ritualschlachtern). Dafür qualifizierten sich nur die gebildetsten, frommsten und herausragendsten Männer.

Fleisch war stets ein teurer, aber höchst geschätzter Teil der jüdischen Tafel. Für Aschkenasen war es aufgrund der Erhebung einer saftigen Steuer *(Korobka)* sogar noch teurer. Zusammen mit einer Kommunalabgabe ergab sich ein Preis, der das Doppelte von nichtkoscherem Fleisch betrug. Das alles hielt die Juden aber nicht davon ab, Fleisch zu essen; allerdings nur zu besonderen Anlässen.

Flach geklopftes, mageres Kalbfleisch ist die wichtigste Zutat für das klassische Wiener Schnitzel.

LAMM UND HAMMEL

Bis zu Anfang des 20. Jahrhunderts, als der starke französische Einfluss Rind- und Kalbfleisch auf den Speisezettel brachte, waren dies die Lieblings-Fleischsorten der Sepharden Nordafrikas und des arabischen Raums. Wegen des zeitraubenden Vorgangs der in der Kaschrut vorgeschriebenen Entfernung des Ischiasnervs vermieden Aschkenasen lange Zeit den Genuss der Hinterviertel von Lämmern und Hammeln, bis eine Fleischknappheit im 15. Jahrhundert dazu führte, dass sich die aufwendige Prozedur lohnte.

RIND

Sehr beliebt ist Rind bei europäischen Juden. Rinderbrust ist grobfaserig, entfaltet aber nach genügend langer Kochzeit einen wunderbaren Geschmack. Dasselbe gilt auch für das Rippen- und das Nackenstück. Viele dieser Stücke eignen sich nicht nur hervorragend zum Schmoren und für Suppen, man kann aus ihnen auch sehr gut Corned Beef (Pökelfleisch) und Pastrami herstellen. Die vordere Hesse (Wade) ist ein grandioses Suppenfleisch.

Würste und Salami

Sowohl Aschkenasen als auch Sepharden verarbeiten Rindfleisch zu einer großen Vielfalt an Wurstwaren. Die Aschkenasen bevorzugen tendenziell Gebrühtes wie Frankfurter, Knackwurst oder Frühstückswürstchen sowie würzige Trockenwürste, die Sepharden eher Rohwürste wie die scharfe Merguez aus Nordafrika, die auch in Frankreich populär ist.

KALB

Alle jüdischen Gemeinschaften bevorzugen Kalb, weil es so köstlich und leicht ist: Schulterbraten, Kalbsbrust, Hesse und Rippenstücke sind beliebt, außerdem gehacktes Kalb. Häufig wird die Brust gefüllt und mit Mischgemüse geschmort; Kalbshack bereitet man als Fleischbällchen oder Frikadelle zu. In Wien hat man dünne Filets von der Schulter noch dünner geklopft, dann mit einer Panade aus Mehl, Ei und Paniermehl überzogen und die berühmten, goldbraunen Schnitzel gebacken.

Fleischbällchen in allerlei Gestalt

Scharf oder pikant gewürzte Fleischbällchen sind in der ganzen jüdischen Welt sehr beliebt und kommen in vielen verschiedenen Formen vor.

- Die russischen *Bitkis* werden mit Rinderhack und gehackten Zwiebeln gemacht und gebraten, gegrillt oder gekocht, häufig zu einem Hühnchen als Teil eines (Sabbat-)Festmahls.
- *Kotleta* heißen flache, gebratene Frikadellen.
- Die zylindrischen rumänischen *Mitetetlai* werden mit viel Knoblauch und oft Petersilie gemacht und dunkelbraun gebraten oder gegrillt.
- Die Sepharden kennen eine Unzahl von Fleischbällchen: *Albondigas*, *Boulettes*, *Köfte* und *Yullikas*. Sie sind stark gewürzt und werden gegrillt, über dem offenen Feuer gebraten oder in Soßen gekocht.

ANDERES FLEISCH

Dazu zählen Ziege, Hirsch und Reh. Ziege wird in der sephardischen Küche geschätzt und oft für Gerichte verwendet, die auch mit Lamm gemacht werden können: würzige Eintöpfe, Currys und Fleischbällchen. Wildbret wird in ähnlicher Form wie Rind zubereitet.

OFFAL

Ärmere Familien aßen bevorzugt die minderen Teile des Schlachtviehs: Füße, Milz, Lunge, Magen, Leber, Zunge und Hirn. Vor allem die jemenitischen Juden sind bis heute für ihre köstlichen, pikanten Offal-Suppen berühmt.

ZUBEREITUNG VON KOSCHEREM FLEISCH

Koscheres Fleisch ist meist zäh, weil die verwendeten Stücke in der Regel viel Bindegewebe enthalten. Zudem kann das Fleisch nicht abhängen, sondern muss binnen 72 Stunden nach der Schlachtung zerteilt werden und die Behandlung mit Koschersalz zur Blutentfernung trocknet das Fleisch aus. Deshalb wird Fleisch im Allgemeinen sehr langsam gekocht – in Eintöpfen oder als Schmorgericht.

Diese langwierigen Kochmethoden sind auch ideal im Hinblick auf das Sabbatmahl, das vorab zubereitet wird und dann im Ofen viele Stunden Zeit hat, um wunderbar zart zu werden.

Wird Fleisch schnell zubereitet, z. B. für Kebabs, wird es vorab mariniert, um es zart zu machen. Das Hacken hat einen ähnlichen Effekt, weshalb es so viele jüdische Rezepte für Fleischbällchen, Frikadellen oder Fleischkäse gibt. Diese Gerichte ermöglichen es außerdem, eine geringe Menge Fleisch zu strecken.

GESCHMACKSRICHTUNGEN

Jede Region favorisiert ihre eigene Geschmacksnote. Polen lieben es süß-sauer; Deutsche süß und fruchtig; Russen mögen es deftig, mit Zwiebeln; Litauer bevorzugen es pikant-pfeffrig. Sepharden verwenden viele Gewürze und frisches Gemüse der Saison. In Marokko gibt man Süß-Fruchtiges zum Fleisch; Tunesier ziehen scharfe Gewürze vor; türkische Juden kochen mit Tomaten und frischen Kräutern, z. B. Dill; die persische Küche schließlich besticht mit feinen, milden Aromen, frischen Kräutern, Früchten, Gemüse und auch Bohnen.

Rezept für Hackbraten

Klops, Hackbraten, ist ein traditionelles Gericht der Aschkenasen. Köstlich, egal ob heiß oder kalt serviert.

1 Den Ofen auf 180 °C vorheizen. Vermischen Sie 800 g Fleischhack, 2 gehackte Zwiebeln, 5 gehackte Knoblauchzehen, 1 geriebene Karotte, gehackte Petersilie, 4 EL Paniermehl, 3 EL Ketchup und 1 verquirltes Ei.

2 Zu einem Laib formen und in einen Bräter legen. Mit Ketchup bestreichen und 2 geschnittene Tomaten sowie 2–3 geschnittene Zwiebeln darauf verteilen.

3 Den Bräter mit Folie abdecken und eine Stunde im Ofen garen. Die Folie entfernen, die Hitze auf 200 °C erhöhen und einige der Zwiebeln entfernen. 15 Minuten backen, bis das Fleisch gar und die Zwiebeln gebräunt sind.

Fleisch aus dem Feinkostladen

Traditionell haben die jüdischen Speiselokale entweder Fleischiges oder Milchiges verkauft. Delis mit Fleisch im Angebot haben stets eine wundervolle Auswahl an Geräuchertem, Gebrühtem und Gepökeltem – Corned Beef auf Roggenbrot, Salami, rauchiges Pastrami oder Frankfurter/Knackwurst mit Sauerkraut.

Rindersalami, Corned Beef und würziges Pastrami sind Deli-Klassiker.

Geflügel

Gemäß der Kaschrut gilt Geflügel als Fleisch und die entsprechenden Regeln (Schlachtung, Zubereitung) haben Gültigkeit. Von erlaubtem Geflügel darf alles gegessen werden.

HUHN

Das vermutlich beliebteste Geflügel bei Sepharden und Aschkenasen. Wie Rind und Lamm sparte man sich Huhn einst für das festliche (Sabbat-)Mahl auf. Später kam es öfter auf den Tisch, da es üblich wurde, dass die Leute sich einige Hühner hielten und bei Bedarf zum *Schochet* brachten.

Häufig wird das Huhn zuerst in Wasser oder Brühe gekocht, um eine Suppe zu machen, und dann für den Hauptgang gebraten.

Fleischbällchen aus Hühnerhack gehörten zu den Leibspeisen der persischen und türkischen Juden, vor allem solche mit Auberginen. Im Irak entstanden die berühmten, würzigen Hühnerkroketten, die von hier aus auch nach Indien und Myanmar gelangten. Indische Juden bereiten grandiose Currys mit Huhn und Kokosmilch anstatt Joghurt zu, da Huhn nicht mit Milch gegessen werden darf.

Ein beliebter (sephardischer) Snack in den Straßen von Jerusalem besteht aus knusprig gegrillten Innereien und Hühnerklein, die man in frisch gebackenem Pita-Brot mit einer sehr scharfen Pfeffersoße isst.

Huhn ist Teil einer ganzen Reihe klassischer jüdischer Speisen.

ANDERES GEFLÜGEL

Man isst auch Pute, Ente, Gans, Wachtel, Zuchttaube und Stubenküken. In Marokko serviert man dem Brautpaar traditionell vor der Hochzeitsnacht mit süßen Früchten gekochte Taube – für Eheglück.

Sephardisch ist es, Geflügel zu füllen – mit Couscous, würzigem Fleisch, Reis und Trockenfrüchten oder mit Kräutern und milderen Gewürzen, wie etwa Zimt. Auch Eintöpfe mit Geflügel und Quitten oder Granatäpfeln, Tomaten oder Paprika, Kichererbsen oder Oliven waren beliebt. Die Kunst des Stopfens von Gänsen, um Fettlebern zu erhalten, haben sich Juden im alten Ägypten angeeignet; sie sollen sie auch nach Frankreich gebracht haben.

SCHMALZ UND GRIBENES

Das ausgelassene Hühnerfett (Schmalz) und die beim Auslassen übrig bleibenden Grieben (Gribenes, knusprige Hautstückchen), werden in der jüdischen Küche vielfach verwendet. Schmalz galt lange als Symbol für Überfluss.

Eine jiddische Redensart lautet: „Er hat so viel Glück, er ist in ein Schmalzfass gefallen." Essen Sie Schmalzbrot mit Zwiebeln oder verleihen Sie einem Tscholent oder gehackter Leber damit eine besondere Note.

Die Herstellung von Schmalz und Gribenes

Ein Huhn ergibt kaum Schmalz, deshalb sollten Sie Haut und Fett sammeln (einfrieren!), bis etwa ½ kg zusammen ist.

1 Haut und Fett klein schneiden. In eine große, schwere Pfanne geben, mit Wasser bedecken, zum Kochen bringen und bei starker Hitze kochen, bis alles Wasser verdampft ist.

2 Die Hitze reduzieren; 2 ½ gehackte Zwiebeln und 1–2 Knoblauchzehen hinzufügen.

3 Bei mittlerer Hitze so lange braten, bis sich der Knoblauch bräunt. Diesen dann entfernen.

4 Sobald das ganze Fett ausgelassen und die Gribenes knusprig sind, entnehmen Sie diese vorsichtig mit einem Schaumlöffel.

Fisch

Erlaubte Fischarten sind parewe, es gibt also keine verbotenen Kombinationen mit anderen Zutaten. Diese Vielseitigkeit erklärt die extrem wichtige Rolle von Fisch in der jüdischen Küche. Manchmal steht Fisch im Mittelpunkt, z. B. zu Rosch ha-Schana, häufiger wird er als Vorspeise oder Teil eines Buffets serviert.

Die Frischfischtheke hat stets ein breites Sortiment anzubieten: Wolfsbarsch, Dorsch, Seezunge und Flunder, Schellfisch, Seehecht und Makrele sind sämtlich beliebte Seefische; Barsch, Hecht und Forelle gehören zu den bevorzugten Süßwasserarten.

Manche Fische gelten als „jüdischer" als andere; die offensichtlichen Vorlieben für bestimmte Fische entstanden aber einfach aufgrund der regionalen Verfügbarkeit.

So werden etwa Karpfen und Hecht von den Aschkenasen ganz besonders geschätzt. Der Karpfen kam mit Juden nach Europa, die ihn dank ihrer Beteiligung am Seidenhandel im 15. Jahrhundert in China entdeckten. Hecht wurde im 19. Jahrhundert in den USA von Deutschland aus eingeführt und gewann mit den jüdischen Einwanderungswellen aus allen Teilen der Welt stetig an Popularität.

Karpfen in Aspik

Diese traditionelle Köstlichkeit, pochierter Karpfen in Aspik, verdanken wir den Juden Osteuropas.

1 1 kg frischen, ausgenommenen Karpfen in 8–10 Stücke schneiden. 1 EL Öl in einer Pfanne erhitzen und darin 2 ½ gehackte Zwiebeln goldbraun sautieren.
2 2–3 Lorbeerblätter, 1–2 Petersilien- und Thymianzweige, 1–2 Scheiben Zitrone und den Karpfen in die Pfanne geben und kräftig salzen.
3 Mit 450 ml heißer Fischbrühe und ¼ l Weißwein aufgießen. Aufkochen, 1 Stunde köcheln lassen. Etwas abkühlen, dann den Karpfen in eine Form geben.
4 Die Fischbrühe durch ein feines Sieb passieren.

5 2 Päckchen koschere Gelatine in 150 ml der Brühe auflösen, dann die restliche Brühe einrühren. Über den Fisch gießen und kalt stellen.
6 Zum Karpfen in Aspik servieren Sie Zitronenschnitze und Meerrettich.

Feinkost-Fisch

Keine aschkenasische Feier ist vollständig ohne eine Fischspezialität aus dem Feinkostladen. In einem guten Delikatessengeschäft sollte es nach Räucherfisch und Salzhering duften.

Die Kunst der Fischkonservierung ist eine Spezialität der Aschkenasen. Sie haben die Technik perfektioniert, sodass ihre Vorräte an Fisch für das ganze Jahr reichten. Fische wurden eingesalzen, in Salzlake gelegt, geräuchert und mariniert.

An der Fischtheke dürfen Sie seidigen Räucherlachs (Lox) erwarten; sein natürliches Orange steht im Kontrast zu den geräucherten Weißfischen in schimmernd goldener Haut. Zudem wird es Hering geben: gesalzen, geräuchert, eingelegt, in saurer Sahne, in Salzlake, als Salat. Gefilte Fisch, frisch oder im Glas, sollte es auch geben, in festem, süßlich aromatisiertem Aspik auf polnische Art oder würzigpfeffrig im Stile der Juden Russlands und Litauens.

Rollmops (pikant eingelegter Hering) und dünn geschnittener Räucherlachs sind perfekt für einen Sabbatbrunch.

Getreide und Hülsenfrüchte

Getreide, Bohnen, Erbsen und Linsen waren lange Zeit die jüdische Nahrungsgrundlage Nr. 1 und haben Generationen genährt.

Vielerorts trug eine bestimmte Getreidesorte oder Hülsenfrucht tatsächlich dazu bei, die regionale Küche zu definieren. In Rumänien war das Mamaliga, ein Maisbrei ähnlich einer Polenta; in Nordafrika war es der Couscous; für etliche Regionen im Osten bildete Reis das wichtigste Grundnahrungsmittel. In Russland, Polen und der Ukraine aß man viel Kascha (Buchweizen). Auch den langsam gekochten, am Sabbat servierten Eintöpfen Tscholent, Hamim oder Dafina werden Hülsenfrüchte hinzugefügt.

KASCHA

Dieses nussig-kräftig schmeckende Korn ist polierter Buchweizen. In der aschkenasischen Küche hat es eine große Tradition und für Aschkenasen, die damit aufgewachsen sind, ist es oft von hohem sentimentalem Wert. Kascha bildet klassischerweise die (in reichlich Soße oder Bratensaft getränkte) Beilage zu (Schmor-)Braten oder gefüllten Knischen und Klößen. Es passt gut zu Zwiebeln, Pilzen und Nudeln. Kascha-Warnischkes, ein aschkenasischer Klassiker aus Kascha, schmetterlingsförmigen Nudeln und Zwiebeln, wird traditionell zum Purimfest gegessen.

Rezept für Kascha

Der Mahlgrad kann fein, mittel oder grob sein. Die Kascha sollte vor dem Kochen geröstet werden, damit sie nicht breiig wird und um den nussigen Geschmack hervorzubringen. Häufig wird sie vor dem Kochen mit Ei geröstet, dadurch verkleben die Körner nicht miteinander.

Um Kascha zu rösten, erhitzen Sie sie in einer schweren Pfanne bei mittlerer Hitze einige Minuten lang, bis die Körner anfangen, ihren typischen aromatischen Geruch zu verströmen. Mit Brühe aufgießen, zum Kochen bringen, die Hitze reduzieren und zugedeckt 10–20 Minuten weich köcheln.

Um Kascha mit Ei zu rösten, vermischen Sie etwa 250 g Kascha mit einem verquirlten Ei. Die Masse in eine kalte Pfanne füllen. Gut verrühren, dann auf mittlere Hitze stellen. Rühren Sie ununterbrochen, während die Körner geröstet werden und das Ei stockt. Wenn die Kascha trocken ist, mit Brühe oder Wasser aufgießen und wie oben beschrieben kochen.

MAMALIGA

Dieser goldene Maisbrei ist das Nationalgericht Rumäniens und in ganz Osteuropa sehr verbreitet. Die Mamaliga ähnelt einer Polenta und kann als weicher Brei gegessen werden; man kann sie auch auf ein Backblech streichen, im Kühlschrank fest werden lassen, dann in Stücke schneiden und braten oder grillen. Sie schmeckt heiß oder kalt.

In Rumänien isst jeder Mamaliga, ob jüdisch oder nicht. Zum Frühstück wird Honig oder Marmelade darübergeträufelt und saure Sahne dazu gereicht; mittags kommen Hüttenkäse oder Brinza (fetaähnlicher Käse) darauf und Butter. Hervorragend passen geröstete Paprika und Tomaten dazu. Sie ist aber auch eine wunderbare Beilage zu Fleischgerichten, etwa zu einem saftigen Schmorbraten, gegrillten Frikadellen oder Rindswürsten.

GERSTE

Viel Eiweiß und B-Vitamine stecken in der Gerste. In der osteuropäischen Küche ist sie unentbehrlich: Pilz-Gersten-Suppe, Gerste mit Gemüse und Butterbohnen und vieles mehr. Manchmal kommt ein wenig Fleisch dazu.

BULGUR

Bulgur ist vorgekochter, polierter Weizen und in der gesamten nahöstlichen Küche weit verbreitet. Er kann grießig fein oder fast korngroß sein. Mitunter wird er anstelle von Couscous oder Reis gegessen, als Beilagen-Alternative zu schmackhaften Eintöpfen oder als Suppeneinlage.

Parewe Getreide wie Gerste (links), Kascha (Buchweizen; rechts) und Bulgur (unten) sind wichtige Grundnahrungsmittel in den Küchen der Aschkenasen wie auch der Sepharden.

Bohnen (oben), Spalterbsen (unten) und Linsen (links) enthalten viel Eiweiß und können in Eintöpfen das Fleisch ersetzen.

COUSCOUS

Dieses Grundnahrungsmittel wird in der Regel als Getreide kategorisiert, obwohl es eigentlich aus winzigen Nudelkörnchen besteht. Bei den Juden Nordafrikas war es schon immer sehr beliebt, und natürlich haben sie es bei der Einwanderung nach Israel mitgebracht – in allerlei verschiedenen Formen. Die Zubereitung ist einfach: Man dämpft es über einem leichten, schmackhaften Eintopf aus Gemüse, Fleisch, Fisch oder Früchten. Es gibt viele verschiedene Arten von Couscous, die jeweils auf unterschiedliche Art gekocht werden. Gewöhnlicher Couscous wird mit kaltem Wasser angesetzt, das er aufsaugt. Dann dämpft man es über einem Eintopf. Vorgekochten Couscous braucht man nur mit kochendem Wasser zu übergießen und ziehen zu lassen.

Israelischer Couscous ist erbsengroß und wird wie Pasta gekocht. Es hat Biss und macht sich sehr gut in Suppen und zu Fischgerichten.

REIS

Weltweit essen Juden gerne Reis. Tschelo ist eine klassische, persisch-jüdische Speise. Dabei bildet der Reis am Boden eine knusprige Kruste aus *(Tahdeeg)*, die mit dem übrigen Reis vermischt einen schmackhaften Kontrast der Konsistenzen ergibt. Manchmal fügt man auch dünn geschnittene Kartoffeln dazu.

Tschelo bildet die Basis vieler iranisch-jüdischer Spezialitäten, vollendet mit kräuterigem Gemüse oder Fleischeintöpfen. Zu Rosch ha-Schana ist den Juden des Iran Reis besonders wichtig. Die vielen Körnchen stehen für die vielen Momente des Glücks, auf die man im neuen Jahr hofft.

KICHERERBSEN

Sepharden verspeisen sie in großen Mengen, die Juden Osteuropas servieren sie zur Feier einer Brit Mila. Zu Mehl vermahlen werden sie zu einem Verdickungsmittel in den jüdischen Küchen Indiens und des Nahen Ostens. Eingeweichte gemahlene Kichererbsen nimmt man für Falafel, das von vielen als Israels Nationalgericht angesehen wird.

GETROCKNETE BOHNEN UND ERBSEN

Dicke und Schwarzaugenbohnen werden von Sepharden sehr geschätzt. Dicke Bohnen sind ein uraltes Nahrungsmittel: Man konnte sie in Jericho bis ins präkeramische Neolithikum B nachweisen. Schwarzaugenbohnen stammen ursprünglich (vor etwa 4000 Jahren) aus Äthiopien, in Judäa tauchten sie um 1500 v. Chr. auf. Beide Sorten isst man in Suppen und Eintöpfen. Getrocknete dicke Bohnen werden gekocht und mit Knoblauch, Olivenöl, hart gekochten Eiern und etwas Tahina gegessen.

LINSEN

Mit jeder Art von Linsen wird Suppe gekocht: von den schnellkochenden roten bis zu den besser schmeckenden braunen. Auch gelbe und grüne Spalterbsen sind beliebt. Die Genesis erzählt die Geschichte, wie Esau sein Geburtsrecht für einen Topf Linsen verkaufte.

Israelischer Couscous (vorne) besteht aus deutlich größeren Körnern als gewöhnlicher Couscous (hinten).

Gemüse

Einige Gemüse haben ganz bestimmte Bedeutungen bei religiösen Festen. So symbolisiert etwa ein zu Rosch ha-Schana servierter, goldfarbener Kürbis Wohlstand. Grünes Gemüse steht für Erneuerung und Glück, während getrocknete Bohnen und Erbsen für Überfluss stehen.

Karotten werden zu Rosch ha-Schana in Honig gekocht, als Zeichen für das erhoffte „süße" neue Jahr. (Man wünscht einander in Israel ein gutes und süßes neues Jahr.) Im Gegensatz dazu isst man am Sederabend bittere Kräuter im Gedenken an die harsche Zeit in Sklaverei. Zum selben Anlass essen Aschkenasen dicke Bohnen, weil damit auch die israelitischen Sklaven während ihrer Gefangenschaft in Ägypten ernährt wurden. Wenn Aschkenasen Chanukka feiern, kommen Kartoffel-Latkes auf den Tisch.

Die Juden Nordafrikas verwenden sieben verschiedene Gemüsesorten für eine ihrer Spezialitäten, eine besondere Suppe, wobei die Gemüse die sieben Tage der Schöpfung repräsentieren (der Sabbat ist der siebte Tag).

Die neue Ernte wird Jahr für Jahr sehnsüchtig erwartet, und jedes Mal, wenn ein Gemüse zum ersten Mal in der Saison gegessen wird, ist es Brauch, das *Schechetschejanu* zu rezitieren, ein Erntedankgebet.

ASCHKENASEN-TRADITION

Jahre voller Kampf und Entbehrung, als die Juden im Osten Europas von einem Platz zum anderen gejagt und ruinös besteuert wurden, haben den Erfindungsreichtum in Sachen Gemüsezubereitung auf die Spitze getrieben. Karotten, Kohl, Rote Bete, Zwiebeln und Steckrüben mochten langweilig und schwer verdaulich sein – die Juden schätzten deren prägnanten Geschmack. Zum Zweck der Konservierung über die langen Winter und zur Verfeinerung wurde viel Gemüse eingemacht. Sauerkraut, Salzgurken und Borschtsch entstammen sämtlich dieser Ära.

Die Aschkenasen, die von Polen und Russland aus nach Süden emigrierten, entdeckten dort einen wahren Reichtum an bislang unbekanntem Gemüse. Paprika wurde rasch populär – er ließ sich gut einlegen und gab, getrocknet und gemahlen, ein interessantes Gewürz ab. Kartoffeln wussten zu begeistern, sie waren gleichermaßen schmackhaft und sättigend. Auberginen, die von Spanien und Italien aus ihren Weg nach Rumänien fanden, kamen in allgemeinen Gebrauch. Tomaten blieb die breite Anerkennung eine Weile versagt: Ihre blutrote Farbe erregte Skepsis, man diskutierte intensiv die Frage, ob sie nun koscher seien oder nicht. Hierin mag auch der Grund für eine aschkenasische Spezialität zu finden sein: eingelegte grüne Tomaten.

SALATE

In der Frühzeit wurden Rohgemüse und Salate von den Aschkenasen wenig geschätzt: Sie kamen aus kalten Klimatas, wo wärmende, sättigende Eintöpfe eine Notwendigkeit waren. Man genoss immerhin diverse Arten von Rettichen, rohe Steckrüben, Gurken, rohen Zwiebeln und Knoblauch. Sehr beliebt waren die jungen Triebe des Knoblauchs, die man gerne mit schwerem Schwarzbrot aß. Bisweilen gab es rohe, geriebene Karotten in Salaten, ebenso frisches, wild wachsendes Blattgemüse, auch wenn man dieses häufig kochte und als warme Mahlzeit zu sich nahm.

DIE SEPHARDEN-TRADITION

Den Juden der Iberischen Halbinsel stand eine weit größere Gemüseauswahl zu Verfügung als ihren nördlichen Nachbarn. Sie gehörten zu den ersten Europäern, die Mais, Paprika, Tomaten und grüne Bohnen, sämtlich Importe aus der Neuen Welt, für sich entdeckten und mit Begeisterung ihrem Speisezettel hinzufügten. Jüdische Händler trugen zur Verbreitung der neuen Gemüsesorten bei, indem sie sie in die entlegeneren Gebiete Spaniens brachten und, nach ihrer Vertreibung 1492, in den Rest der damals bekannten Welt. Artischocken und Kürbis wurden, so wird behauptet, von Juden in Italien eingeführt. Dasselbe soll auch für Auberginen gelten,

Wurzelgemüse, wie Karotten, Steckrüben und Rote Bete, sind typische aschkenasische Grundnahrungsmittel.

die man wegen ihrer fleischartigen Konsistenz schätzte, insbesondere wenn echtes Fleisch nicht verfügbar oder wegen der Milch-Fleisch-Regel untersagt war.

Die sephardische Vorliebe für Gemüse in Eintöpfen, Pilaws und Suppen ist allgemein bekannt. Da sie mit Olivenöl kochen, sind Gemüsegerichte *parewe* und können mit Milchigem oder Fleischigem serviert werden. Gemüse wird einfach gekocht, dann mit Olivenöl und Zitronensaft mariniert.

Gemüse ist auch ein perfekter Partner von Eiern. Sephardische Spezialitäten dieser Kategorie reichen vom kurkumagelben Kartoffelomelette, einer Variation der Tortilla, über die sizilianische Spinat-Tortino bis zu einem spanisch-syrischen Gericht aus Auberginen mit Eiern und Käse.

Zum Repertoire gehört auch noch die *Schakschuka*, eine arabische Köstlichkeit mit Paprika, Tomaten und Eiern.

Farbenprächtiges, wärmeliebendes Gemüse, wie Paprika, Artischocken und Auberginen, bildet die Basis zahlreicher sephardischer Gerichte.

Aus dem Feinkostladen

Kartoffel- und Krautsalat, Gurke und Zwiebel, Russischer Salat, gegrillte Paprika, rumänischer Auberginensalat und eingelegtes Mischgemüse sind nur einige der Angebote eines gut sortierten Delikatessengeschäfts. Sauerkraut ist ein Grundnahrungsmittel, eingelegte Gurken sind die Hauptattraktion. *Kosher dill pickles* werden nicht mit Süßungsmittel oder Essig, sondern lediglich mit Salzlake, Gewürzen und viel Knoblauch gemacht. In jüngerer Zeit wurden mehr Spezialitäten aus Israel populär, z. B. *Baba Ganoush*.

Krautsalat, eingelegte Gurken und Kartoffelsalat sind nur ein paar der Köstlichkeiten im Feinkostladen.

Die jüdische Küche 207

Früchte, Nüsse und Samen

Früchte haben auf den jüdischen Esstischen stets eine wichtige Rolle gespielt. Die ersten Früchte jeder Saison sind Gegenstand eigener Segnungen, wobei man Melonen, Feigen, Datteln und Trauben wegen ihres Stellenwerts in der Bibel besonders würdigt. Auch Nüsse und Samen isst man gerne, sie liefern Eiweiß und verleihen vielen Gerichten eine besondere Note.

FRÜCHTE

Alle frischen Früchte sind koscher und für manche strenggläubige Juden das Einzige, was sie essen, wenn sie sich der Kaschrut einer Küche nicht sicher sind. Man isst die ganze, frische Frucht, nicht mit einem *trejfen* (nicht koscheren) Messer aufgeschnitten.

Israel gehört zu den weltweit führenden Früchteproduzenten. Jaffa-Orangen, saftige Grapefruits und die winzigen Kumquats und Limequats werden für den Eigenbedarf und für den Export angebaut, zudem Kakis und köstliche Avocados.

TRADITIONEN

An Sukkot verwendet man die Zitrusfrucht Etrog für die Segnung der Laubhütte. An Rosch ha-Schana tunkt man Äpfel in Honig und verspeist Granatäpfel zur Feier von Fruchtbarkeit und Überfluss. Quitten werden gebacken und eingelegt und in der Challa finden sich oft Trockenfrüchte.

Aschkenasen bereiten Charosset, die Frucht-Nuss-Paste zum Pessachfest, mit Äpfeln und Walnüssen zu, während die Sephardim tropische und Trockenfrüchte bevorzugen. An Tu biSchewat kosten sich die Juden durch eine Vielzahl an Obstsorten und zu Chanukka wird zu den Kartoffel-Latkes Apfelsoße serviert.

REGIONALE SPEZIALITÄTEN

Sepharden verdanken den üppigen, warmen Klimatas ihrer Lebensräume seit jeher eine große Vielfalt an Früchten: Feigen, Datteln, Melonen und Zitrusfrüchte. Quitten werden traditionell für Rosch ha-Schana süß eingelegt, gefüllt für Sukkot, kandiert für Pessach und zu anderen Zeiten Eintöpfen mit Fleisch hinzugefügt. Eine weitere

Quitten, Datteln und Feigen gehören zu den Früchten, die in den warmen, sephardischen Regionen reifen.

Äpfel, Pflaumen und Kirschen sind Früchte mit aschkenasischer Tradition.

Spezialität der Sepharden, im Speziellen jener aus Nordafrika, sind in Salzlake eingelegte Zitronen. Sie verfeinern häufig herzhafte Gerichte, wie z. B. würzige Fleischeintöpfe.

Für Aschkenasen waren Früchte nicht so einfach zu bekommen, sondern streng saisonale kulinarische Höhepunkte. Man genoss Himbeeren, Stachelbeeren, Johannisbeeren, Kirschen, Pflaumen, Birnen und Äpfel in einer Vielzahl von Gerichten von Pfannkuchen und Süßgebäck bis Früchtesuppen, Kuchen und Kompotten. Bratäpfel mit braunem Zucker und Zimt gehören zu den Klassikern der aschkenasischen Küche.

Was nach der Ernte nicht sofort verbraucht werden konnte, wurde gedörrt oder konserviert, um auch außerhalb der Früchtesaison versorgt zu sein. Kompotte aus Trockenfrüchten sind bei Aschkenasen bis heute beliebt.

Trockenfrüchte werden auch oft für Kuchen und Strudel sowie in vielen Fleischgerichten verwendet. Rosinen in Fleischbällchen und Pastetenfüllungen sind keine Seltenheit und der klassische *Zimmes* (ein schmackhafter Fleisch- oder Gemüseeintopf) wird mit der

Zugabe von getrockneten Aprikosen und Dörrpflaumen zur besonderen Delikatesse.

Rezept für Früchtesuppe

Die klassische aschkenasische Früchtesuppe ist ein erfrischender Anfang oder Abschluss eines Mahls. Pflaumen, Kirschen oder rote Beerenfrüchte zeitigen ein gutes Resultat, aber prinzipiell kann man jegliches Obst verwende.

1 Zerkleinern Sie 1,3 kg Früchte und geben Sie sie in einen Topf. 1 Liter Wasser, 475 ml trockenen Rot- oder Weißwein und den Saft einer Zitrone hinzufügen. Etwas Zucker, Honig und Zimt einrühren. Zum Kochen bringen, dann köcheln lassen, bis die Früchte weich sind.
2 Verrühren Sie 2 TL Pfeilwurzmehl mit 1 EL kaltem Wasser. In die Suppe rühren und unter ständigem Rühren kochen, bis die Suppe eingedickt ist.
3 Vom Feuer nehmen, falls nötig mit etwas Wasser oder Wein verdünnen, dann mit einem Spritzer Vanilleextrakt abschmecken. Verwenden Sie Pfirsiche, Kirschen oder Aprikosen, ersetzen Sie die Vanille durch Bittermandelöl. Kühlen lassen, dann kalt stellen. Mit saurer Sahne oder Joghurt servieren.

NÜSSE UND SAMEN

Diese Nahrungsmittel sind parewe und bei Aschkenasen und Sepharden gleichermaßen beliebt. Man kann sie süßen oder salzigen Gerichten beigeben oder einfach essen, wie sie sind. Straßenstände in Israel bieten geröstete Nüsse und Samen feil; die Knabberei ist als *Garinim* bekannt.

Mandeln werden in süßen und pikanten Gerichten verwendet. Mandelbrot (harte Mandelkekse) gehört zu den klassischen Naschereien der aschkenasischen Küche, während Marzipan sich wunderbar als Füllung von Fyllo-Süßgebäck aus den Regionen Nordafrika und Mittelmeer macht.

Pistazien genießt man vorwiegend im Nahen Osten. Geröstet und gesalzen sind sie einer der beliebtesten Snacks. Ungesalzene Pistazien werden gehackt und kommen in Baklawa, als Kuchenfüllung und in Keksen gut zur Geltung. Mohn ist eine der großen Leidenschaften der Aschkenasen. Er kommt in Kuchen, wie in die klassische russische Mohntorte, oder wird auf Gebäck, z. B. Bagels, gestreut. Der Mohngeschmack wird intensiviert, wenn man die winzigen Körnchen röstet und quetscht und in dieser Form als Füllung für Kuchen und Gebäck verwendet.

Sesamsamen sind mit oder ohne Schale, en nature oder geröstet erhältlich. Den besten Geschmack erzielen Sie mit geschälten, ansonsten aber unbehandelten Sesamsamen, die Sie unmittelbar vor der Verwendung in einer schweren Pfanne ohne Fett selbst goldbraun rösten. Zu einer Paste verarbeitet lässt sich daraus Halwa oder Tahina machen, in Honig oder Zucker geköchelt wird *Sumsum* daraus, Sesam-Krokant, der in Israel an jeder Straßenecke verkauft wird. Walnüsse, eine Aschkenasen-Zutat, sind essenziell für *Charosset*, eine Paste aus Nüssen, Gewürzen, Wein und Früchten, die den Mörtel repräsentiert, mit dem die Israeliten die Pyramiden bauten, und eine Pessach-Speise ist.

Mandeln, Sesamsamen und Mohn finden in der traditionellen jüdischen Küche vielfach Verwendung.

Aus dem Feinkostladen

Der süße Geruch gebratener Äpfel heißt den Besucher im Delikatessengeschäft willkommen. Kompotte und Gelees und Milchreis mit Trockenfrüchten – hier findet man alles. „Aprikosenleder" – eine Paste aus gekochten Aprikosen, die man dünn aufgestrichen und getrocknet als Konfekt genießen oder mit kochendem Wasser wieder in eine Paste zurückverwandeln kann – ist eine weitere Spezialität in einem guten Deli. Datteln werden dicht mit Kokosraspeln bestreut oder mit Nüssen gefüllt. Läden mit einem nahöstlichen Kundenschwerpunkt haben Krüge mit süßen, haltbaren Fruchtzubereitungen, aus denen man sich direkt die nötige Portion zum Kuchen herauslöffeln kann. Grüne Walnüsse, Kirschen, Pflaumen und Kumquats werden in Honig gedünstet und in dieser Form angeboten.

Kräuter und Würzmittel

Die Aschkenasen nahmen die Geschmacksstoffe Osteuropas für ihre bodenständigen, oft herzhaften Gerichte, die Sepharden jene ihrer Heimatländer für ihre reich gewürzte, aromatische Küche.

KRÄUTER UND GEWÜRZE

Kräuter und Gewürze nehmen in den jüdischen Ritualen rund ums Essen einen besonderen Stellenwert ein. Zu Pessach isst man milde und bittere Kräuter, während der warm-süße Geruch nach Zimt, Ingwer, Muskatnuss und Nelken Teil der Hawdala-Zeremonie ist: Sie markiert das Ende des Sabbat, der Gewürzduft ist das Willkommenheißen der neuen Woche.

Aschkenasen nahmen, was Osteuropa an Aromatischem zu bieten hatte: frischen Dill, Petersilie, Frühlingszwiebeln und zarten jungen Knoblauch. Man würzte auch Kuchen und Brot sowie die gelegentlichen Fleischgerichte. Für eingelegtes Gemüse, Fisch und Fleisch kamen Kräuter-Gewürz-Mischungen zum Einsatz, die den jeweiligen Eigengeschmack unterstreichen sollten.

In Ländern mit einem lebendigen deutschen und russischen Erbe lernten die jüdischen Siedler Senf in allen Variationen kennen. Im Feinkostladen ist der Senf in seiner Vielfalt vertreten: grober und feiner Senf, süßer, scharfer und Kräutersenf stehen bereit, um ihren Geschmack allen Arten von aschkenasischen Gerichten hinzuzufügen.

In Ungarn lernten Aschkenasen den Paprika kennen und sehr rasch lieben; nach kurzer Zeit begannen sie bereits, ihre eigenen Gerichte mit diesem wärmenden und dabei raffinierten Gewürz zu kochen, z. B. Paprikahühnchen oder das klassische Gulasch.

In ähnlich eklektischer Weise nahmen die Juden das jeweils Landestypische in ihren Speiseplan auf: Thymian und Oregano aus dem Mittelmeerraum; Kreuzkümmel und Koriander aus Indien; Zimt und Harissa aus Nordafrika und Chilis aus Mexiko. Im wundersamen „kulinarischen Gemälde" des Nahen Ostens haben die Gewürze die Rolle der Farben. Sie verleihen allem, womit sie in Berührung kommen, Aroma und Geschmack. Nahöstliche Gewürzmischungen können sowohl trocken-pulverige Mischungen als auch Soßen aus frischen Chilis, Knoblauch und Kräutern sein. Gewürzmischungen schmecken weitaus intensiver, wenn man sie aus frisch gerösteten und gemahlenen Gewürzen macht.

Rezept für Harissa

Diese scharfwürzige Paste ist aus den Küchen Tunesiens (und Nordafrikas) nicht wegzudenken. Ihre Basis bilden mittelgroße und -scharfe Chilis. Harissa kann man überall fertig kaufen, aber auch einfach selbst herstellen.

1 10–15 ganze getrocknete Chilis in einem Topf mit Wasser bedecken. Aufkochen und vom Feuer nehmen.

2 Sobald die Chilis ausreichend abgekühlt sind, entfernen Sie Stängel, Samen und Samenscheidewände, dann mit 10 Knoblauchzehen und je 1 TL (idealerweise frisch geröstetem) Koriander, Kümmel und Kreuzkümmel in einem Mörser zu einer Paste verarbeiten.

3 ½ TL Salz und 1 EL Natives Olivenöl Extra hinzufügen und ausreichend kaltes Wasser einrühren, um eine dicke Paste zu bekommen.

Kreuzkümmel und Koriander sind die Lieblingsgewürze in Nordafrikas Küchen, während Paprika typisch für die Speisen der ungarischen Juden ist.

Rezept für Hawaij
Diese hocharomatische Gewürzmischung ist jemenitisch. Köstlich in Eintöpfen, Suppen und Soßen.

1 Verarbeiten Sie 2 EL ganzen schwarzen Pfeffer und 1 EL Kümmelsamen in einem Mörser. (Sie können auch eine Gewürzmühle verwenden.)

2 Je 2 TL gemahlenen Kreuzkümmel und Kurkuma, 1 TL Kardamomsamen und einige Prisen Safran hinzufügen. Alles pulverisieren und gut verschlossen kühl und lichtgeschützt lagern.

Rezept für Berbere
Eine scharfe äthiopische Gewürzmischung.

1 Mischen Sie 90 g Paprikapulver, 2 TL Cayennepfeffer, die Samen von 20 Kardamomkapseln, ½ TL gemahlene Bockshornkleesamen, je ¼ TL gemahlenen Ingwer und frisch geriebene Muskatnuss und großzügige Prisen schwarzen Pfeffer, Nelken, gemahlenen Zimt und Piment.
2 Die ganze Mischung leicht anrösten: weniger als eine Minute in einer ungefetteten Pfanne. Abkühlen lassen und in dicht verschließbaren Gläsern aufbewahren.

Rezept für Chermoula
Diese feuchte Mischung aus Kräutern, Gewürzen und anderen aromatischen Zutaten kommt aus Nordafrika. Eigentlich ist sie eine Fischmarinade, schmeckt aber auch gut mit Hühnchen, Kartoffeln und Gemüse.

1 Mischen Sie 5 EL Natives Olivenöl Extra, 2 EL Zitronensaft, 4–5 zerdrückte Knoblauchzehen und 2 TL gemahlenen Kreuzkümmel.

2 1 EL Paprikapulver, ¼ TL gemahlenen Ingwer und eine gehackte frische Chili oder eine Prise Chilipulver hinzufügen.
3 6 EL gehackten frischen Koriander und nach Geschmack ein wenig Petersilie oder Minze hinzufügen, salzen und gut vermischen oder pürieren.

Noch mehr Geschmack
Etliche weitere Geschmacksstoffe sind essenziell in der jüdischen Küche:
Salz ist nicht nur ein Geschmacksverstärker, sondern spielt auch eine rituelle Rolle, insbesondere als Koschersalz. Es gilt als reinigend; in biblischen Zeiten hat man es im Tempel von Jerusalem als Opfergabe dargebracht. In Marokko streuen Juden Salz auf Neugeborene, als Schutz gegen den bösen Blick. Am Sederabend wird es, in Wasser gelöst, zum Symbol für die Tränen der israelitischen Sklaven.

Zitronensäure wird von Aschkenasen gerne statt Zitrone zum Säuern von Gerichten wie z. B. Borschtsch verwendet.
Honig ist spätestens seit der biblischen Beschreibung von Israel als dem Land, in dem Milch und Honig fließen, ein erklärter Liebling der Juden. Symbolisch steht es für die „Süße", die man sich an Rosch ha-Schana vom kommenden Jahr erhofft.
Rosen- und Orangenblütenwasser sind Duftessenzen, die man für Süßes und Pikantes verwendet, z. B. die Sirupe, mit denen manches Dessert übergossen wird, und Couscousgerichte.
Halek oder **Dibis** ist ein dicker Dattelsirup und ein Würzmittel. Man kann ihn fertig kaufen oder selbst herstellen: getrocknete Datteln in Wasser quellen lassen, dann in wenig Wasser weich kochen. Pürieren, in einen Topf passieren und bei mittlerer Hitze eindicken.

Karpas und Maror
Dies bezeichnet das Milde und das Bittere, das an Pessach rituell gegessen wird. Karpas, das milde Kraut, wird von jungem Salat (die sephardische Art) oder Petersilie (in der aschkenasischen Tradition) repräsentiert. Maror, die Bitterkräuter, verzehrt man in Erinnerung an das Leiden und die Tränen der hebräischen Sklaven in Ägypten. Häufig ist das geriebener Meerrettich, nicht selten auch Chicorée oder Brunnenkresse.

Nudeln, Pfannkuchen, Klöße und würzige Pasteten

Nudeln in allerlei Formen waren einst der Stolz der aschkenasischen Küche: als Suppeneinlage, vermischt mit saurer Sahne oder Käse, oder als Auflauf mit anderen Zutaten im Ofen gebacken (z. B. als Kugel). Pfannkuchen sind schon seit biblischen Zeiten sehr beliebt. Sie sind entweder sehr dünn und werden gefüllt oder dick und knusprig. Generationen jüdischer Köche haben sich an Klößen ergötzt, besonders an Knaidlach aus Matzemehl und Ei. Pikante Pasteten schätzt man bei Aschkenasen und Sepharden gleichermaßen.

Lokschen, Farfel, Warnischkes und Plätschen – einige der traditionellen aschkenasischen Nudelzubereitungen.

NUDELN

Vermutlich sind die deutschen Aschkenasen über die italienischen Juden während des 14. Jahrhunderts auf die Pasta aufmerksam geworden – lange bevor im 16. Jahrhundert auch die nicht-jüdische deutsche Küche Nudeln auf den Speiseplan setzte. Zu der Zeit erreichten sie auch Polen, vermutlich über Zentralasien; das jiddische Wort für Nudeln (*Lokschen*) leitet sich von polnisch *lokszyn* ab. Die Soßen der polnisch-jüdischen Küche wiesen auch eine gewisse zentralasiatische Note auf. Sie basierten auf Joghurt, saurer Sahne und Frischkäse im Gegensatz zu den würzigen Tomatensoßen, die man in Italien zubereitete. Die sephardischen Gerichte zeigen deutlich den Einfluss von Italien und Spanien, etwa in den *Kelsonnes* (zu Schawuot gegessene Käse-Ravioli) oder den *Calzonicchi*, mit Spinat gefüllte Teigtaschen für das Purimfest.

Rezept für Nudelteig

Für besondere Anlässe wird Eiernudelteig noch immer zu Hause selbst gemacht. MIt einer Nudelmaschine ist das einfach, aber auf einer gut bemehlten Oberfläche geht es auch von Hand.

1 225 g Mehl und ½ TL Salz in eine Schüssel sieben. Mittig eine Mulde formen.

2 Schütten Sie zwei leicht verquirlte Eier in die Mehlmulde und rühren Sie mit einer Gabel um. Die Eimasse nach und nach mit dem Mehl verbinden. Wenn das gelungen ist, greifen Sie zu einem Holzlöffel und vermischen die Masse weiter, bis sie homogen ist. Alternativ können Sie auch alle Zutaten in einer Küchenmaschine zu einem Teig verarbeiten.

3 Legen Sie den Teig auf eine bemehlte Oberfläche und kneten Sie ihn glatt und geschmeidig. In eine Plastiktüte geben, dicht verschließen und mindestens 30 Minuten ruhen lassen.

4 Wenn Sie eine Nudelmaschine verwenden, formen Sie walnussgroße Bällchen aus dem Teig und drehen Sie sie eines nach dem anderen durch die auf größte Breite gestellten Walzen. Den Teigfladen falten und erneut durch die Walzen drehen, die Sie zuvor etwas enger gestellt haben. Das wiederholen Sie, bis Ihr Nudelteig die gewünschte Dicke hat.

5 Wenn Sie mit den Händen arbeiten, teilen Sie den Teig in drei gleich große Teile, die Sie auf einer bemehlten Oberfläche so dünn ausrollen, wie es Ihnen möglich ist.

NUDELN FORMEN

Bestreuen Sie die Nudelteigblätter mit etwas Mehl und schneiden Sie sie in der gewünschten Form. Zum Kochen geben Sie die Pasta für 2–4 Minuten in reichlich kochendes Salzwasser.

Um *Lokschen* (Bandnudeln) herzustellen, rollen Sie ein Teigblatt eng zusammen. Mit einem scharfen Messer die Rolle nach Geschmack in breite oder schmale Streifen schneiden. Die Streifen entrollen, kochen und mit einer Soße, als Suppeneinlage oder als Kugel servieren.

Für *Plätschen* (kleine Quadrate) den Teig in 1-cm-Quadrate schneiden. Kochen und in Suppe servieren.

Für *Warnischkes* (Schmetterlinge) schneiden Sie den Teig in 2,5 cm große Quadrate. Jedes mittig zusammendrücken. Kochen und als Suppeneinlage oder mit Kascha servieren.

Für *Farfel* (Graupen) zerkleinern Sie gekneteten, aber nicht ausgerollten Nudelteig mit einer groben Reibe (Abbildung unten). Kochen und als Suppeinlage servieren.

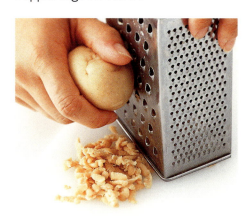

PFANNKUCHEN
In Zeiten des Überflusses hat man Pfannkuchen nur aus den besten Zutaten hergestellt; in schlechten Zeiten nahm man jedes Grünzeug, das sich auftreiben ließ.

Die crêpe-artigen *Blini* werden mit Käse, Fleisch, Früchten oder Gemüse gefüllt und oft zu Taschen gefaltet und knusprig gebraten. Die herzhaften *Latkes* sind ein klassisches Chanukka-Essen. Sie bestehen aus geriebenen Kartoffeln, aus denen man Frikadellen formt und frittiert.

Chremslach sind dicke Pfannkuchen für Pessach. Sie bestehen aus Ei und Matzemehl und kommen mit saurer Sahne oder Joghurt auf den Tisch.

Die ägyptischen *Ataif* werden mit Hefe gemacht und mit Sirup und Clotted Cream (Streichrahm) serviert.

KLÖSSE
Das Wort *Knaidl*, Plural *Knaidlach*, stammt vom Wort Knödel ab. Knaidlach sind ein ebenso grundlegender Bestandteil der jiddischen Küche wie Klöße (Knödel) einer der bäuerlichen Küche Osteuropas. Weil man sie aus Matze machte, aß man Knaidlach am Sabbat und zu anderen festlichen Anlässen, insbesondere an Pessach, an dem Brot verboten ist.

Sephardische Klöße sind eher Nudelteigtaschen mit Fleischfüllung, die in einer Suppe serviert werden. Manchmal macht man sie auch aus Reis.

KÖSTLICHES IM TEIG
Wann immer es etwas Besonderes zu feiern galt, haben sich die Frauen aller jüdischen Gemeinschaften versammelt und viele Tage darauf verwendet, die verschiedensten Backwaren zuzubereiten.

Zu den Klassikern der Aschkenasen gehören *Knische* (halbmondförmige, herzhafte Pastetchen), *Strudel* (ein hauchdünner Teig um ganz viel Fülle) und *Piroggen* (Nudelteigtaschen). Sie werden mit allem möglichen gefüllt: Kascha, Kartoffelbrei und Zwiebeln, Hackfleisch, Kohl, Ei oder Räucherlachs und dann gekocht oder gebacken.

Die Sepharden kennen eine schier unendliche Zahl an schmackhaften Pasteten. Die Teigvielfalt reicht vom dünnen Fyllo, irgendwo zwischen Blätter- und Strudelteig, bis zum krümeligen Mürbeteig. Auch die Formenvielfalt ist beachtlich: Halbmonde, Quadrate, Rechtecke, Dreiecke, Kreise, Kegel und Kugeln werden geformt und im Ofen gebacken oder frittiert.

Aus dem Feinkostladen
Süße Nudelkugeln, in große viereckige Stücke geschnitten, könnten auch als Dessert verkauft werden. *Latkes* (Kartoffelpuffer) gibt es das ganze Jahr über, ihre Hochsaison haben sie zu Chanukka. *Blinis* sind oft im Deli-Angebot – heiß für den Brunch oder zum Aufwärmen zuhause. Auch heiße oder kalte *Knische* und *Piroggen* sind oft zu haben, Letztere gefüllt mit Kascha, Fleisch, Spinat u. A. Die beliebtesten Fyllo-Füllungen sind Spinat und Käse.

Piroggen und Knische aus der aschkenasischen Tradition sind zwei echte Stars jedes guten Delikatessengeschäfts.

Die jüdische Küche

Brot

Weltweit kann die Bedeutung von Brot für die Juden nicht hoch genug eingeschätzt werden. Geht es nach dem Religionsdiktat, ist eine Mahlzeit ohne Brot einfach keine Mahlzeit. Es gäbe keine Hamotsi (Brotsegnung zum Beginn jedes Mahls) und keine Birkat Hamason (der Dank nach einem Essen – mit Brot). Eine Mahlzeit ohne Brot ist bestenfalls ein Imbiss.

BROTE DER ASCHKENASEN

In jüdischen Bäckereien werden Brote gewöhnlich *parewe* gemacht – ohne Butter oder Milch, sodass man sie zu milchigen und fleischigen Speisen essen kann. Es gibt Challa, Roggenbrot, Pumpernickel, Bagels, Kaisersemmel und Zwiebelbrötchen – die Vielfalt ist erstaunlich und falls Sie einmal über eine urtümliche jüdische Bäckerei gestolpert sind, könnte es gut sein, dass Sie neben dem Standardsortiment noch einige wundervolle regionale Spezialitäten entdeckt haben.

Alle Volksgruppen kennen etliche verschiedene Brotsorten, für den Alltag ebenso wie für besondere Gelegenheiten. Als die ukrainischen Aschkenasen nach Amerika emigrierten, brachten sie Sauerteig-Roggenbrote mit, dunklen Pumpernickel und Brötchen mit Zwiebelkruste. Ein Besuch einer ihrer Bäckereien ist ein Vergnügen: die Backdüfte – Hefe, Mehl, ein Hauch von etwas Süßem – mischen sich mit dem rauchigen Geruch des Holzofens.

Bagels sind Aschkenasen-Klassiker, die von den Schtetlach und Gettos Osteuropas aus ihren Weg machten und heute auf der ganzen Welt genossen werden. Sie können mit einfach allem gegessen werden und haben eine angenehme Konsistenz.

Bagels entstehen in der Regel in Bäckereien, die nichts anderes machen, weil ihr Herstellungsverfahren so speziell ist. Die Teigringe werden vor dem Backen und Glasieren kurz in riesigen Wassertöpfen gekocht. Diese Methode ist für die typische dichte Konsistenz verantwortlich, der die Bagels ihre Beliebtheit verdanken. An einer Bagel-Bäckerei vorbeizugehen, ohne schwach zu werden, ist praktisch unmöglich. Der verführerische Duft wird Sie unweigerlich hineinziehen und dann werden Sie ein schönes warmes Bagel wollen, bevor Sie sich wieder auf den Weg machen.

Die süße Challa ist das traditionelle Sabbat- und Festbrot der Aschkenasen. Der Teig wird mit Eiern und Pflanzenöl gemacht, was dem Hefebrot eine weiche Konsistenz ähnlich der eines Brioche verleiht, und ist leicht mit Honig oder Zucker gesüßt.

Die häufigste Form ist der Zopf aus drei, sechs oder sogar zwölf Strängen. Rosch-ha-Schana-Challas sind auch oft rund oder wie eine Krone geformt, zu Ehren des Neujahrssegens: „Die ganze Welt möge dich krönen." Für den Vorabend von Jom Kippur formt man die Challa wie eine Leiter, erhobene Arme oder Flügel, als Symbol für die zum Himmel gerichteten Gebete.

Pumpernickel aus der aschkenasischen Tradition ist dunkel und säuerlich mit einer knusprigen Kruste.

Challa ist das traditionelle Brot am Sabbat und zu anderen religiösen Festen und wird, je nach Anlass, als Zopf, rund oder in Form einer Leiter gebacken.

Boulkas nennt man kleine Challa-Brötchen, die rund, spiralig oder zopfförmig sein können und mit Mohn bestreut werden. Ein Gebäck, das gerne bei Hochzeiten serviert wird.

BROTE DER SEPHARDEN

Auch diese gibt es in großer Vielfalt, und alle sind völlig anders als die Brote der Aschkenasen. Es gibt flache Brotfladen und Brote, die mit Triebmittel gemacht sind; manche, etwa das *Melawa*, sind leicht gepufft und werden knusprig ausgebacken. Ein sephardisches Brot, das die meisten von uns kennen dürften, ist die *Pita*, ein von Juden und Arabern und vielen anderen im Nahen Osten unisono geschätztes Fladenbrot. Im Irak ist Pita-Brot ein großer Fladen, der an einen enormen, dicken Pfannkuchen erinnert.

Zu den Broten, die eigens für den Sabbat gebacken werden, gehören *Mouna*, *Lahuhua* und *Kubane*. Das spiralig geformte Kubane kommt aus dem Jemen und wird aus einem schweren Hefeteig gebacken. Die Zubereitung beginnt vor dem Sabbat, dann wird das Brot über Nacht bei sehr schwacher Hitze im Ofen gedämpft.

Zu Pessach essen Juden rituell ungesäuerte Matze. Das knusprige Brot schmeckt vielen aber auch abseits der Feiertage.

In Israel wird eine großartige Auswahl an Broten gebacken, vom simplen Laib für jeden Tag – außen knusprig, innen herrlich flaumig – bis zu großen Fladenbroten, die als Wrap für Gemüse- oder Fleischfüllungen verwendet werden.

MATZE

Die ungesäuerten Brote werden eigens für Pessach gebacken, wenn Speisen mit Backtriebmitteln nicht gegessen werden dürfen. Die dünne, brüchige Matze wird zum Essen gereicht oder zu Mehl vermahlen und in Kuchen, Biscuits und Kekse verwandelt. Matzemehl kann fein oder grob sein; Matze-Farfel ist in Stücke gebrochene Matze.

Die Herstellung der Pessach-Matze folgt besonderen Regeln; verpackte Matze muss mit dem Zeichen „koscher für Pessach" gekennzeichnet sein. Strenggläubige Juden greifen gerne zur Matze *schmura* („bewachte Matze"), die extra strenge Auflagen erfüllen muss.

> ### Aus dem Feinkostladen
> Oh, diese Sandwiches! Ein echtes jüdisches Deli-Sandwich hat monumentale Proportionen. Berge von Salami, Wogen aus Putenbraten, pfeffrigem Pastrami, Pökelfleisch, Knackwürsten in Variationen sind nur einige der möglichen Zutaten, und höchstwahrscheinlich werden sie sich in Kombinationen im Sandwich wiederfinden, und zwar wenigstens 350 g davon, eingeschichtet zwischen Lagen aus frischem, knusprig-flaumigem Brot. Ein echtes New-York-Standard-Deli-Sandwich wird einen durchschnittlichen Esser vor unlösbare Probleme stellen.

Pita-Brot stammt aus dem Nahen Osten, wird heute aber von Aschkenasen, Europäern und Amerikanern gleichermaßen geschätzt.

Ein Bagel gefüllt mit Rahmkäse und hauchdünnen Räucherlachs-Scheiben stellt die Quintessenz eines jüdischen Snacks aus dem Delikatessenladen dar.

Die jüdische Küche

Kuchen und Gebäck

Wenn Juden etwas zu feiern haben, sei es ein religiöses Fest oder etwas Familiäres, wird man nach Kuchen und anderen süßen Verführungen nicht lange suchen müssen. Was genau auf den Tisch kommt, hängt indes stark davon ab, ob der Gastgeber aus der aschkenasischen oder der sephardischen Tradition kommt, die ganz unterschiedlich an die Sache herangehen.

Während Pessach erfahren die koscheren Küchen von Aschkenasen und Sephardim eine Transformation. Zu dieser Zeit müssen alle Speisen frei von Backtriebmitteln sein, und Eier sind dann der wichtigste Ersatz. Daraus resultiert ein Reichtum an leichten Biskuitkuchen, die gerne mit Matzemehl und gemahlenen Nüssen gemacht werden.

Rugelach (links) und Mandelbrot (rechts), zwei Klassiker aus der aschkenasischen Backstube, schmecken köstlich zu einer schönen heißen Tasse Tee.

ASCHKENASISCHES BACKEN

In osteuropäischen Bäckereien finden Sie eine riesige Auswahl an erlesenen Backwaren, an Zuckerwerk, Plätzchen, Kuchen und Keksen. Wer könnte daran vorbeigehen, ohne sich eine „Kleinigkeit" zu gönnen? Eine Tasse Kaffee ist niemals einfach nur Kaffee: Ein Plunderteigwunder (mit Quark oder Marmelade gefüllt und mit Zucker glasiert) gehört dazu oder ein Rugelach oder vielleicht doch besser ein Stück Mohnkuchen oder Apfelstrudel? Hier hat man wirklich die Qual der Wahl.

In den aschkenasischen Backstuben entstehen Gebäcke aller Art. *Kuchen* bezeichnet dabei eher etwas wie ein Früchtebrot aus gesüßtem Teig mit frischen oder Trockenfrüchten. Honigkuchen oder *Lekach* isst man an Rosch ha-Schana und am Sabbat, während Mandelkuchen, *Plawa* und andere hefefreie Backwaren klassische Pessach-Spezialitäten sind. An Purim haben Haman-Taschen Tradition, ein dreieckiges Kleingebäck mit Samen und Früchten.

Zum Biskuitgebäck gehören das croissantförmige *Rugelach*, Mandelbrot und die schlichten *Kichel*. Keines davon ist übermäßig süß; es sind perfekte Begleiter zum Tee. *Teiglach*, eine litauische Spezialität, sind in Honig getränkt; hier ist weniger eindeutig mehr.

Die Vorliebe für kandierte Orangenschalen, die sogenannten *Pomerantzen*, teilen alle Juden, nicht nur weil sie so gut schmecken, sondern weil aus der Schale, die man sonst in den Abfall geworfen hätte, eine unwiderstehliche Köstlichkeit wird.

Juden lieben Backwaren und die bekannteste davon ist der Strudel, der als saftige Teigtasche, gefüllt mit Gemüse oder Früchten, seinen Anfang nahm. Die Türken waren es, die im Zuge ihrer Invasion in Ungarn 1526 die hauchdünnen Blätter bekannt machten, die wir heute als Strudelteig bezeichnen.

Strudel wird an vielen Festtagen gegessen: mit Kohl an Simchat Tora; mit Trockenfrüchten zu Tu bi-Schewat; mit einer weichen Mohnfüllung an Purim und mit Käse zum Schawuot-Fest. An Früchten kommen Äpfel, Kirschen, Rhabarber in Frage, vielleicht noch mit Trockenfrüchten kombiniert.

Süße, mit Früchten gefüllte Strudel mit typischem papierdünnem Teig gehören zu den kulinarischen Glanzstücken der Juden Osteuropas.

Rezept für Strudelteig

Strudelteig können Sie fertig kaufen (Fyllo ist ihm sehr ähnlich und ein guter Ersatz). Hier ein neutrales Rezept zum Selbermachen (für jede Füllung geeignet; süßer Strudelteig s. S. 162).

1 300 g Mehl in eine Schüssel sieben. ⅛ l Wasser, 2 EL Öl, ein Ei und 1 TL Salz miteinander verquirlen und zum Mehl geben. Alles vermischen und einen weich-elastischen Teig kneten.
2 Mindestens 30 Min. zugedeckt ruhen lassen. So dünn wie möglich auf einem bemehlten Tuch ausrollen.

3 Vorsichtig mit dem bemehlten Handrücken unter den Teig greifen und ihn papierdünn ausziehen. Um ein Reißen zu vermeiden, mit geschmolzener (nicht heißer) Butter (bzw. *parewem* Öl) bestreichen. Eventuell dicke Randteile wegschneiden; dann füllen und backen.

SÜSSE SEPHARDISCHE SPEZIALITÄTEN

Der Ursprung dieser Delikatessen ist mediterran. Jede sephardische Gemeinschaft kennt etliche saftige, schwere Mandel- und Walnusskuchen. Häufig hat man eine lokale Spezialität den jüdischen Feiertagsgeboten angepasst – griechische Juden essen in Fett knusprig gebackene *Loukomades* zu Chanukka, Israelis die marmeladegefüllten *Sufganiot* und in Tunesien schwärmt man zum Purimfest für in Sirup getränkte Kuchen.

Während Pessach, wenn keine Triebmittel erlaubt sind, werden Plätzchen und Kuchen gerne mit Nüssen gemacht. Mandelkuchen, Kokosmakronen und Halwa aus Sesamsamen sind die Favoriten.

Süßes mit Fyllo-Teig und viel Sirup, z. B. *Baklawa*, ist bei Sepharden sehr beliebt. Außerdem gibt es *Kadaifi*, um Nüsse gewickelte Teigfäden, und *Felabis* – frittiert, brezelförmig und mit Sirup gefüllt.

Rezept für einfache Baklawa

Das große Baklawa-Geheimnis ist, sehr kalten Sirup über heißes Gebäck oder sehr heißen Sirup über kaltes Gebäck zu gießen.

1 Den Ofen auf 200 °C vorheizen. Sechs Fyllo-Blätter in eine Auflaufform legen, jedes mit geschmolzener Butter oder Öl bestreichen.
2 1 cm hoch mit gehackten Nüssen bestreuen.
3 Mit reichlich Zucker und Zimt bestreuen und mit weiteren sechs Lagen gebutterten oder geölten Fyllo-Blättern belegen, dann die oberste Lage in Dreiecke schneiden.
4 30 Minuten goldbraun backen und mit *Hattar*, Orangenblüten- oder Rosenwassersirup übergießen.

Delikater Käsekuchen

Eines der beliebtesten Desserts im Feinkost-Sortiment ist Käsekuchen, den man mit den deutschen Aschkenasen, die für ihren Frischkäse berühmt waren, verbindet. Man isst ihn an Schawuot, im Gedenken an die Legende, wonach die mit der Tora zurückkehrenden Israeliten feststellen mussten, dass ihre Milch sauer geworden war und sie sie mit Honig süßen mussten.

Käsekuchen-Variationen sind zahlreich: Früchte, Schokolade, Marmelade ... Ein guter Deli kann schon mal mit bis zu 30 Sorten aufwarten!

Käsekuchen ist ein Feinkost-Klassiker; Puristen stehen allerdings auf dem Standpunkt, dass nur schlichter Käsekuchen das Wahre sein kann.

Glossar

BAGELS Brotkringel aus vor dem Backen gekochtem Hefeteig. Der Ring symbolisiert den Lebenskreislauf.

BAKLAVA Knuspriges Gebäck aus Fyllo-Teig und Nüssen, in Honigsirup getränkt, der oft mit Rosen- oder Orangenblütenwasser oder süßen Gewürzen aromatisiert ist.

BAR/BAT-MIZWA Zeremonie für Jungen (bar) oder Mädchen (bat), mit der ihnen die Erfüllung der religiösen Pflichten und Verantwortlichkeiten von Erwachsenen übertragen wird. Für Jungs mit 13, Mädchen mit 12.

BESAN Siehe Kichererbsenmehl.

BETZA Hebräisch für „Ei". Eier gelten als *parewe* und werden von allen Juden gegessen. In der rituellen Speisung am Sederabend spielen sie eine wichtige Rolle.

BLINI Dünner (Buchweizen-)Pfannkuchen mit süßer oder pikanter Füllung.

BORSCHTSCH Von den Aschkenasen stammende Rote-Bete-Suppe, oft mit anderem Gemüse; heiß oder kalt gegessen.

BOTTARGA Gesalzener oder geräucherter, getrockneter Fischrogen von Meeräsche, Schwert- oder Thunfisch.

BRIK Frittiertes marokkanisch-tunesisches Gebäck aus Warka-Teig. Thunfisch und Ei sind beliebte Füllungen.

CHALET Aschkenasisches Süßgebäck mit Äpfeln und Eiern, eine Spezialität der elsässischen Juden. Weitere Zutaten wie Matze, Challa, Trockenfrüchte und Gewürze sind optional.

CHAMIN Siehe Tscholent.

CHANUKKA Das Lichterfest erinnert an den Sieg der Makkabäer über die Seleukiden 165 v. Chr.

CHAROSSET Eine Paste aus Nüssen, Gewürzen, Wein und Früchten, die zum Pessachfest gegessen wird und den Mörtel symbolisiert, der von den Juden für den Bau der Pyramiden verwendet wurde.

CHASSIDISMUS Eine strenggläubige jüdische Bewegung mit Ursprüngen in Polen, Galizien und der Ukraine.

CHATSCHAPURI Fladenbrot aus Hefe mit Ziegenkäse oder Feta gefüllt bzw. überbacken. Aus Georgien.

CHERMOULA Marokkanische Kräutergewürzpaste, passt zu Fisch.

CHRAIN Würzsoße aus Meerrettich („Kren") und Rote Bete.

CHREMSLACH Aschkenasischer Matzemehl-Pfannkuchen, der gerne an Pessach gegessen wird.

DAFINA Tscholent-ähnliche Spezialität der marokkanischen Juden mit Rindfleisch (häufig Hesse/Wade), Kartoffeln, Bohnen und hart gekochten Eiern.

DESAYUNO Spanisch für Frühstück, im engeren Sinn das Frühstück der Sepharden am Sabbat.

EINBRENN Braune Mehlschwitze. Traditionelles Suppenverdickungsmittel in der deutsch-aschkenasischen Küche.

EINGELEGTE ZITRONEN Für diese nordafrikanische, sehr würzige Spezialität werden Zitronen gesalzen und in Krüge geschichtet. Man reicht sie gerne zu Tajine und Salaten.

EINGEMACHTES Eingelegte Rote Bete, Rettich, Karotten, Kirschen, Zitronen oder Walnüsse. Ein Pessach-Gericht.

ETROG Große gelbe Zitronat-Zitrone, ein Bestandteil des Sukkot-Ritus (Laubhüttenfest).

FALAFEL Frittierte Kichererbsenmehl-Bällchen, von den Arabern übernommen. Man isst sie mit Salat und Pita-Brot.

FARFEL Nudel-Klümpchen (Eiergraupen, Tarhonya) oder zum Pessachfest einfach zerkleinerte Matze.

FASOLADA Das „griechische Nationalgericht", eine kräftige Suppe mit weißen Bohnen, Fleisch und Gemüse, ist eine jüdische Speise.

FYLLO Auch Yufka od. Malsouka genannt. Sehr dünner Teig zum Umhüllen, ähnlich wie Blätter- oder Strudelteig.

GEFILTE FISCH Aschkenasische Bällchen aus gehacktem Fisch. Man isst sie kalt, pochiert, in Aspik oder gebraten. „Gefilte" bezieht sich auf die ursprüngliche Methode, die Fischhaut wieder mit dem Gehackten zu füllen.

GHORME Süßsaures persisches Eintopfgericht, das über den Reis geschöpft wird. Ein Alltagsgericht persischer Juden.

GLATT Eine besonders strenge Form der Kaschrut.

HALEK Dattelsirup, der an Pessach von den Juden des Irak, Indiens und des Jemen statt oder zum Charosset gegessen wird. Man nimmt an, dass sich „Halek" in der Bibel auf Honig bezieht.

HALWA Süßigkeit aus Sesampaste, Zucker oder Honig und Gewürzen. Wird in Blöcke gepresst und getrocknet. Variationen sind durch den Zusatz von Schokolade, Pistazien, Mandeln oder Walnüssen möglich. Halwa ist im Nahen Osten und im Balkan beliebt.
HAMAN-TASCHEN Dreieckige, aschkenasische Gebäckstücke mit diversen Füllungen, z. B. Aprikosen oder Nüsse. Traditionell zum Purimfest.
HANUKKA Siehe Chanukka.
HARISSA Feurige, nordafrikanische Würzpaste aus roten Chilis und Gewürzen. Wird gerne zu milden Gerichten wie Couscous gereicht.
HAWAIJ Jemenitische Standard-Gewürzmischung mit Kardamom, Safran und Kurkuma.
HAWDALA Zeremonie, mit der der Sabbat beendet und die neue Woche begonnen wird. Man spricht einen Weinsegen und zündet eine Kerze an.
HILBE Gewürzpaste aus gemahlenen Bockshornkleesamen, zu der gerne pikanter S-chug gereicht wird. Hilbe ist etwas bitter und hat einen einzigartigen Geschmack, der an braunen Zucker erinnert.
HOLISCHKES Kohlrouladen auf aschkenasische Art. Werden gerne in süßsaurer Tomatensoße gekocht.
HOREF Hebräisch für „Pfeffer" oder „pikant". In Israel beschreibt man damit die scharfen Soßen, die zum Falafel gegessen werden.
JOM KIPPUR Der Versöhnungstag ist der höchste jüdische Feiertag und ein strikt eingehaltener Fastentag.
KADAIFI Ein besonders süßes Gebäck, für das dünne Teigfäden um Nüsse gewickelt werden. Nach dem Backen wird das Ganze in Sirup getaucht.

KAMA Marokkanische Gewürzmischung mit Pfeffer, Kurkuma, Ingwer, Kreuzkümmel und Muskat; für Eintöpfe und Suppen.
KARPAS Die Petersilie bzw. der Salat oder die Kräuter, die auf den Sederteller kommen und in Salzwasser getunkt werden.
KARTOFFELMEHL Verdickungsmittel für Soßen und Kuchen.
KASCHA Buchweizengrütze, häufig geröstet.
KASCHRUT Die jüdischen Speisegesetze.
KIBBE Bällchen aus Lammgehacktem und eingeweichtem Bulgur, aus dem Nahen Osten. Man isst sie roh, zu Bratlingen geformt und gebraten oder frittiert, mit Gemüse belegt und gebraten, gedämpft oder als Suppeneinlage. Besonders populär bei irakischen und indischen Juden und in Israel.
KICHERERBSENMEHL Die gemahlenen, getrockneten Kichererbsen werden für Pakoras, würzige Pasteten und Falafel verwendet. Auch als Gram oder Besan geläufig.
KICHLAK Einfache, knusprige, leicht gesüßte Kekse aus der litauisch-aschkenasischen Tradition bzw. Regionen mit hohem aschkenasischem Bevölkerungsanteil.

KIDDUSCH Segensspruch über Wein und Challa.
KINDLI Andere Bezeichnung für den aschkenasischen Mohnkuchen.
KISCHKE Rindsinnereien gefüllt mit Matze, Hühnerfett, Zwiebel und Paprika. Wird geröstet oder pochiert.
KLOPS Fleischkäse oder -bällchen. Von den deutschen Aschkenasen.
KNAIDLACH/KNAIDL Matzeknödel (Matzeklöße).
KNISCH Schmackhafte Pastete mit Fleisch, Käse, Kartoffeln oder Kascha.
KOSCHER Jede nach der Kaschrut zulässige Speise.
KOSCHERSALZ Grobkörniges Salz zum Bestreuen von Fleisch, um das Blut zu entfernen, wie es die Kaschrut gebietet.
KREPLACH Kleine, fleischgefüllte Nudelteigtaschen, die gerne als Hühnersuppeneinlage gereicht werden. An Schawuot werden sie mit Käse gefüllt und mit Früchten und saurer Sahne gegessen.
KRUPNIK Aschkenasische Suppe mit Pilzen und Gerste. Ein in Osteuropa, insbesondere in Polen, Litauen und der Ukraine, traditionelles Gericht.
KUBANE Sephardisches Sabbat-Frühstück, das lange, oft über Nacht, gekocht wird.
KUBBEH Siehe Kibbe
KUCHEN Aschkenasisches, leicht gesüßtes Hefeteiggebäck, häufig mit Früchten. Man isst es zum Frühstücks- oder Nachmittagskaffee oder -tee oder als Dessert zu festlichen Gelegenheiten.
KUGEL Großer, oft runder Kuchen bzw. Auflauf aus Kartoffelmehl oder Nudeln, süß oder pikant.
LAG BAOMER Festtag am 33. Tag des Omer-Zählens zwischen Pessach und Schawuot.

Die jüdische Küche

LAHUHUA Jemenitisches Fladenbrot von teekuchenartiger Beschaffenheit, das zu Suppen und Eintöpfen gegessen wird.
LATKES Gebratene Kartoffelpuffer, traditionell unter Aschkenasen an Chanukka, mittlerweile das ganze Jahr über beliebt. Latkes werden auch mit anderem Gemüse und Matzemehl zubereitet.
LEKACH Traditioneller Honigkuchen.
LOKSCHEN Jiddisch für Nudeln.
LOX Jiddisch für Räucherlachs.
LUBIYA Schwarzaugen-Bohnen; sehr beliebt in der sephardischen und insbesondere israelischen Küche, wo man sie zu pikanten Suppen und Eintöpfen gibt.
MAMALIGA Cremige, porridge-artige Mixtur aus Maismehl, ähnlich einer Polenta. Heiß oder kalt zu genießen.
MANDELBROT Süßes Mandelgebäck ähnlich der italienischen Cantuccini (Biscotti). Sie werden doppelt gebacken, was ihnen eine knusprige, harte Konsistenz verleiht.
MANDLEN Jiddisch für die in der aschkenasischen Küche so beliebten Mandeln – sowie für eine knusprige, gebackene oder gebratene Suppeneinlage aus Nudelteig.
MAROR An Pessach gegessene, bittere Kräuter.
MATJESHERING Siehe Salzhering.
MATZE Ungesäuertes, dünnes, brüchiges Brot; traditionelle Pessach-Speise.

MATZEMEHL Mehl aus zerkrümelter Matze. Vergleichbar mit Paniermehl. Beachten Sie: Sollte dieses mit Milch zubereitet worden sein, darf es nicht für fleischige Speisen verwendet werden. Es fällt immer unter die an Pessach verbotenen gesäuerten Speisen.
MILCHIG Alle Speisen mit Milchprodukten.
PAREWE Jiddisches Wort für „neutrale" Speisen, also solche, die weder milchig noch fleischig sind.
PASTRAMI Gepökelte, getrocknete Rindfleisch-Spezialität der USA.
PESSACH Fest zum Gedenken an den Auszug aus Ägypten.
PETSCHA Kalbshaxen-Aspik; traditionelle Aschkenasen-Speise.
PIROGGEN Kleine Nudelteigtaschen polnischen Ursprungs, gefüllt mit Kohl, Kartoffeln, Zwiebeln, Käse, Pilzen, Gehacktem, Kascha ... und serviert mit saurer Sahne. Die süßen Piroggen, gefüllt mit getrockneten Aprikosen, Kirschen, Pflaumen ... nennen manche Warenikes.
PIROSCHKI Größer als die Piroggen, aschkenasisch-russischer Herkunft und mit Hefeteig gemachte Pasteten mit Kohl-, Fleisch-, Ei-, Spinat-, Käse- oder Kaschafüllung. Gebacken oder gebraten, als Vor- oder Hauptspeise.
PITA-BROT Rundes Fladenbrot, das in einer Pfanne oder im Ofen gebacken wird und dabei aufgeht. Schlitzt man es auf, kann man das hohle Innere füllen.
PLÄTSCHEN Aschkenasen-Begriff für kleine Nudelquadrate, die man in der Suppe isst.
PLAWA Sehr einfacher aschkenasischer Biskuitkuchen. Einst der beliebteste britisch-jüdische Kuchen, den jede Londoner East-End-Bäckerei in ihrer eigenen Version feilbot.

POMERANTZEN Kandierte Zitrusfrüchteschalen, eine klassische Süßigkeit der osteuropäischen, besonders der deutschen Juden. Manchmal mit Schokoüberzug.
PURGIEREN Rituelle Entfernung von Blut und Fett vom Fleisch.
PURIM Fest zur Feier der Rettung der Juden vor Hamans Tötungsbefehl, wie im Buch Ester beschrieben.
RAS EL-HANOUT Marokkanische Gewürzmischung mit der wörtlichen Bedeutung „Chef des Ladens". Kann eine Unzahl an Ingredienzen enthalten. Jeder Gewürzladen hütet sein eigenes, geheimes Rezept.
ROGGENBROT Ein typisch osteuropäisches Brot. Besonders üblich in der Ukraine, wo man es aus Sauerteig und mit Kümmel bäckt. Die Backoberfläche wird häufig mit Maismehl bestreut.
ROSCH HA-SCHANA Jüdisches Neujahr, wörtlich „Kopf des Jahres".
RUGELACH Knusprige, mit Zimt und Zucker bestreute Kekse.
SABBAT Der jüdische Feier- und Ruhetag, der Samstag.
SALZHERING Gesalzener, in Holzfässer eingelegter Hering.
SAUERKRAUT Fermentierter, eingelegter, zuvor gehobelter und gesalzener Kohl. Ein Grundnahrungsmittel in Ost- und Teilen Westeuropas.

Die jüdische Küche

SÄUERUNGSMITTEL In der russischen und traditionellen jüdischen Küche wird Zitronensäure zum Säuern verwendet. Kristallig oder körnig erhältlich.
SCHÄCHTEN Das Schlachten eines Tieres gemäß den Regeln der Kaschrut.
SCHAV Erfrischende Sauerampfersuppe, die kalt gegessen wird. Die traditionelle aschkenasische Suppe kann in US-Delis in Flaschen gekauft werden.
SCHAWUOT Das jüdische Wochenfest gedenkt der Übermittlung der Zehn Gebote.
SCHLACHMONES Essensgeschenke zum Purim-Fest.
SCHMALZ Jiddisch für Fett (in der Regel ausgelassenes Gänse- oder Hühnerfett).
SCHMALZHERING Siehe Salzhering.
SCHNITZEL Jedes flache Stück Fleisch oder Geflügel mit Wiener-Schnitzel-Panade, von wo diese Speise stammt.
SCHTETL Jiddische Bezeichnung ihrer Dörfer in Osteuropa.
S-CHUG Diese jemenitische Würzpaste gehört zu den populärsten Israels. Sie kann rot sein (Chilis, Knoblauch, Gewürze, Koriander und Petersilie) oder grün (mehr Kräuter und wenige oder keine Tomaten).
SCHULCHAN ARUCH Ein Codex religiöser Vorschriften.
SEDER Zeremonielles Essen am Vorabend des Pessach, mit ihm wird dem jüdischen Auszug aus Ägypten gedacht.

SEPHARDEN Juden, die sich nach der Zerstörung des zweiten Tempels und der Verbannung aus Jerusalem auf der Iberischen Halbinsel ansiedelten.
SEROA Gebratene Lammkeule auf dem Pessach-Ritualteller. Memento ans Opferlamm vom Vorabend des Exodus.
SIMCHAT TORA Das Fest der Tora, die zu diesem Anlass feierlich durch die Synagoge getragen wird.
SPÄTZEL Winzige Klümpchen aus Nudelteig, der in kochendes Wasser geworfen wird. Siehe auch Farfel.
STRUDEL Osteuropäische Spezialität. Ein sehr dünner Teig wird mit Früchten gefüllt und mit Zucker bestreut. Strudel kann auch pikant sein, gefüllt mit Gemüse, Fleisch und manchmal Fisch.
SUFGANIOT Israelische Donuts, gefüllt mit Marmelade. Traditionell zu Chanukka.
SUKKOT Herbstliches Erntedankfest, zu dem das Speisen in hübsch dekorierten, dreiwändigen Unterständen, den Laubhütten oder Sukka, gehört.
SUMAK Säuerliches, rotes Gewürz aus den gemahlenen Früchten des Gewürzsumachs. Israelis sowie manche Sepharden streuen Sumak über Salate, Brote und Reis.
TAHINA Nahöstliche Paste aus gerösteten, ungeschälten Sesamsamen, vermischt mit Zitronensaft, Knoblauch, Gewürzen und Wasser. Als Dip oder Zutat von Gerichten wie Hummus.
TEIGLACH In Honig gekochte Kekse, aschkenasisch. Die litauische Spezialität ist in Gemeinden populär, die sich ihrer litauischen Wurzeln besinnen möchten, z. B. in Südafrika. Am beliebtesten sind sie zu Rosch ha-Schana, wenn in der Hoffnung auf ein „süßes" neues Jahr viele süße Speisen gegessen werden.

TORA Die heilige Schriftrolle, die in der Synagoge verwendet wird, enthält die ersten fünf Bücher der Bibel und damit auch die Zehn Gebote. Gott gab sie den Juden am Berg Sinai.
TORSCHI Sauergemüse, das im ganzen Nahen Osten und besonders in Persien gegessen wird.
TREJF Nicht koscher.
TSCHELO Gebutterter Reis aus der persischen Küche, an der Unterseite knusprig. Gemüse, Kräuter, Früchte und Nüsse können beigemengt sein.
TSCHOLENT Aschkenasischer Fleisch-Bohnen-Eintopf, der sehr lange gekocht wird.
TU BISCHEWAT Das Fest zur „Geburt der Bäume" markiert den Beginn der Pflanzzeit.
WARKA Sehr dünner, transparenter Teig aus Marokko.
WARENIKES Siehe Piroggen.
WARNISCHKES Schmetterlingsförmige Nudeln, die gerne mit Kascha serviert werden.
WOT Diverse würzige äthiopische Soßen. Die Beni Israel (Juden Äthiopiens) essen sie gerne am Sabbat.
ZATAR Bezeichnet sowohl die Wildkräuter der Hügel Israels und des Nahen Ostens, als auch die Gewürzmischung, in der diese Kräuter neben gemahlenem Kreuzkümmel, gerösteten Sesamsamen, Koriandersamen und manchmal etwas Sumak und/oder gemahlenen, gerösteten Haselnüssen verwendet werden. Man isst Zatar zum Frühstück, als Dip mit Pita-Brot, etwas Olivenöl und frischem Ziegenkäse.
ZIMMES Süßes Gericht aus Karotten, Gemüse, Trockenfrüchten und Süßungsmitteln wie Honig oder Zucker. Gewürze und Fleisch sind optional.

Index

A
Äpfel
  Lokschenkugel mit Apfel und Zimt 130
  polnischer Apfelkuchen 158
  Strudel 162, 217, 221
Aprikosen
  Hamantaschen 164, 218
Artischocken
  Artischocken mit Knoblauch, Zitrone und
    Olivenöl 116
  frittierte Artischocken 107
  Lamm mit Artischockenherzen 70
Aschkenasen 189–90, 206, 212, 214, 216
  klassischer Gefilte Fisch 56, 218
Auberginen
  Baba Ghanoush 26
  Balkan-Auberginen mit Käse 96
  Hatzilim pilpel 101
  rauchiger Auberginen-Paprika-Salat 31

B
Baba Ghanoush 26
Bagels 144, 218
Baklawa 217, 218
Bar/Bat-Mizwa 218
Bohnen 205
  Chamin 19
  Lammschmorbraten mit Tomatensoße, grünen
    Bohnen und Zwiebeln 73
  Lubiya 11
  rustikale Pilz-Bohnen-Graupensuppe 20
  weiße Bohnen mit grünem Paprika in pikantem
    Dressing 118
Berbere 211
Besan 218
Betza 218
Birnen
  Challa-Auflauf mit Früchten und Nüssen 154
Blini 137, 218
Blumenkohl mit Knoblauchbrösel 106
Blütenwasser 211
Borschtsch 15, 218
Bottarga 218
Brathähnchen mit Trauben und frischem Ingwer 78
Brisket *siehe* geschmorte Rinderbrust
Brot 214–15
  Bagels 144, 218
  Challa 140
  Hefe-Fladenbrot mit Koriander und Käse 148
  jemenitische Hefeteig-Fladenbrote 149
  New Yorker Sauerteigbrot mit Kümmel 142
  Pilzkaviar auf geröstetem Knoblauchbrot 39
  Pita-Brot 146, 220
  Pumpernickel 143
  Zwiebelbrötchen 147
Brik 218
  Brik mit Ei 36
Brunnenkresse
  Gebackener Lachs mit Brunnenkresse-Soße 54
Buchweizen 204
  Kascha-Pilz-Knische 50
  Kascha-Warnischkes 126
Bulgur 204
  Taboulé 120
Challa-Auflauf mit Früchten und Nüssen 154

C
Chalet 221
Challa 140
  Challa-Auflauf mit Früchten und Nüssen 154

Chamin 19
Chanukka 194, 218
Charosset 218
Chassidim 218
Chatschapuri 219
Chermoula 211, 218
Chilis
  Horef 180, 219
  S-chug 185, 221
Chrain 175, 218
Chremslach 218
Couscous 205
  Jerusalemer Käse-Knafeh mit Sirup 152
  Tomatensuppe mit israelischem Couscous 10

D
Dafina 218
Dag ha sfarim 65
Delikatessenläden 198, 199, 201, 203, 207, 209, 213,
  215, 217
Desayuno 218
Dibis *siehe* Halek

E
Eier 199
  Balkan-Auberginen mit Käse 96
  Brik mit Ei 36
  Farfel 129, 218
  gehacktes Ei und Zwiebeln 41
  Haminados-Eier 199
  Matzebrei 49
  Rührei mit Lox und Zwiebeln 48
Einbrenn 218
Eingemachtes 218
Erbsen 205
  gebackene Spalterbsen- oder Linsen-Bällchen, 92
  Thunfisch mit Erbsen 58
Etrog 218

F
Falafel 93, 218
Farfel 129, 218
Fasolada 218
Fisch 197, 203
  Dag ha sfarim 65
  Fisch in Fyllo 61
  gebackener Lachs mit Brunnenkresse-Soße 54
  gegrillte marokkanische Fisch-Spieße 63
  Heringssalat mit Roter Bete und saurer Sahne 38
  Ingwer-Fischbällchen in Tomaten-Zitronen-Soße 57
  klassischer aschkenasischer Gefilte Fisch 56, 218
  marinierte Heringe 47
  peruanische Fischchen-Escabeche 60
  Piroschki 220
  pochierter Fisch in pikanter Tomatensoße auf
    jemenitische Art 59
  Rührei mit Räucherlachs und Zwiebeln 48
  Sinija 64
  Thunfisch mit Erbsen 58
  Räucherfisch-Salat 46
Peruanische Fisch-Escabeche 60
Fleisch 196–7, 200–1
Fleischbällchen 200
Fleischkäse 201
Frankreich 190
Früchte 208–9
  Früchtesuppe 209
  Kompott aus Trockenfrüchten 151
  tropisch duftender rot-oranger Früchtesalat 150
  Zimmes 105, 221

G
Galiläischer Salat mit Rucola, rohem Gemüse und
  Oliven 115
Gebackener Lachs mit Brunnenkresse-Soße 54
Geflügel 196, 202
Gemüse 206–7
  Rote-Bete-Gemüsesuppe mit pikanten
    Lammkibbeh 16
  galiläischer Salat mit Rucola, rohem Gemüse
    und Oliven 115
  Mildes grünes Kolkata-Curry mit Hähnchen und
    Gemüse 86
  israelischer Salat aus gehacktem Gemüse 113
  marokkanischer Gemüsesalat 113
  russische Spinat- und Wurzelgemüsesuppe
    mit Dill 21
  Gemüse-Salat-Relish 177
  sephardische Mixed Pickle 179
  vegetarische gehackte Leber 36
  Zimmes 105, 221
Geschmorte Rinderbrust (Brisket) 74
Gewürze 210–11
  Berbere 211
  Chermoula 211, 218
  gefüllte Weinblätter mit Kreuzkümmel, Zitrone
    und Kräutern 99
  Harissa 180, 210, 219
  Hawaij 211, 219
  Lokschenkugel mit Apfel und Zimt 130
  Megadarra 100
  pikanter serphadischer Kohl mit Tomaten und
    Paprika 111
Ghorme 219
Glatt 218
Grapefruit
  Pomerantzen 169, 220
Graupen 204
  rustikale Pilz-Bohnen-Graupensuppe 20
Gribenes 202
Großbritannien 190
Gurke
  Bulgarische Gurken-Walnuss-Creme 33
  israelischer Salat aus gehacktem Gemüse 113
  marokkanischer Gemüsesalat 113
  süßsaure Gurke mit frischem Dill 43
  Taboulé 120

H
Halek 211, 218
  aromatischer persischer Duft-Halek 183
Halwa 218
Hamantaschen 164, 218
Hammel 200
Hanukka 219
Harissa 180, 210, 219
Hatzilim pilpel 101
Hawaij 211, 219
Hawdala 219
Hering, Salz- 220
Hering, Schmalz- 221
marinierte Heringe 47
Heringssalat mit Roter Bete und saurer Sahne 38
Hilbe 219
Holischkes 76, 219
Honig 211
  Lekach 166, 220
  marokkanisches Lamm mit Honig und Pflaumen 72
Horef 180, 219
Huhn 202
  Brathähnchen mit Trauben und frischem Ingwer 78
  Gehackte Hühnerleber 35
  Puten- oder Hühnerschnitzel 82
  Hühnersuppe mit Knaidlach 12–13
  israelisches Grillhähnchen 88
  mildes grünes Kolkata-Curry mit Hähnchen und
    Gemüse 86

222   Die jüdische Küche

Petti di pollo all'ebraica 84
Pikanter sephardischer Hühnchenreis mit Zitronen-Minz-Relish 81
Doro Wot 83
Hummus 25

I
Ingwer
Brathähnchen mit Trauben und frischem Ingwer 78
Ingwer-Fischbällchen in Tomaten-Zitronen-Soße 57
Italien 190

J
Jüdische Küche 6–7
Eier 199
Festtage 192–5
Fisch 203
Fleisch 196–7, 200–1
Früchte 208–9
Geflügel 196, 202
Gemüse 206–7
Geschichte 188–91
Getreide und Hülsenfrüchte 204–5
Kaschrut 196–7, 219
Klöße 213
Kräuter und Gewürze 210–11
Kuchen und Süßgebäck 216–17
Milchprodukte 198, 218
Nudeln 212–13
Nüsse und Samen 209
Pfannkuchen 213
pikante Backwaren 213

K
Kadaifi 219
Kalb 200
Kama 219
Karotten
marokkanischer Karottensalat 121
Karpas 211, 219
Karpfen in Aspik 203
Kartoffeln
feiner Kartoffelsalat 44
gefüllte Zwiebeln, Kartoffeln und Zucchini auf sephardische Art 94
Kartoffelkugel 133
Kartoffelmehl 220
klassische Latkes (Kartoffelpuffer) 136
marokkanischer Gemüsesalat 113
Piroggen 128, 220
Sommerkürbisse u. Baby-Frühkartoffeln in warmer Dillsoße 102
tunesischer Kartoffel-Oliven-Salat 122
Kascha 204, 219
Kascha-Pilz-Knische 50
Kascha-Warnischkes 126
Kascha-Warnischkes 126
Käse 198
Blini 137, 218
Hefe-Fladenbrot mit Koriander und Käse 148
israelischer Weißkäse mit grünen Oliven 41
Jerusalemer Käse-Knafe mit Sirup 152
klassischer amerikanischer Käsekuchen 157
Matzemehl-Hüttenkäse-Latkes 135
Rugelach 163, 220
Salat mit Wassermelone und Feta 114
Käsekuchen 157, 217
Kerne 209
New Yorker Sauerteigbrot mit Kümmel 142
Kibbe 219
Rote-Bete-Gemüsesuppe mit Lammkibbe 16
Kichererbsen 205
Falafel 93, 218
Hatzilim pilpel 101
Hummus 25
Kichererbsenmehl 218

Kichererbsenmehl 218
Kichlak 219
Kiddusch 219
Kindli 219
Kirschen
Challa-Auflauf mit Früchten und Nüssen 154
ungarische Sauerkirschsuppe 14
Kischke 219
Klops 201, 219
Klöße 213
Farfel 129, 218
Kreplach 132, 219
Piroggen 128, 220
Knisch 219
Kascha-Pilz-Knische 50
Knoblauch
Artischocken mit Knoblauch, Zitrone und Olivenöl 116
Blumenkohl mit Knoblauchbrösel 106
Pilzkaviar auf geröstetem Knoblauchbrot 39
Köfte-Kebab 68
Kohl
Holischkes 76, 219
New Yorker Krautsalat 44
pikanter sephardischer Kohl mit Tomaten und Paprika 111
süß-Saurer Kartoffel-Kohl-Tomaten-Borschtsch 15
süßsaurer Rotkohl 42
Kompott aus Trockenfrüchten 151
Kräuter 210–11
Chermoula 211, 218
gefüllte Weinblätter mit Kreuzkümmel, Zitrone und Kräutern 99
Hefe-Fladenbrot mit Koriander und Käse 148
Koriander-Kokosnuss-Tamarinden-Chutney 182
pikanter sephardischer Hühnchenreis mit Zitronen-Minz-Relish 81
pochierter Fisch in pikanter Tomatensoße auf jemenitische Art 59
Rote Bete mit frischer Minze 117
russische Spinat-Wurzelgemüsesuppe mit Dill 21
Sommerkürbisse und Frühkartoffeln in warmer Dillsoße 102
süßsaure Gurke mit frischem Dill 43
Taboulé 120
Kreplach 132, 219
Krupnik 219
Kubane 219
Kuchen 219
Kuchen 216–17
Lekach 166, 220
Pessach-Mandelkuchen 161
polnischer Apfelkuchen 158
russischer Mohnkuchen 160
toskanisches Zitronenbiskuit 155
Kugel 219
Kartoffelkugel 133
Lokschenkugel mit Apfel und Zimt 130
Kürbis
gebackener Winterkürbis in Tomatensoße 104
pikanter libyscher Kürbis-Dip 30
Sommerkürbisse und Frühkartoffeln in warmer Dillsoße 102

L
Lag Baomer 195, 219
Lahuhua 219
Lamm 200
Chamin 19
Rote-Bete-Gemüsesuppe mit pikanten Lammkibbeh 16
Köfte-Kebab 68
Lamm mit Artischockenherzen 70
Lammkebab Jerusalem 69
Lammschmorbraten mit Tomatensoße, grünen Bohnen und Zwiebeln 73

marokkanisches Lamm mit Honig und Pflaumen 72
Latkes 219
klassische Latkes (Kartoffelpuffer) 136
Matzemehl-Hüttenkäse-Latkes 135
Lauch-Gebackenes 109
Lekach 166, 220
Linsen 205
gebackene Spalterbsen- oder Linsen-Bällchen 92
Linsencremesuppe 22
Megadarra 100
Lokschen 220
Lox 220
Rührei mit Räucherlachs und Zwiebeln 48
Lubiya 11, 220

M
Mamaliga 204, 220
Mandelbrot 168
Mandeln
Challa-Auflauf mit Früchten und Nüssen 154
Pessach-Mandelkuchen 161
tunesische Mandelröllchen 167
Mandeln 220
Marokkanisches Lamm mit Honig und Pflaumen 72
Maror 211, 220
Matjeshering 220
Matze 215, 220
Matzebrei 49
Matzemehl-Hüttenkäse-Latkes 135
Meerrettich
Chrain 175, 218
Megadarra 100
Milchprodukte 197, 198, 218
Minze
pikante sephardischer Hühnchenreis mit Zitronen-Minz-Relish 81
Rote Bete mit frischer Minze 117
russischer Mohnkuchen 160
Muhammara 27

N
Nudeln 212–13
Lokschenkugel mit Apfel und Zimt 130
Nüsse 209
Baklava 217, 218
bulgarische Gurken-Walnuss-Creme 33
Challa-Auflauf mit Früchten und Nüssen 154
Koriander-Kokosnuss-Tamarinden-Chutney 182
Mandelbrot 168, 220
aromatischer persischer Halek 183
Pessach-Mandelkuchen 161
Spinat mit Rosinen und Pinienkernen 110
tunesische Mandelröllchen 167

O
Offal 201
Olivenöl
Artischocken mit Knoblauch, Zitrone und Olivenöl 116
kalte Pasta 127
Oliven
galiläischer Salat mit Rucola, rohem Gemüse und Oliven 115
israelischer Weißkäse mit grünen Oliven 41
tunesischer Kartoffel-Oliven-Salat 122
türkisches Oliven-Tomaten-Relish 177
Orangen
Pomeranzen 169, 220

P

Paprika
Horef 180
israelischen Salat aus gehacktem Gemüse 113
marokkanischer Gemüsesalat 113
Muhammara 27
pikanter sephardischer Kohl mit Tomaten,
Kurkuma und Paprika 111
rauchiger Auberginen-Paprika-Salat 31
Salat aus getrockneten Tomaten und Paprika 28
weiße Bohnen mit grünem Paprika in pikantem
Dressing 118
parewe 197, 220
Passah *siehe* Pessach
Pasta
kalte Pasta 127
Kascha-Warnischkes 126
Kreplach 132, 219
Pastrami 220
Pfannkuchen 213
Pessach 194–5, 199, 220
Pessach-Mandelkuchen 161
Petscha 220
Petti di pollo all'ebraica 84
Pflaumen
marokkanisches Lamm mit Honig und Pflaumen 72
Zimmes 105, 221
Pilze
Kascha-Pilz-Knische 50
Kascha-Warnischkes 126
Pilz-Stroganoff 97
Pilzkaviar auf geröstetem Knoblauchbrot 39
Piroschki 220
rustikale Pilz-, Bohnen- und Graupensuppe 20
Piroggen 128, 220
Piroschki 220
Pita-Brot 146, 220
Plätschen 220
Plawa 220
Pochierter Fisch in pikanter Tomatensoße auf
jemenitische Art 59
Polenta
Rebecchine de Jerusalemme 37
Pomerantzen 169, 220
Purgieren 220
Pumpernickel 143
Purim 194
Puten- oder Hühnerschnitzel 82

R

Räucherfisch-Salat 46
Ras el-Hanout 220
Rebecchine de Jerusalemme 37
Reis 205
Megadarra 100
pikanter sephardischer Hühnchenreis mit Zitronen-
Minz-Relish 81
Rindfleisch 200
Bachis geschmorte Rindsfrikadellen mit Zwiebeln 77
geschmorte Rinderbrust (Brisket) 74
Holishkes 76, 219
Roggenbrot 220
Rosch ha-Schana 193, 220
Rosinen
Spinat mit Rosinen und Pinienkernen 110
Rote Bete
Chrain 175, 218
Heringssalat mit Roter Bete und saurer Sahne 38
Rote Bete mit frischer Minze 117
Rote-Bete- und Gemüsesuppe mit würzigen
Lamm-Kibbe 16
süßsaurer Kartoffel-Kohl-Tomaten-Borschtsch 15
galiläischer Salat mit Rucola, rohem Gemüse und
Oliven 115

Rugelach 163, 220
Rührei mit Räucherlachs und Zwiebeln 48
Russische Spinat-Wurzelgemüsesuppe mit Dill 21

S

S-chug 185, 221
Sabbat 192–3, 221
Sahne, saure
Heringssalat mit Roter Bete und saurer Sahne 38
klassischer amerikanischer Käsekuchen 157
Sommerkürbisse und Frühkartoffeln in warmer
Dillsoße 102
Salami 200
Salatgemüse 206
Salz 211
Salz, Koscher- 219
Sauerkraut 220
Säuerungsmittel 211, 221
New Yorker Sauerteigbrot mit Kümmel 142
Schächten 221
Schav 220
Schawuot 195, 221
Schlachmones 221
Schmalz 202, 220
Schnitzel 221
Schulchan Aruch 221
Schtetl 221
Seder 221
Sefira 195
Sepharden 188–9, 206–7, 214–15, 217, 221
gefüllte Zwiebeln, Kartoffeln und Zucchini auf
sephardische Art 94
Pikanter sephardischer Hühnchenreis mit
Zitronen-Minz-Relish 81
Pikanter sephardischer Kohl mit Tomaten,
Kurkuma und Paprika 111
sephardisches Mixed Pickle 179
Sephardisches Mixed Pickle 179
Seroa 221
Simchat Tora 221
Sinija 64
Spätzel 221
Speisegesetze (Kaschrut) 196–7, 219
Spinat
russische Spinat-Wurzelgemüsesuppe mit Dill 21
Spinat mit Rosinen und Pinienkernen 110
Steckrüben
Torschi 174, 221
Strudel 162, 217, 221
Sufganiot 221
Sukkot 194, 221
Sumak 221
Süßgebäck 213, 216–17
Hamantaschen 164
Jerusalemer Käse-Knafe mit Sirup 152

T

Taboulé 120
Tahina 221
Tahina-Soße 178
Tamarinde
Koriander-Kokosnuss-Tamarinden-Chutney 182
Teiglach 221
Tomaten
Chamin 19
gebackener Winterkürbis in Tomatensoße 104
Hatzilim pilpel 101
Horef 180
Ingwer-Fischbällchen in Tomaten-Zitronen-Soße
57
israelischer Salat aus gehacktem Gemüse 113
Lammschmorbraten mit Tomatensoße, grünen
Bohnen und Zwiebeln 73
Lubiya 11

pikanter sephardischer Kohl mit Tomaten und
Paprika 111
pochierter Fisch in pikanter Tomatensoße auf
jemenitische Art 59
Rebecchine de Jerusalemme 37
Salat aus getrockneten Tomaten und Paprika 28
süßsaurer Kartoffel-Kohl-Tomaten-Borschtsch 15
Taboulé 120
Tomatensuppe mit israelischem Couscous 10
türkisches Oliven-Tomaten-Relish 177
Tora 221
Torschi 174, 221
Trauben
Brathähnchen mit Trauben und frischem Ingwer
78
Trejf 221
Tropisch duftender rot-oranger Früchtesalat 150
Tschelo 218
Tscholent 218
Tu b'Shevat 195, 221
Thunfisch mit Erbsen 58
Türkisches Oliven-Tomaten-Relish 177

V

Vereinigte Staaten 191

W

Warenikes 221
Warka 221
Warnischkes 221
Weinblätter
gefüllte Weinblätter mit Kreuzkümmel, Zitrone
und Kräutern 99
Wot 221
Würste 200

Y

Jom Kippur 193–4, 221

Z

Zatar 221
Zimmes 105, 221
Zitronen
Artischocken mit Knoblauch, Zitrone und
Olivenöl 116
eingelegte Zitronen 172, 220
frittierte Artischocken 107
gefüllte Weinblätter mit Kreuzkümmel, Zitrone
und Kräutern 99
Ingwer-Fischbällchen in Tomaten-Zitronen-Soße
57
pikanter sephardischer Hühnchenreis mit Zitro-
nen-Minz-Relish 81
Pomerantzen 169, 220
Zucchini
gefüllte Zwiebeln, Kartoffeln und Zucchini auf
sephardische Art 94
Zwiebel
Bachis geschmorte Rindsfrikadellen mit
Zwiebeln 77
gefüllte Zwiebeln, Kartoffeln und Zucchini auf
sephardische Art 94
gehacktes Ei und Zwiebeln 41
Lammschmorbraten mit Tomatensoße, grünen
Bohnen und Zwiebeln 73
Rührei mit Räucherlachs und Zwiebeln 48
Taboulé 120
Zwiebelbrötchen 147